検非違使補任　別巻

例言

一、本書は『検非違使補任別巻』と題し、『検非違使補任第一、第二』の編集過程で調査した検非違使別当と佐の経歴をまとめたものである。

一、『第一』の例言でも触れたとおり、検非違使佐は検非違使庁における実務面を統括しており、弁官や五位蔵人と同じく実務官僚貴族が当てられていた。従って検非違使佐を経験した人物の経歴をまとめると、さながら実務官僚列伝の如き様相を呈することから、少なからず有用なものとなろう。

一、平安末期以降、実務官僚貴族の家格が上昇するにつれて、彼らの多くが検非違使別当にも就任することから、別当経験者の経歴も併せてまとめてみた。

一、以上の目的のため、各人物の経歴記載にあたっては公的な官職・位階は勿論のこと、院や女院の院司、あるいは摂家等の家司・職事のような私的なつながりが示される事項を出来る限り掲示す

ることとした。

一、院司や家司といっても、人物により、あるいは時期により親疎に差があり、所見を一度示すだけでは不十分ではあるが一応の目安と考えていただきたい。ただ、「執権」「執事」「執行」「年預」などと注されるものはまた特別な意味を持つところから、これらの記載は極力拾い集めるようつとめた。

一、公卿に至った人物で特に典拠を示していないものは『公卿補任』の各人条に拠っており、その他の出典の表記は概ね『検非違使補任第一、第二』の例言に準じている。

一、『検非違使補任第一、第二』刊行後に気付いた訂正と追加を「検非違使補任補遺」として別に掲げた。年号上部のアラビア数字は各冊の頁数を示している。

目次

シ

ス

セ

安国（藤原）末茂流　尊卑二―三五八
伊予介連永男
延喜十六年　見六位蔵人（蔵人補任）
延喜十七年十一月十九日　叙爵（蔵人補任）
延喜十八年　任大蔵少輔（蔵人補任）
延喜十八年ヵ正月三十日　任右衛門権佐（蔵人補任）
※蔵人補任は左衛門権佐とするが尊卑・二中歴により訂正。
任日は延喜十九年正月任左衛門権佐の平中興以前。

安親（藤原）魚名流　尊卑二―二九七
中納言山蔭孫
摂津守中正三男　母伊勢守源有貞女
延喜二十二年　誕生
天慶八年三月　任木工少允
天暦七年閏正月四日　補六位蔵人
天暦七年九月　任主殿権助
天暦十年正月　任式部少丞
天暦十一年正月七日　叙従五位下
天暦十一年正月二十七日　任摂津守
天徳三年八月一日　見摂津守（闘詩行事略記・内裏詩合）
応和元年十月十三日　任民部少輔
応和二年正月七日　叙従五位上、治国
応和二年八月二十八日　任大和守
康保三年九月二十五日　見大和守（東大寺要録）
康保五年正月十三日　任左衛門佐、使
安和元年十一月十四日　任播磨少掾、男清通譲之
安和元年十一月二十三日　叙正五位下、大嘗会主基
安和二年閏五月二十一日　任春宮権大進
安和二年九月二十三日　叙従四位下、御即位、先坊進
安和二年十月十九日　任相模守、治国
天禄三年正月二十四日　任伊勢守、受領
永観二年八月二十七日　任春宮亮
寛和元年十二月二十四日　叙従四位上、治国
寛和二年六月二十三日　補蔵人頭
寛和二年七月五日　任修理権大夫

寛和二年七月二十三日　叙正四位上、先坊亮、越階
永延元年十一月十一日　任参議、元蔵人頭、修理大夫如元
永祚元年　見備前権守
永祚元年四月五日　叙従三位、春日行幸行事賞
正暦二年正月七日　叙正三位、臨時
正暦四年正月　兼備前守
長徳二年三月八日　薨、参議正三位修理権大夫、七十五歳

伊通（藤原）　頼宗流　尊卑一―二六九
権大納言宗通二男　母正三位藤原顕季女
寛治七年　誕生
康和二年正月五日　叙爵、斎宮給
康和五年三月十五日　叙従五位上、行幸高陽院賞
長治二年正月二十七日　任参河守、院分、判官代
長治二年四月十日　任侍従、兼参河守
嘉承元年正月七日　叙正五位下、中宮行啓右衛門督宗通賞
嘉承元年十二月五日　任備中守、兼侍従、元参河守
天永元年十月二十日　重任備中守
天永二年正月二十三日　任左少将、元侍従
天永二年正月二十七日　遷右少将
永久二年正月　辞備中守
永久三年八月十三日　任権右中弁、元右少将
永久四年正月五日　叙従四位下、弁労
永久四年十二月二十二日　叙従四位上、院去天永二年御給
元永元年十二月十七日　叙正四位下、最勝寺供養行事賞
保安元年正月十三日　補蔵人頭
保安元年六月　見白河院別当（平四九七五）
保安三年正月二十三日　任参議、元蔵人頭権右中弁
保安三年十二月二十一日　兼右兵衛督
保安四年正月二十二日　兼美作権守
保安四年正月二十七日　辞督
保安四年五月　督如元
大治三年正月二十四日　兼備中権守
大治四年正月七日　叙従三位

大治五年二月二十一日　任中宮権大夫
天承元年十二月五日　止三職、依不仕
長承二年九月二十一日　任権中納言
長承四年正月二十八日　叙正三位、三木時行幸松尾北野行
事賞
保延二年十二月九日　転正
保延二年十二月二十一日　兼右衛門督、即為検別当
保延三年十二月十六日　辞督別当
保延四年正月五日　叙従二位、春日行幸行事賞
永治元年十二月二日　任権大納言
康治二年正月三日　叙正二位、朝覲行幸、院分、別当
久安六年八月二十一日　転正
保元元年九月十三日　任内大臣
保元二年八月十九日　転任左大臣
永暦元年八月十一日　任太政大臣
長寛三年二月三日　依病上表辞職
長寛三年二月十一日　出家
長寛三年二月十五日　薨、七十三歳

伊傳（橘）
天徳四年　見左衛門権佐（北山抄第四）

伊望（平）高棟流桓武平氏　尊卑四—四
中納言惟範二男　母人康親王女
元慶五年　誕生
寛平九年十一月二十三日　叙従五位下、中宮御給大嘗会
昌泰三年五月十五日　任尾張権守
延喜五年四月五日　任中務少輔
延喜九年正月十七日　叙従五位上
延喜十一年二月十五日　兼勘解由長官（マヽ）
延喜十三年四月十五日　兼右兵衛佐
延喜十六年三月二十日　任左衛門権佐
延喜十六年七月三日　見左衛門権佐春宮大進（要略六四
〇）
延喜十七年五月二十日　任左権少将
延喜十七年十一月十七日　叙正五位下、朔旦冬至

延喜十八年正月十二日　兼讃岐権介、使宣旨
延喜十九年正月二十八日　転少将
延喜二十一年正月七日　叙従四位下
延喜二十一年正月三十日　兼春宮亮
延喜二十一年三月四日　補蔵人頭
延喜二十二年正月三十日　兼讃岐守
延長元年六月二十六日　兼式部権大輔、少将如元
延長三年正月三十日　兼中宮権大夫、止少将
延長五年正月十二日　任参議、中宮権大夫式部権大輔如元
延長六年正月七日　叙従四位上
延長六年正月二十九日　兼越前権守
延長六年六月九日　転大輔
延長八年正月二十九日　兼備前守
承平元年十一月二十八日　改皇太后宮大夫（紀略）
承平二年正月七日　叙正四位下
承平二年八月三十日　兼民部卿、止大輔
承平三年十月二十四日　兼伊予守
承平四年三月二十八日　叙正四位上
承平四年十二月二十一日　叙従三位、任中納言
天慶元年六月二十三日　任大納言
天慶二年十一月十六日　薨、五十九歳
天慶二年十一月十八日　薨奏（世紀）

為義（橘）　尊卑四―四七

近江掾道文男

正暦四年正月九日　見蔵人所雑色文章生（権記）
長徳元年八月一日　見蔵人（「群載」一一七頁）
※蔵人所月奏に蔵人蔭孫正六位上橘朝臣と見えるのが為義ヵ。
長徳二年正月二十五日　任肥前権守（大間書）従五位下
長保三年七月二十三日　見伊賀守（権記）如旧可今上一親王（敦康）家司
寛弘元年十二月十三日　見伊賀守（権記）
寛弘二年二月七日　見内蔵権頭（権記）
寛弘五年七月十二日　見左衛門権佐（小右記）

寛弘五年九月十三日　見中宮権大進（御産部類記）
寛弘八年正月　叙従四位下（「勘仲記」弘安十一年
正月五日条）
寛弘八年六月二十五日　見左衛門権佐中宮権大進摂津守
（権記）
長和元年五月十七日　見皇太后宮大進（小右記）
長和元年十一月二十九日　見摂津守（「符宣抄」二四一頁）
長和二年正月二十二日　見摂津前司（小右記）
長和二年四月二十四日　見皇太后宮大進（小右記）
長和三年十一月二十一日　見左衛門権佐（小右記）
長和四年九月二十日　叙正四位下（「小右記」「御堂」）
（左大臣道長）家司
長和五年四月二十二日　見但馬守（御堂）
寛仁元年十月二十六日　卒（「小右記」同二十九日条）

為行（藤原）〈中御門〉尊卑二―七一
権中納言為方男
文永十二年正月六日　叙爵
弘安元年十一月二十日　叙従五位上、朔旦叙位、東宮御給
弘安六年四月五日　任和泉守、祖父経任卿分国
弘安六年七月二十日　叙正五位下
弘安九年閏十二月二十九日　任春宮権大進
弘安十年十月二十二日　止権大進、受禅
正応元年九月十二日　止守
正応二年六月二日　任春宮権大進
正応三年六月八日　任右衛門権佐、蒙使宣旨
正応四年七月二十九日　任右少弁、去権佐
正応五年四月十二日　辞権大進
正応五年十一月二十三日　転左少弁
正応五年十二月二十五日　補造興福寺長官
永仁元年十二月四日　見殿下（関白近衛家基）家司（勘
仲記）
永仁二年三月五日　見永陽門院判官代（勘仲記）
永仁三年六月二十三日　転権右中弁
永仁三年八月五日　叙従四位下
永仁五年六月七日　転右中弁

永仁五年七月二十二日　叙従四位上、為修理右宮城使
永仁六年六月八日　転左中弁
永仁六年六月二十二日　叙正四位下
永仁六年七月二十一日　為修理左宮城使
永仁七年六月六日　転右大弁
正安二年正月五日　叙従三位
正安二年三月九日　兼越後権守
正安二年四月七日　転左大弁
正安二年五月二十九日　補造東大寺長官
正安三年三月十八日　任民部卿、止弁
乾元元年十二月三十日　止卿
嘉元元年八月二十八日　任参議
嘉元二年三月七日　兼讃岐権守
徳治元年十二月二十九日　辞参議
徳治三年九月十七日　還任参議
延慶二年正月六日　叙正三位
延慶二年三月二十三日　兼越後権守
延慶二年十二月九日　兼左兵衛督、為使別当

延慶三年三月九日　任権中納言、督別当如元
延慶三年七月二十五日　辞別当
延慶三年八月二日　叙従二位、去督、辞納言
正和二年九月二十日　叙正二位
正慶元年九月十日　薨
後深草院執権（洞院家廿巻部類）
伏見院執権（洞院家廿巻部類）

為信（藤原）長良流　尊卑二―一七〇
中納言文範男　母越前守藤原正茂女
康保二年正月十七日　見六位蔵人（「西宮記」巻十四裏書）
康保三年八月六日　見六位蔵人（「小右記」長和四年八月十一日条）
安和元年　見越後守（多武峯略記）
貞元二年三月　見右少将、使宣（勘例）
永延元年正月十日　出家（「小右記」同十三日条）常陸介

※従四位下右馬頭（尊卑）

為親（藤原）勧修寺流　尊卑二―一一七
参議親隆一男　母参議藤原為隆女
康治二年四月三日　見皇后宮権少進（諸院宮御移徙部類記）
久安二年三月六日　叙従五位下（世紀）皇后宮権少進、元蔵人
仁平元年四月二十三日　見皇后宮権大進（世紀）
仁平二年正月二十六日　見院殿上人（台記）
仁平三年正月二十二日　任皇后宮大進（山槐記除目部類）
久寿元年九月二十九日　見皇后宮大進（兵範記）
保元二年十月二十二日　叙従五位上（兵範記）
保元三年十二月十七日　叙正五位下（兵範記）
永暦元年十一月二十三日　見左衛門権佐（山槐記）
永万元年六月二十五日　補蔵人（山槐記、職事補任）
永万二年六月六日　任権右少弁（弁官補任）止蔵人佐
仁安二年正月三十日　転左少弁、兼長門権守（弁官補任）
仁安二年三月二十三日　見後白河院判官代（兵範記）
嘉応二年正月十八日　転右中弁（弁官補任）
嘉応二年三月二十四日　叙従四位下（弁官補任）春日行幸行事賞
嘉応三年四月七日　補修理右宮城使（弁官補任）
承安二年正月十九日　叙従四位上（弁官補任）朝覲行幸行事賞、建春門院御給
承安二年二月七日　卒（玉葉）早世

為善（源）光孝源氏　尊卑三―三七三
播磨守国盛男
年　月　日　為文章生（「小右記」万寿二年十月十九日条）
寛弘五年九月十一日　見玄蕃助（御堂）
寛弘五年十月十七日　見敦成親王侍者（御堂）
長和三年十一月二十八日　見玄蕃助、進士、東宮蔵人（小右記）

長和五年正月二十九日　補六位蔵人（小右記）玄蕃助
長和五年三月二十七日　見蔵人式部丞（左経記）
寛仁二年十月十六日　任中宮権大進（小右記）従五位下
　　三河守
万寿二年正月二十九日　任左少弁（弁官補任）正五位下右
　　衛門権佐中宮権大進
長元元年二月十九日　叙従四位下、任備後守（勘例、弁
　　官補任）
長元九年四月十七日　見中宮亮（左経記類聚雑例）
長暦二年十二月十四日　叙従四位上（春記）
長久元年五月二十七日　見備前前司（春記）
長久三年十月一日　卒（作者部類）

為治（藤原）〈中御門〉尊卑二―七一
　権中納言為行孫、蔵人勘解由次官為宗男
正和四年正月六日　叙従五位下
正和五年正月五日　叙従五位上、玄輝門院当年御給
元亨元年三月十一日　任甲斐守
元亨元年三月十九日　遷右兵衛権佐、去守
元亨元年九月二十八日　去佐
元亨四年正月十三日　任木工頭
元亨四年三月十四日　叙正五位下
嘉暦元年十二月三十日　去木工頭
嘉暦二年二月二十三日　任中宮権大進
嘉暦二年十一月十日　兼左衛門権佐、使宣旨
嘉暦三年六月十三日　為防鴨河使
元徳二年二月二十一日　補蔵人
元徳二年三月一日　兼勘解由次官、去権佐
元徳二年十月五日　転大進
元徳三年正月一日　任宮内権大輔
元徳三年正月十三日　任権左少弁、去蔵人次官
元弘二年三月十二日　転左少弁
元弘二年十月十五日　叙従四位下、去弁
元弘三年六月　止四品、返権左少弁
元弘三年六月十二日　更叙従四位下
元弘三年七月五日　止権弁

元弘三年十一月　任皇太后宮亮
元弘三年十二月八日　任左京権大夫
建武二年五月二十三日　去権大夫
建武三年八月十五日　任右中弁
建武四年正月七日　叙従四位上
建武四年七月二十日　転左中弁
建武五年正月二十一日　叙正四位下、臨時
暦応元年十二月十二日　転右大弁
暦応二年二月二日　補蔵人頭
暦応二年四月十八日　遷春宮亮、去弁
暦応二年五月七日　遷宮内卿
暦応三年七月十九日　任参議
暦応四年七月二十二日　服解、不復任
暦応四年十二月二十二日　叙従三位
康永二年十月十八日　聴本座
貞和五年正月七日　叙正三位
観応二年四月十六日　任権中納言
文和三年四月十五日　辞納言
延文五年三月　出家

為仲（橘）　尊卑四―四七
筑前守義通男
永承二年十二月一日　見蔵人式部少丞（群載一二一頁）
永承三年三月二日　見駿河権守（造興福寺記）
永承三年十月十一日　見駿河権守（範国記）
天喜四年四月三十日　見皇后宮少進（皇后宮春秋歌合）
康平三年七月十七日　見皇后宮権大進（定家朝臣記）
康平五年正月十日　見皇后宮大進（定家朝臣記）
康平五年九月十七日　見皇后宮大進（定家朝臣記）
治暦元年八月三日　見左衛門権佐（師記）
治暦二年正月十四日　補蔵人（職事補任）正五位下左衛門権佐
治暦三年正月七日　叙従四位下（「勘仲記」弘安十一年正月五日条、職事補任）
治暦五年正月二十七日　任越後守（勘例）元左衛門権佐
延久四年　越後守任終（群載五四三頁）

承保三年九月十二日　見陸奥守（水左記）
承暦四年正月　見陸奥守（後葉和歌集）
応徳元年八月二十五日　任太皇太后亮（拝賀着陣部類）
応徳二年十月二十一日　卒（為房卿記）太皇太后亮
※正四位下（尊卑）
※「中右記」天仁元年十二月三十日条に陸奥守延任の例として引かれる
※康平四年三月三日作の為仲の漢詩「中右記部類紙背漢詩集」に見える

為方（藤原）〈中御門〉尊卑二―七一
権大納言経任男　母権大納言藤原公雅女
建長七年　誕生
正嘉二年正月五日　叙爵
弘長元年四月七日　任和泉守
弘長二年三月二十九日　叙従五位上
文永三年四月二十七日　叙正五位下
文永六年十二月七日　任右兵衛佐
文永十年五月三日　任勘解由次官
文永十一年九月十日　任右衛門権佐、使宣旨
建治元年十二月二十六日　補蔵人
建治二年十二月二十日　兼春宮大進
弘安三年二月十六日　任右少弁
弘安四年五月六日　叙正五位上
弘安五年三月二十五日　見亀山院院司（勘仲記）
弘安六年三月二十八日　転左少弁、去蔵人（「勘仲記」同二十九日条、職事補任）
弘安六年十二月二十四日　叙従四位下
弘安六年十二月三十日　転権右中弁
弘安七年正月十三日　転右中弁
弘安七年五月六日　叙従四位上、為修理右宮城使（勘仲記）
弘安八年正月五日　叙正四位下
弘安八年八月十九日　兼皇后宮亮
弘安八年八月二十七日　叙正四位上
弘安九年正月十三日　転右大弁、補蔵人頭

弘安九年九月二日　任参議、弁亮等如元
弘安九年　叙従三位
弘安十年正月十三日　兼近江権守
弘安十年九月三日　補造東大寺長官
弘安十年十二月十日　転左大弁
正応元年八月二十五日　転兼皇后宮権大夫
正応元年十月二十七日　任権中納言
正応元年十一月二十一日　叙正三位
正応元年十二月十日　兼右衛門督、為別当
正応三年正月五日　叙従二位
正応三年六月七日　辞督別当
正応五年三月二十九日　叙正二位
正応五年十一月十一日　遭母喪
正応六年七月二十二日　復任
永仁五年正月十九日　服解、父
永仁五年五月十六日　復任
永仁五年六月七日　辞権中納言
永仁六年　聴本座
正安二年三月二十六日　見後深草院院司（勘仲記）
正安二年十二月二十二日　任大宰権帥
正安三年正月二十二日　補後伏見院別当（御脱屣記）
乾元二年正月二十八日　止権帥
徳治元年十二月八日　出家
徳治元年十二月十一日　薨、五十二歳

為房（藤原）勧修寺流　尊卑二―七一
　但馬守隆方一男　母右衛門権佐平行親女
永承四年　誕生
康平八年三月二十九日　任縫殿権助
延久三年正月十四日　補蔵人
延久四年十二月二日　任左近将監
延久四年十二月八日　為後三条院判官代
延久五年四月三十日　叙従五位下、行幸院賞
承保二年正月二十八日　任遠江守
承保四年正月二十九日　兼中宮少進
承暦二年十二月十一日　服解、父

承暦三年春　遠江守得替（「為房卿記」同年五月九日条）
承暦四年正月五日　叙従五位上、治国
承暦四年四月二十八日　叙正五位下（師記）、自関白第行幸堀河院賞
永保元年十二月十七日　転権大進
永保三年二月一日　任左衛門権佐
永保三年十二月十九日　為防鴨河使
永保四年八月二十五日　補蔵人
永保四年九月二十二日　止大進、宮崩
応徳三年十一月二十日　任権左少弁
応徳三年十一月二十六日　更補蔵人
寛治二年正月二十五日　兼周防介
寛治三年二月二十八日　転左少弁
寛治四年六月五日　任加賀守、使弁如元
寛治五年正月二十二日　兼中宮大進（中右記、師通記）
寛治六年九月二十日　止任
寛治六年九月二十八日　左遷阿波権守
寛治七年六月二十六日　被聴帰京
寛治八年八月　叙従四位下、弁時春日行幸行事賞
嘉保元年十二月十七日　任修理権大夫
嘉保二年正月五日　叙従四位上、大夫労
嘉保三年三月二十三日　叙正四位下、上皇幸京極第賞
康和四年七月二十日　補院別当（中右記）
長治元年七月九日　兼春宮亮
長治二年六月十八日　兼尾張守、亮如元
嘉承二年三月八日　叙正四位上、行幸鳥羽殿賞、院別当
嘉承二年七月十九日　止亮、践祚
嘉承二年十月十二日　補蔵人頭、修理権大夫
嘉承二年十月二十二日　兼内蔵頭
天仁二年正月二十二日　兼越前権守
天仁二年十二月　辞内蔵頭
天仁二年十二月二十二日　見白河院別当（平一七一四）
天永二年正月二十三日　任参議、元蔵人頭、修理権大夫越前権守等如元

天永三年正月二十六日　兼大蔵卿
天永四年正月二十八日　兼備中権守
永久元年十一月二十六日　叙従三位、稲荷祇園行幸行事賞
永久二年十一月二十九日　叙正三位、行幸白河阿弥陀堂供養、院別当賞
永久三年四月二日　薨、昨日出家、六十七歳

為頼（藤原）良門流　尊卑二―三七
中納言兼輔孫、刑部大輔雅正男　母右大臣藤原定方女
安和二年三月十三日　任春宮少進（為頼集）
安和三年正月七日　叙従五位下（為頼集）
天禄元年十二月十六日　任安芸権守（為頼集）
天禄四年十月十八日　任春宮権大進（為頼集）
貞元三年二月二日　任左衛門権佐（為頼集）
天元三年正月七日　叙従五位上（為頼集）
永観二年十一月五日　見左衛門権佐（小右記）
永観三年正月二十一日　任丹波守（為頼集）
寛和元年十一月二十日　叙正五位下（為頼集）
寛和二年十月十日　叙従四位下（為頼集）
永延三年七月十八日　見前丹波守（小右記）
正暦三年十二月五日　任摂津守（為頼集）
長徳元年　見摂津守（栄華物語）
長徳二年三月十四日　兼太皇太后宮大進（為頼集）
長徳四年　卒（千載和歌集）
※式・延尉・太皇太后宮亮（尊卑）

惟成（藤原）魚名流　尊卑二―二八三
右少弁雅材男　母摂津守藤原中正女
天禄三年五月十五日　見蔵人近江掾（親信卿記）
天禄三年十月二十三日　見蔵人近江権大掾（親信卿記）
天禄四年六月二十日　見蔵人式部丞（親信卿記）
天延二年正月二十八日　見蔵人式部少丞（親信卿記）
天延三年三月十日　見参河権守（一条大納言家歌合）
天延四年三月三日　見従五位下参河権守（御産部類記）
天元二年五月　見参河権守（源順集）

天元五年正月　　任右少弁（「二中歴」第二）
永観二年八月二十七日　補蔵人（職事補任）従五位上左少弁、先坊学士
永観二年十一月五日　見民部大輔（小右記）
永観三年四月十日　見左衛門権佐（紀略）
寛和二年正月二十八日　転権左中弁（御歴代抄）蔵人佐如元
寛和二年六月二十四日　出家（紀略）権左中弁正五位上左衛門権佐、先皇蔵人侍読
永祚元年十一月　　卒（尊卑）
※詩人（「二中歴」第二）

惟範（平）高棟流桓武平氏　尊卑四―四
大納言高棟王三男　母権中納言藤原長良女典侍有子
斉衡二年　　誕生
貞観十六年正月二十三日　叙爵
貞観十六年十二月六日　補蔵人
貞観十七年八月十五日　任皇太后宮権亮
元慶元年十一月二十一日　叙従五位上
元慶三年二月十五日　兼備後権守
元慶四年正月十一日　兼備前権介
元慶四年四月十五日　叙正五位下
仁和二年正月七日　叙従四位下
仁和三年二月十七日　兼民部大輔
仁和三年五月十三日　兼弾正大弼、去大輔
寛平二年正月二十八日　兼式部大輔
寛平五年三月十五日　兼肥後権守
寛平六年正月七日　叙従四位上
寛平九年五月二十五日　任大蔵卿
寛平九年六月十九日　兼太皇太后宮権大夫
延喜二年正月二十六日　任参議、大蔵卿如元
延喜三年二月十六日　兼播磨権守
延喜四年正月七日　叙正四位下
延喜六年正月十一日　兼播磨権守
延喜七年正月十三日　兼左兵衛督
延喜八年正月十六日　任中納言、叙従三位、督如元

延喜八年三月五日　為使別当
延喜八年八月二十六日　兼民部卿、去督
延喜九年四月二十二日　兼右大将
延喜九年九月十八日　薨、五十五歳

惟輔（平）高棟流桓武平氏　尊卑四―一〇
参議信輔男　母法印増栄女

文永九年　誕生
建治四年正月六日　叙従五位下、臨時
弘安二年四月六日　任越前守、新陽明門院御分国
弘安三年十一月十三日　得替
弘安四年四月六日　任春宮少進
弘安六年二月二十七日　叙従五位上
弘安八年二月三十日　叙正五位下、春宮御給
弘安八年八月十一日　転大進
弘安九年閏十二月二十九日　辞大進
弘安十年正月十三日　任治部権少輔
弘安十一年五月五日　任右兵衛佐
正応二年十月三日　見内大臣（鷹司兼忠）家司（勘仲記）
正応四年七月十七日　任右衛門佐
正応五年七月二十八日　兼中宮権大進
正応五年八月十四日　止佐
永仁四年六月二十六日　服解、父
永仁四年八月二十三日　復任
永仁五年七月二十二日　任左衛門権佐、使宣旨
永仁五年七月二十四日　賜権大進兼字
永仁五年八月二十五日　為防鴨河使
永仁六年七月二十一日　補蔵人、権佐如元
永仁六年七月二十二日　新帝蔵人如元
永仁六年八月二十八日　遷兵部少輔、蔵人如元、止権佐大進、依院号
正安二年正月十日　見近衛殿（右大将家平）家司（勘仲記）
正安二年正月二十二日　叙正五位上、去十一日為光方被越之間、申子細賜同日位記

正安三年正月二十一日　新帝蔵人如元
正安三年正月二十二日　補後伏見院判官代（御脱屣記）
正安三年二月八日　見後伏見院院司（実任卿記）
正安三年四月五日　任右少弁（弁官補任）
乾元二年正月二十八日　転左少弁（定房公記同二十九日条）
嘉元元年八月二十八日　転右中弁、叙従四位下、為修理右宮城使
嘉元元年九月二十四日　兼中宮亮
嘉元元年九月二十八日　叙従四位上、中宮入内賞
嘉元三年三月八日　補蔵人頭、亮如元、去弁
嘉元四年正月五日　叙正四位下
徳治二年四月三日　任参議、元蔵人頭、中宮亮如元
徳治三年五月九日　辞参議、叙従三位
徳治三年五月十四日　聴本座
延慶二年八月十日　還任参議
延慶二年十一月十八日　兼丹波権守、大嘗会国司
延慶二年十一月二十三日　叙正三位、国司賞
応長元年　止守
応長二年正月十三日　兼備後権守
正和元年七月五日　叙従二位
正和二年四月九日　止権守
正和四年三月十三日　任権中納言
正和五年正月五日　叙正二位
正和五年四月十三日　辞権中納言
正和五年四月二十一日　聴本座
元徳二年二月七日　薨、五十九歳

惟方（藤原）勧修寺流　尊卑二―九一
権中納言顕頼二男　母権中納言藤原俊忠女
天治二年　誕生
保延二年正月二十七日　補蔵人、元院判官代
保延二年四月七日　叙従五位下、祭除目次、蔵人
永治元年十二月二日　任越前守
永治元年十二月二十七日　兼皇后宮権大進
康治二年正月三日　叙従五位上、朝覲行幸賞、皇后宮

康治二年八月六日　権大進
天養元年十二月三十日　叙正五位下、修造蓮華王院賞
久安二年四月二十九日　任丹後守
久安五年四月九日　見鳥羽院判官代（平二五七五）
久安五年八月三日　任遠江守
仁平元年二月二日　止権大進、依院号
久寿二年二月二十五日　兼勘解由次官
久寿二年九月二十三日　兼右衛門権佐、使宣旨
久寿三年四月六日　兼春宮大進
保元元年五月二十六日　兼権右少弁
保元元年九月十七日　辞遠江守
保元元年閏九月十四日　転権右中弁左衛門権佐
保元二年三月二十六日　補蔵人
保元二年四月二十六日　辞大進
保元二年五月十七日　去蔵人
　叙従四位下、白河院去永久五年未給
保元二年八月二十一日　転右中弁
保元二年十月二十二日　叙従四位上、造宮行事弁
保元三年正月六日　叙正四位下、男摂津守惟定造宮賞、越左中弁資長
保元三年二月二十一日　辞右中弁、補蔵人頭
保元三年四月二日　任右兵衛督
保元三年八月十日　任参議、元蔵人頭、督如元
保元三年八月十七日　補後白河院別当（兵範記）
保元三年十一月二十六日　転左兵衛督
保元四年正月二日　叙従三位、行幸院、別当
保元四年正月二十九日　兼出雲権守
平治元年十月十日　為使別当
永暦元年二月二十八日　解官
永暦元年三月十一日　配流長門国、即日出家
永万二年三月二十九日　召返（百錬抄）
養和二年三月十三日　見当家古老別当入道（吉記）

維幹（小野）

承平五年九月一日　見左衛門少尉（扶桑）

承平八年正月十八日　見維幹朝臣（「西宮記」第四）
天慶三年正月一日　補東山道追捕使（貞信公記抄）
天暦二年二月五日　見甲斐守（貞信公記抄）
天暦中頃　見右衛門権佐（二中歴）

維範（藤原）

貞観六年正月七日　叙従五位下（三実）式部大丞
貞観六年三月八日　任内匠頭（三実）
貞観八年二月十三日　兼安芸権介（三実）
貞観八年十二月二十九日　為次侍従（三実）
貞観九年二月二十九日　任阿波権介（三実）元安芸権介、内匠頭如元
貞観十年正月十六日　復任阿波権介（三実）内匠頭如元
貞観十二年正月二十五日　任備後介（三実）元権介、内匠頭如元
貞観十六年四月十九日　見左衛門権佐（三実）
貞観十八年二月八日　見左衛門権佐（群載二六七頁）
元慶元年四月二十六日　見左衛門権佐従五位上美濃権介（三実）
元慶元年十一月二十一日　叙正五位下（三実）左衛門権佐美濃権介

允亮（令宗）

検非違使大夫尉惟宗忠方男

年月日　明法得業生（「要略」五三七頁）
天元五年十一月二十五日頃　見明法博士（「要略」二七六頁）
永観二年十一月十七日　見明法博士（小右記）
正暦三年六月二十三日　見勘解由次官（小野宮年中行事）
正暦四年正月　任左衛門権佐（「魚魯」第七）
長徳二年正月二十五日　兼加賀権介（大間書）
長保元年正月　兼備中権介（「魚魯」第七）
長保四年九月八日　見備中権介（廷尉故実）
長保五年正月五日　叙正五位下（「要略」二九〇頁）
寛弘三年正月七日　叙従四位下（「勘仲記」弘安十一年正月五日条）
寛弘四年　任河内守（「要略」六頁）

寛弘五年九月三日　見河内守（聖徳太子伝暦奥書）

尹通（藤原）南家貞嗣流　尊卑二―四八四

大学頭季綱二男　母若狭守藤原通宗女

永保元年　誕生
承徳二年三月二十一日　給氏院学問料（中右記、群載三四五頁）
康和三年十月二十七日　見学生（扶桑古文集）
康和五年八月十七日　補東宮蔵人（世紀）
康和五年　補文章得業生（「群載」三四五頁）
康和五年十二月二十九日　給料（中右記、世紀）文章得業生
康和六年二月三日　見東宮蔵人（中右記）
嘉承二年正月　見正六位上越前大掾（群載三四五頁）
嘉承二年正月十日　献策（中右記）
嘉承二年七月十九日　補蔵人（殿暦）秀才
嘉承二年十二月二十二日　任左衛門尉（中右記）
嘉承二年十二月二十五日　使宣旨（中右記）蔵人左衛門尉
天仁元年十一月二十日　見蔵人（中右記）
天永二年四月十八日　見安芸守（長秋記）
永久二年十一月二十九日　叙正五位下（中右記、為房卿記、白川御堂供養記）前斎院家司
永久五年十一月二十三日　見安芸守皇后宮権大進（群載三三六頁）
元永元年十一月二十七日　見正五位下前安芸守（群載三五二頁）
保安元年十二月十四日　任左衛門権佐（中右記）
保安元年十二月十九日　使宣旨（中右記）
保安三年四月二日　卒（尊卑）四十二歳

※永久元年十二月二十一日　法皇御方違所安芸守尹通鳥羽南家（殿暦）

永保（藤原）南家貞嗣流　尊卑二―四五七

播磨守尹文男　母参議橘良殖女

天暦三年正月十八日　見蔵人（西宮記）
天徳三年八月一日　見蔵人右衛門少尉（闘詩行幸略

記）
天徳四年八月十四日　見蔵人（村上天皇御記）
応和二年頃　見大宰少弐筑前守（長谷寺霊験記）
天禄元年四月三日　見左衛門権佐（紀略）
天禄三年七月二十日　見権右中弁（勘例）

永名（橘）　尊卑四―四六
左中弁入居四男
宝亀十一年　誕生
弘仁末年　任但馬掾（「三実」貞観八年五月十日条卒伝）
天長元年　任春宮少進（「三実」卒伝）
天長二年正月七日　叙従五位下（類史一六頁）
天長二年　任大蔵少輔、遷民部少輔（「三実」卒伝）
天長三年　遷春宮大進、兼丹波権介（「三実」卒伝）

天長九年　叙従五位上（「三実」卒伝）
天長十年三月六日　叙正五位下（続後紀）
天長十年十一月十八日　叙従四位下（続後紀）
天長十年十二月七日　遷刑部大輔（続後紀）元右衛門権佐
承和初年　任播磨守（「三実」卒伝）
承和三年四月十七日　仮任内蔵頭（続後紀）播磨守
承和四年十二月二十七日　任右兵衛督（続後紀）播磨守如元
承和八年十一月二十日　叙従四位上（続後紀）
承和九年七月二十日　見右兵衛督（続後紀）解兵仗自首、以逸勢近親也
承和十二年七月十九日　聴入京（続後紀）
承和十三年九月十四日　任弾正大弼（続後紀）
承和十四年二月十二日　見弾正大弼（続後紀）
承和十四年四月二十三日　任神祇伯（続後紀）
嘉祥二年十一月二十四日　叙正四位下（続後紀）
仁寿元年四月一日　為出居侍従（文実）
貞観二年十一月十六日　叙従三位（三実）神祇伯

貞観八年五月十日　　　　　薨（三実）散位、八十七歳
永雄（藤原）南家武智麿流　尊卑二―四一三
丹後守根乙麿男
弘仁十四年十一月二十日　叙従五位下（類史一五頁）
天長元年　　　　　　　　任右衛門権佐（編年記）
※蔵　斎院長官（尊卑）

延光（源）醍醐源氏　尊卑三―四四九
中務卿代明親王三男
延長五年　　　　　　　　誕生
天慶五年四月二十四日　　昇殿
天慶九年正月七日　　　　叙従四位下、殿上労
天慶九年五月　　　　　　賜姓源朝臣
天暦二年六月二十九日　　任侍従
天暦八年三月十四日　　　任春宮権亮
天暦九年七月二十四日　　兼内蔵頭
天徳二年正月三十日　　　任右兵衛督、頭亮如元
天徳四年正月七日　　　　　叙従四位上
天徳四年九月十六日　　　　補蔵人頭
天徳四年十月九日　　　　　任右近衛中将
天徳五年正月二十五日　　　兼備中権守
応和三年九月四日　　　　　兼伊予権守
康保三年九月十七日　　　　任参議、中将如元
康保四年正月二十日　　　　兼播磨権守
安和元年十一月　　　　　　兼伊勢権守
安和二年八月十三日　　　　兼春宮大夫
安和二年九月二十一日　　　叙正四位下
天禄元年八月五日　　　　　任権中納言、叙従三位、大夫如元
天禄三年正月二十四日　　　転正、左衛門督大夫如元
天禄四年二月二十五日　　　為使別当
天延三年正月二十六日　　　任権大納言、大夫如元
天延四年六月十四日　　　　依病入道
天延四年六月十七日　　　　薨、五十歳

遠経（藤原）　長良流　尊卑二―一五九

権中納言長良男　母従五位下難波渕子

貞観八年正月七日　叙従五位下（三実）　右衛門大尉

貞観九年二月二十九日　任太皇太后宮大進（三実）　散位

貞観十二年八月二日　任太皇太后宮亮（三実）　元大進、美濃権介如元

貞観十四年二月二十九日　任右衛門権佐（三実）　前皇太后宮介美濃権介従五位下

貞観十七年六月二十三日　見右衛門権佐（三実）　従五位上

貞観十九年正月十日　任中宮亮（三実）　従五位上右少弁

元慶元年九月二十六日　見中宮亮（三実）　従五位上右少弁

元慶二年二月十五日　任右近衛少将（三実）　元正五位下右少弁、中宮亮如元

元慶三年二月二十九日　任斎院長官（三実）　左少将近江権介如元

元慶四年十二月十五日　見斎院長官（三実）　左少将近江権介

元慶六年正月七日　叙従四位下（三実）　左少将権右中弁

元慶六年正月十九日　見権左中弁左少将（三実）

元慶六年二月　補蔵人頭（職事補任）　権左中弁左少将

元慶六年六月二十六日　見権左中弁左少将（三実）

元慶七年五月十二日　見権左中弁左少将（三実）

元慶八年二月四日　補新帝蔵人頭（職事補任）　権左中弁

仁和二年二月二十一日　任左中弁（三実）　近江権介如元

仁和二年六月十三日　任右大弁（三実）　従四位下、元左中弁近江権介

仁和二年八月　辞蔵人頭（職事補任）

仁和四年十月二十六日　卒（紀略）　右大弁

※従四位上（尊卑）

音人（大江）　尊卑四―九〇

阿保親王孫　備中介大枝本主一男　母中臣氏

弘仁二年　誕生

天長十年　文章生
承和四年　秀才
承和五年　任備中目
承和九年　配流尾張国
承和十一年秋　帰京
承和十二年四月十九日　献策
承和十三年正月十三日　任少内記
承和十五年正月七日　叙従五位下
承和十五年二月十四日　任大内記（続後紀）
嘉祥三年十一月二十五日　兼東宮学士
仁寿二年十一月七日　任民部少輔（文実）学士如元
仁寿三年七月一日　更任大内記、少輔如元
仁寿四年正月七日　叙従五位上
斉衡三年正月十二日　兼左少弁修理東大寺大仏長官
（文実）学士如元
天安二年三月十九日　任丹波守（文実）止弁
天安二年十一月七日　叙正五位下
天安二年十一月二十五日　任式部少輔、止守
天安二年十二月八日　兼右中弁
貞観元年十二月二十一日　転権左中弁（三実）少輔如元
貞観二年十一月十六日　叙従四位下
貞観三年正月十三日　転左中弁、少輔如元
貞観五年二月十日　転右大弁
貞観六年正月十六日　任参議（三実）右大弁如元
貞観七年三月九日　兼播磨権守
貞観八年正月七日　叙従四位上
貞観八年三月二十三日　叙正四位下
貞観八年十月十五日　改大枝為大江朝臣
貞観九年正月十二日　転左大弁
貞観十年五月二十六日　兼勘解由長官
貞観十年九月　兼美濃守
貞観十二年正月二十五日　兼勘解由長官（三実）
貞観十四年二月十五日　兼近江権守
貞観十六年正月七日　叙従三位
貞観十六年二月二十九日　兼左衛門督止左大弁、権守如元
貞観十六年三月七日　為使別当

元慶元年十一月三日　薨、六十七歳

家業（藤原）内麿流　尊卑二―一九四、二〇二
参議有国男　或丹波守貞嗣男
寛弘元年十二月十九日　見勘解由長官（有国）子家業（御堂）
寛弘六年七月六日　見官人（御堂）※衛門尉ヵ
治安三年六月八日　見右衛門権佐（小右記）
治安三年十一月八日　見右衛門権佐（小右記）
治安四年正月　任上野介（群載五〇九頁）従五位下
長元元年八月四日　見上野介（小右記）
長元四年三月十二日　見上野前司（小右記）
※文　蔵　従四位下　少納言　土佐守（尊卑）

家経（藤原）内麿流　尊卑二―一九四
参議広業男　母下野守安倍信行女
正暦三年　誕生
寛仁二年正月十日　補蔵人（左経記）右衛門尉
寛仁三年正月二十三日　使宣（小右記）
寛仁三年八月二十八日　見蔵人右衛門尉（東宮御元服部類記）
寛仁四年十月十七日　任刑部権少輔（「小右記」同十八日条、左経記）元無官
治安三年九月七日　止侍読（小右記）
治安四年三月二日　見弾正少弼（小右記）
万寿二年正月二十九日　任右少弁（弁官補任）従五位下、元弾正少弼
万寿三年正月七日　叙従五位上（弁官補任）
万寿三年十月二十六日　兼文章博士（弁官補任）
万寿四年正月二十七日　兼備後介（弁官補任）
万寿五年二月十九日　兼左衛門権佐（弁官補任）
長元三年　見防鴨河使右少弁左衛門権佐文章博士備後介（弁官補任）
長元三年正月五日　叙正五位下（弁官補任）
長元五年二月八日　任信濃守（弁官補任）

長元九年五月一日　見民部権大輔（左経記類聚雑例）
永承五年六月五日　見讃岐守（祐子内親王家歌合）
天喜元年六月十五日　見讃岐守（定家朝臣記）
天喜二年五月十一日　出家（尊卑）
天喜六年五月十八日　卒（尊卑）六十七歳
※木工頭　正四位下　式部権大輔（尊卑）

家行（藤原）〈持明院〉初名家能　尊卑一―二六二
従三位基宗二男　母昌玄僧正女上西門院帥局
安元元年　誕生
養和元年十一月三十日　叙爵、于時家能、上西門院平治元年未給
文治二年十二月十四日　任備後守、上西門院御給
建久四年正月二十九日　遷淡路守、祖父基家卿申任之
建久六年三月十一日　叙従五位上、東大寺供養、七条院院司賞
建久七年正月二十八日　遷備後守
正治元年十二月九日　任紀伊守
正治二年正月二十二日　任侍従、兼守
正治二年十月二十六日　止守
建仁四年正月五日　叙正五位下、前皇后宮仁安三大嘗会御給
元久二年正月二十九日　任左少将、改家行
元久三年正月十七日　叙従四位下、少将如元
承元五年正月五日　叙従四位上、七条院当年御給
建暦元年十一月三日　転左中将
建保二年正月十三日　叙正四位下
建保六年十二月九日　叙従三位、去中将
承久三年十二月十二日　任参議
承久四年正月二十四日　兼備前権守
貞応元年八月二日　叙正三位、北白川院初入内賞
貞応元年十二月二十一日　兼左衛門督、為別当
貞応二年五月　辞別当、月日還補
嘉禄元年七月六日　任権中納言、督別当如元
嘉禄元年十一月十九日　辞督別当
嘉禄元年十二月二十二日　辞納言

嘉禄二年二月十三日　出家
嘉禄二年二月十五日　薨、五十二歳

家実（藤原）〈日野〉　改名資実　尊卑二―二三三
　権中納言兼光一男　母上野介源家時女
応保二年　誕生
承安二年三月二十四日　賜学問料
承安四年正月　補秀才
承安五年正月二十二日　任越後大掾
治承元年十一月十五日　任左衛門少尉
治承二年正月　補蔵人
治承二年十一月二十四日　使宣
治承三年七月十六日　叙爵
寿永元年八月十四日　任皇后宮少進
寿永二年正月二十二日　転権大進
元暦元年七月二日　叙従五位上、宮入内賞
文治元年十一月八日　見摂政（近衛基通）家別当（鎌一四）
文治三年六月二十八日　止大進、依院号
文治四年正月七日　叙正五位下、殷富門院御給
文治四年十月十四日　補蔵人
文治四年十二月三十日　兼宮内大輔
文治六年正月二十四日　兼左衛門権佐
建久元年九月十二日　改名資実（職事補任）
建久元年九月十三日　為防鴨河使
建久元年十月二十七日　任右少弁
建久元年十二月　見後白河院判官代（鎌五〇一）
建久元年十二月二十八日　辞蔵人佐
建久三年正月二十九日　止防鴨河使
建久五年九月十七日　転左少弁
建久六年十二月九日　転右中弁、叙従四位下
建久七年二月一日　為修理右宮城使
建久七年十一月二十二日　見関白（九条兼実）家別当（鎌八八五）
建久八年二月　見関白（近衛基通）家別当（鎌九〇一）

建久九年正月十一日　補院別当
建久九年正月二十五日　補左大将（近衛家実）家司（猪隈関白記）
建久九年二月二十六日　叙従四位上、御即位、宣陽門院御給
建久九年四月　見院別当（鎌九七七）
建久九年十月　見七条院別当（鎌一〇〇八）
建久九年十一月九日　兼近江権介
建久九年十一月二十一日　叙正四位下、大嘗会国司賞
建久九年十二月九日　転右大弁
正治元年十二月九日　補蔵人頭
建仁元年八月十九日　任参議、転左大弁
建仁二年十月二十九日　叙従三位
建仁二年閏十月二十四日　兼勘解由長官、為造東大寺長官
建仁三年十二月二十日　叙正三位、東大寺供養長官并行事賞
元久元年三月六日　任権中納言
元久三年四月三日　叙従二位
承元三年四月十四日　兼春宮権大夫
承元四年十一月二十五日　止権大夫
承元四年十二月二十六日　叙正二位
建暦元年十月二日　任大宰権帥
承久二年七月三日　出家
貞応二年二月二十日　薨、六十二歳
※土御門院順徳院二代侍読（尊卑）

家通（藤原）頼宗流　本名基重　号六角　尊卑一―二七五
大納言重通男　実父権中納言藤原忠基　母大納言源師頼女
康治元年　誕生
久安元年十一月十八日　叙従五位下
仁平四年正月二十三日　叙従五位上、皇嘉門院仁平二年御給
久寿三年正月二十七日　任左兵衛佐、重通卿辞左衛門督申
保元元年九月十七日　任左少将
保元二年正月二十四日　兼備前介

保元二年十月二十二日　叙正五位下、造宮賞、上卿重通譲
保元四年正月七日　叙従四位下、府労
永暦元年二月二十八日　転右中将
永暦元年八月二十七日　叙従四位上、重通卿賀茂行幸行事
永暦二年正月二十三日　兼備前介
応保三年正月五日　叙正四位下、大嘗会、美福門院御給
長寛二年正月二十一日　補蔵人頭
永万元年六月二十五日　補新帝蔵人頭
仁安元年六月六日　任参議、止中将
仁安二年正月三十日　兼加賀権守
仁安三年八月四日　叙従三位、行幸院、別当
承安二年正月二十三日　兼出雲権守
承安二年十月二十三日　叙正三位、稲荷祇園行幸行事賞
治承三年十一月十七日　兼右兵衛督
寿永元年十月十三日　叙従二位、臨時
寿永二年正月二十二日　任権中納言、督如元
寿永二年十二月二十一日　転右衛門督
元暦元年九月十八日　補使別当
元暦元年九月二十八日　補大嘗会御禊長官
元暦元年十一月十七日　叙正二位
文治二年十二月十五日　転左衛門督、辞使別当
文治三年十月二十三日　辞督
文治三年十一月一日　辞納言、同日薨、四十五歳

雅光（源）〈久我〉　尊卑三—五〇九

太政大臣通光四男　母家女房

嘉禄二年　誕生
安貞二年正月五日　叙爵、氏
貞永二年正月二十五日　任侍従
文暦二年正月二十三日　兼伯耆権介
嘉禎元年十一月十九日　叙従五位上、宣陽門院御給
嘉禎二年二月三十日　任右少将
嘉禎三年正月二十四日　兼尾張権介
嘉禎四年九月十七日　叙正五位下
仁治元年十月二十四日　叙従四位下、臨時、右少将如元

仁治二年十月十三日　転右中将
仁治三年正月五日　叙従四位上、臨時
仁治三年三月七日　兼伊予権介
仁治四年二月九日　叙正四位下、臨時
寛元元年四月九日　叙従三位、右中将如元
寛元二年正月二十三日　兼越前権守
寛元三年十月二十九日　叙正三位、臨時
宝治元年十二月八日　任参議、中将権守如元
宝治三年正月二十四日　兼備前権守
宝治三年二月八日　任左兵衛督、為使別当
建長元年十二月二十四日　任権中納言、督別当如元
建長二年二月二日　辞督別当
建長二年十月十四日　叙従二位、朝覲行幸、院司賞
建長四年十二月四日　辞納言
建長七年正月五日　叙正二位
文永四年六月十七日　薨、四十二歳

雅康（平）高棟流桓武平氏　尊卑四―四
播磨守生昌男
寛弘三年二月三日　見文章生（御堂）
寛弘八年六月十八日　見勘解由判官（権記）
寛弘八年八月十一日　補蔵人（小右記、権記）勘解由判官
寛弘八年十二月二十八日　見蔵人縫殿助（権記）
長和二年正月二十八日　見蔵人式部丞（小右記）
長和三年十一月二十七日　見蔵人式部丞（小右記）
万寿五年四月十七日　見右衛門権佐（左経記）
長元八年五月十七日　見右衛門権佐（左経記）
長久三年十二月二十日　見前安芸守（平補一六六）
※安芸守　正五位下（尊卑）

雅親（源）村上源氏〈唐橋〉尊卑三―四九七
権大納言通資一男　母従三位藤原長輔女
治承四年　誕生
寿永元年十二月三十日　叙爵、八条院臨時御給

元暦元年十二月九日　叙従五位上、八条院御給
文治五年四月十三日　任侍従
建久二年正月五日　叙正五位下、八条院御給
建久四年正月二十九日　任讃岐権介
建久六年二月二日　任左少将
建久七年正月六日　叙従四位下、八条院御給
建久八年正月三十日　兼備前権介
建久九年二月二十六日　叙従四位上、八条院御給
建久十年正月二十九日　兼播磨介
建久十年三月二十三日　叙正四位下
正治二年十月二十六日　転中将
正治三年正月　兼播磨介
建仁二年八月二十六日　補蔵人頭
建仁二年閏十月二十日　任参議、左中将如元
建仁三年正月十三日　兼美作権守
建仁三年十月二十四日　叙従三位
元久二年正月十九日　叙正三位、朝覲行幸賞
元久二年八月十六日　復任、父
建永二年正月十三日　兼土佐権守
承元元年十二月九日　任権中納言
承元二年十一月十日　服解
承元二年十二月二十八日　復任、母
建暦元年四月一日　叙従二位
建保二年二月十一日　兼左兵衛督、為使別当
建保二年三月二十一日　叙正二位、去年行幸七条殿賞
建保二年十二月一日　転右衛門督
建保三年四月十一日　辞別当
建保三年十二月十日　転中納言
建保四年三月二十八日　止督
承久二年正月二十二日　任権大納言
寛喜三年四月二十六日　転大納言
嘉禎二年六月十日　為淳和院別当
嘉禎三年　為奨学院別当
嘉禎四年三月七日　辞納言
嘉禎四年三月十七日　聴本座
仁治元年十月二十日　還任大納言

建長元年十二月五日　薨、七十歳

雅忠（源）村上源氏〈中院〉尊卑三―五〇九
太政大臣通光四男　母家女房
安貞二年　誕生
嘉禎三年十一月三日　任侍従
嘉禎四年正月五日　叙従五位上
延応元年十月二十八日　任右少将
延応元年十一月六日　転左少将
延応二年正月二十二日　兼下野介
仁治元年十一月十二日　叙正五位下、臨時
仁治三年正月五日　叙従四位下、府労
仁治三年正月七日　少将如元
仁治三年十月十八日　転右中将
寛元二年正月五日　叙従四位上、府労
寛元三年正月十三日　兼因幡権介
寛元四年正月五日　叙正四位下、臨時
宝治元年十二月八日　補蔵人頭
宝治二年三月七日　復任、父
宝治二年十月二十九日　叙従三位、中将如元
建長三年正月五日　叙正三位
建長四年十一月十三日　任参議、中将如元
建長四年十二月四日　兼左衛門督、為使別当
建長五年九月二日　叙従二位
建長六年正月十三日　任権中納言、督別当如元
建長六年八月四日　辞督別当
康元二年正月二十九日　兼中宮権大夫
康元二年二月七日　叙正二位
弘長元年三月二十七日　任権大納言
弘長元年八月二十日　兼中宮大夫
文永五年十二月　止大夫、依院号
文永七年　見淳和奨学院別当
文永八年三月二十七日　転大納言
文永九年八月三日　薨、四十五歳

雅通（源）村上源氏　尊卑三―四九七
右大臣雅定男　実父権大納言源顕通　母権大納言源能俊
女

元永元年　誕生
大治四年正月七日　叙従五位下、無品祐子内親王給
長承三年四月二日　任兵部権大輔
保延四年正月五日　叙従五位上、大輔労
保延四年十月十七日　叙正五位下、雅定卿石清水加茂行
幸行事賞
保延六年四月三日　任左少将
保延七年正月二十九日　兼近江権介
永治元年十二月二十七日　兼皇后宮権亮
永治二年正月五日　叙従四位下、府労
永治二年二月　叙従四位上、皇后宮入内賞
康治元年十一月十四日　叙正四位下、悠紀
康治三年正月二十四日　転権中将
久安二年正月二十二日　兼近江権介
久安五年六月　服解、母
久安五年八月三日　止権亮、依院号
久安六年正月二十九日　任参議
久安六年十二月十二日　兼侍従、去中将
仁平元年二月二日　兼備後権守
仁平二年正月二十八日　兼右兵衛督、止侍従
仁平四年九月十一日　為奨学院別当
久寿二年十一月十日　遷近江権守
久寿二年十一月二十二日　叙従三位、大嘗会国司
保元元年九月十三日　任権中納言
保元元年九月十七日　転左兵衛督
保元二年八月二十一日　叙正三位、父入道右大臣石清水賀
茂行幸行事賞
保元三年二月二十一日　転右衛門督、為使別当
保元三年五月二十一日　転左衛門督
保元三年十一月八日　被下督并別当辞状
平治元年五月二十八日　見後白河院別当（平二九七九）
永暦元年正月二十一日　兼中宮権大夫
永暦元年八月十一日　任権大納言

永暦元年八月十四日　権大夫如元
永暦元年十月十一日　叙従二位、行幸院、別当
永暦二年二月二十八日　叙正二位、故顕通卿行幸行事賞
永暦二年六月一日　淳和院別当
永暦二年八月十七日　転大夫
応保元年九月十三日　転大納言、中宮大夫如元
応保二年二月五日　止大夫、院号
応保二年五月二十七日　服解、父入道右大臣
応保二年九月十三日　復任
仁安三年三月二十日　兼皇太后宮大夫
仁安三年八月十日　任内大臣
仁安三年八月十二日　兼右大将
仁安三年十一月二十一日　止大将
仁安三年十二月十六日　還任
仁安四年正月二日　為右馬寮御監
承安四年七月八日　辞右大将、依病
承安五年二月二十七日　薨、五十八歳

雅定（源）　村上源氏　尊卑三―四九七

太政大臣雅実二男　母田上二郎女　或藤原経生女

嘉保元年　誕生
康和四年三月　為殿上小舎人
長治二年正月二十一日　叙爵
長治二年正月二十七日　任侍従
長治二年三月十六日　遷右少将
長治三年正月五日　叙従五位上、少将労
長治三年三月十一日　兼周防介
嘉承二年正月三日　叙正五位下、行幸院賞
天仁二年正月六日　叙従四位下、少将労
天仁二年六月十九日　叙従四位上、皇后宮従内大臣第入内賞
天永二年正月二十三日　兼美作権介
天永二年九月二十日　叙正四位下、従内大臣第還御内裡賞
永久三年八月十三日　転右中将
永久四年正月三十日　兼備中介

元永二年二月六日　任参議、中将如元
元永三年正月二十八日　兼美作権守
保安元年六月　見白河院別当（平四九七五）
保安二年正月五日　叙従三位、土御門内裏行幸賞
保安三年十二月二十一日　任権中納言
大治四年正月七日　叙正三位、中納言労八年
大治五年正月二十八日　兼右衛門督
天承元年五月二十九日　為使別当
天承元年十二月二十二日　転中納言
天承二年正月二十二日　転左衛門督
長承二年十二月十八日　辞別当
長承三年正月七日　叙従二位、三木時日吉行幸行事賞
保延二年三月二十三日　叙正二位、鳥羽御堂供養行事賞
保延二年十一月四日　任権大納言
保延六年十二月七日　兼左大将
永治元年十二月二十七日　兼皇后宮大夫
久安五年七月二十八日　任内大臣
久安五年七月二十九日　左大将如元

久安六年八月二十一日　任右大臣
久安六年八月二十二日　左大将如元
仁平四年五月二十八日　出家
応保二年五月二十七日　薨、六十九歳

雅藤（藤原）勧修寺流　尊卑二―一一八
参議顕雅一男　母備中守平信繁女
嘉禎元年　誕生
正嘉三年正月二十一日　叙爵、任佐渡守
文応元年十二月十六日　去守
文応二年正月五日　叙従五位上
弘長三年二月二日　叙正五位下
弘長四年正月十七日　任兵部権少輔
文永五年五月二十三日　見兵部権少輔（吉続記）
文永五年八月二十五日　兼春宮少進
文永六年五月一日　転権大進
文永十一年正月　止権大進、受禅
文永十一年二月二十日　任民部少輔、坊官賞

文永十一年十月三日　遷左衛門権佐、使宣旨
文永十二年二月一日　為防鴨河使
建治二年十一月二十五日　見（亀山）院司（勘仲記）
建治三年五月十四日　遷勘解由次官、補蔵人
弘安七年正月十三日　任右少弁、去蔵人次官
弘安七年二月二十八日　見延政門院判官代（勘仲記）
弘安八年三月六日　転左少弁
弘安八年十一月十九日　為造興福寺長官
弘安十年正月七日　叙正五位上、朝覲行幸、院司賞
弘安十年十二月十日　転権右中弁、叙従四位下
弘安十一年二月十日　叙従四位上
正応元年十月二十七日　転右中弁
正応元年十一月二十一日　叙正四位下
正応元年十二月二十五日　為修理右宮城使
正応二年正月十三日　転右大弁
正応二年正月十四日　見玄輝門院院司（勘仲記）
正応二年三月二十六日　叙正四位上、朝覲行幸、院司賞
正応二年五月　見前摂政（一条家経）家別当（鎌一七〇二二）
正応二年十月十八日　遷春宮亮、補蔵人頭
正応三年六月八日　任参議
正応三年九月二十二日　叙従三位
正応四年三月二十五日　兼周防権守
正応四年七月十七日　辞参議
正応四年七月二十九日　叙正三位
正応四年八月二日　聴本座
永仁四年四月十三日　叙従二位
永仁七年正月五日　叙正二位
正安二年十一月二十四日　任権中納言
正安二年十二月二十二日　辞納言
正安二年十二月二十八日　聴本座
乾元二年正月二十八日　任大宰権帥
嘉元二年三月三日　辞権帥
徳治二年十月一日　加伝奏
正和四年七月　薨、八十一歳

雅房（源）村上源氏〈土御門〉尊卑三—五一一
太政大臣定実一男　母周防守平政平女
弘長二年　誕生
文永二年四月二十五日　叙従五位下
文永四年正月五日　叙従五位上
文永四年二月一日　任侍従
文永五年正月二十一日　叙正五位下
文永七年閏九月四日　叙従四位下、侍従如元
文永八年七月二日　叙従四位上
文永九年七月十一日　兼備前権守
文永十年十二月八日　任右少将
文永十一年十月三日　転左少将
文永十一年十二月二十日　遷右中将
文永十二年正月六日　叙正四位下
建治二年正月二十三日　兼伊予権介
弘安元年四月十九日　叙従三位、大納言定実坊官賞譲
弘安元年四月二十一日　右中将如元
弘安二年正月七日　叙正三位、新院当年御給
弘安二年正月二十四日　兼越前権守
弘安六年三月二十八日　任参議、右中将如元
弘安七年正月十三日　兼左兵衛督備後権守、為使別当
弘安八年正月五日　叙従二位
弘安八年三月六日　任権中納言
弘安八年三月十九日　辞督別当
弘安九年正月五日　叙正二位
正応元年十月二十七日　辞納言
永仁三年十二月二十九日　任権大納言
永仁五年十月十六日　転大納言
永仁五年十二月二日　補淳和院別当
永仁六年五月　止別当
永仁六年八月十日　兼春宮大夫
正安三年正月二十一日　止大夫、依受禅
正安四年二月二十八日　兼弾正尹
正安四年九月二十八日　薨、四十一歳

海雄（橘）　尊卑四―四七

左中弁長谷雄男

承和八年二月六日　任民部少輔（続後紀）従五位下
承和八年四月五日　任右衛門権佐（続後紀）
承和九年六月四日　見右衛門権佐（続後紀）
承和九年七月二十五日　任刑部少輔（続後紀）
承和九年八月十一日　任兵部少輔（続後紀）
承和十年三月二日　任弾正少弼（続後紀）
承和十三年七月十日　任備前守（続後紀）
承和十四年二月十一日　任左少弁（続後紀）
嘉祥二年正月十三日　任右少弁（続後紀）
嘉祥二年五月十二日　見右少弁（続後紀）
嘉祥三年正月七日　叙従五位上（続後紀）
嘉祥三年四月二日　見右少弁（文実）
仁寿二年二月二十八日　任右中弁（文実）
仁寿二年九月七日　見右中弁（文実）
仁寿三年正月十六日　任左中弁（文実）
仁寿三年九月　補蔵人頭（職事補任）左中弁左衛門佐
仁寿四年正月七日　叙正五位下（文実）
斉衡三年正月　辞蔵人頭（職事補任）
斉衡四年正月七日　叙従四位下（文実）
斉衡四年正月十四日　任越前守（文実）
天安三年二月十三日　任右京大夫（三実）元越前守従四位下

※内蔵頭　図書頭（尊卑）

偕行（平）　光孝平氏　尊卑四―四一、三―三六四

内膳正忠望王男　或山城守興我王男

天暦八年　任勘解由次官（文粋一四七頁）
天徳二年　任右衛門権佐（文粋一四七頁）
元勘解由次官
応和元年三月五日　見右衛門権佐（扶桑）旧文章生
応和三年三月二十五日　見右衛門権佐（紀略）
応和三年七月十三日　見右衛門権佐（要略五二九頁）
康保二年　見右少弁（弁官補任）

康保三年　　　　　　見右少弁（弁官補任）
康保四年十月九日　　見従五位上左少弁（別符宣六頁）
康保四年十二月一日　見左少弁（符宣抄二四〇頁）
※使　左衛門尉　山城守　従四位下（尊卑）

懐平（**藤原**）小野宮流　初名懐遠　尊卑二―四
参議斉敏三男　母播磨守藤原尹文女
天暦七年　　　　　　誕生
康保四年正月　　　　任右衛門少尉、祖父左大臣二合
安和元年十二月十八日　任右近将監
安和二年九月二十三日　叙従五位下、御即位
安和三年正月五日　　任侍従
天禄四年二月　　　　服解、父
天禄四年五月　　　　復任
天延二年十月十一日　任少納言
天延二年十一月　　　服解、母
天延二年十二月　　　復任
天延三年十月五日　　兼紀伊権介

貞元二年正月七日　　叙従五位上
天元二年十二月二日　任右少弁
天元三年正月十日　　補蔵人
天元四年正月七日　　叙正五位下、弁労
天元四年四月三日　　転右中弁
天元四年十二月四日　叙従四位下、造宮行事賞
永観元年十二月十三日　任修理大夫
永観二年八月九日　　叙従四位上、造宮
寛和二年三月五日　　兼紀伊権守
寛和二年五月十四日　叙正四位下、造武徳殿賞
寛和二年十一月二十二日　叙従三位、造豊楽院功、修理大夫
　　　　　　　　　　如元、改名懐平
長徳四年十月二十三日　任参議
長保元年正月三十日　兼播磨権守
長保五年二月二十六日　兼春宮権大夫
長保五年十一月五日　叙正三位、造宮行事賞
長保六年正月二十四日　兼美作守
寛弘元年十二月二十九日　兼左兵衛督

寛弘三年正月　兼伊予権守
寛弘三年六月二十六日　為使別当
寛弘四年正月二十八日　任春宮大夫
寛弘六年三月四日　転右衛門督
寛弘六年三月十三日　別当如元
寛弘七年二月十六日　兼播磨権守
寛弘八年十月十六日　叙従二位、前坊大夫
長和二年三月十六日　兼皇后宮大夫
長和二年六月二十三日　任権中納言、右衛門督皇后宮大夫
　別当等如元
長和二年十月十九日　辞別当
長和四年十月二十一日　叙正二位、男左中弁経通朝臣以造
　宮行事賞譲与
長和五年四月二十八日　辞督
長和六年四月十八日　薨、六十五歳

岳雄（藤原）南家真作流　尊卑二―四三五
　春宮亮三成男

承和八年十一月二十日　叙従五位下（続後紀）
承和九年七月二十三日　見左衛門権佐（続後紀）
承和十年十二月二十六日　見左衛門佐（続後紀）※権佐カ
承和十三年十一月十四日　贖銅十斤（続後紀）
承和十四年五月二十七日　毀位記一階（続後紀、「三実」貞観
　五年五月一日条）従五位下左少弁
　左衛門佐
※不経幾日卒（尊卑）

希（源）嵯峨源氏　尊卑三―三
　大納言弘六男
嘉祥元年　誕生
元慶八年二月二十三日　叙従五位下
元慶八年三月九日　任内蔵助
元慶九年正月十六日　任民部少輔
元慶九年二月二十日　任右衛門権佐
仁和二年正月十六日　任右少弁
仁和二年四月五日　兼斎院長官

仁和二年六月二十五日　見斎院長官右少弁（三実）
仁和三年二月二日　兼近江権介
仁和三年六月二十五日　見斎院長官右少弁近江権介（三実）
仁和四年十一月二十五日　叙従五位上
寛平二年　兼侍従
寛平二年閏九月二十日　兼大蔵大輔
寛平三年三月九日　兼右少将
寛平三年十一月　兼左少弁、少将如元
寛平四年正月七日　叙正五位上
寛平四年正月二十三日　兼右権中将
寛平五年正月十一日　兼伊予守
寛平五年正月二十一日　叙従四位下
寛平五年二月十六日　兼権左中弁
寛平五年二月二十二日　転右大弁、補蔵人頭
寛平五年三月十九日　兼修理大夫
寛平五年閏五月一日　兼右兵衛督
寛平六年正月十六日　兼左中将
寛平六年十二月十五日　兼侍従
寛平七年正月十一日　兼播磨守
寛平七年十月二十六日　任参議、元蔵人頭、右大弁左中将播磨守侍従等如元
寛平九年五月二十五日　転左大弁
寛平九年六月　止中将
寛平九年七月十三日　叙従四位上
昌泰二年二月十四日　任中納言、叙従三位、侍従如元
昌泰二年三月七日　兼民部卿
昌泰三年三月二十三日　止卿
延喜二年正月十九日　薨、五十五歳

季綱（藤原）南家貞嗣流　尊卑二—四七六
大学頭実範男　母美濃守高階業敏女
天喜四年　見文章生正六位上（群載三四六頁）
天喜六年二月五日　見六位殿上人（定家朝臣記）※蔵人カ

康平三年七月一日　見散位（定家朝臣記）
治暦五年正月　任右衛門権佐（「魚魯」第七）
承保二年正月二十七日　見右衛門権佐（「魚魯」第七）従五位上
承保二年正月　兼備中権守（「魚魯」第七）
承暦四年六月五日　見三河前司（水左記）
承暦五年正月五日　見三河前司（帥記）
応徳三年十月二十日　備前守重任（扶桑）
寛治七年七月十六日　遷越後守（陽明文庫本「中右記」）元備前守
永長元年十二月二十九日　越後守重任（中右記）
承徳三年正月二十一日　見従四位上大学頭越後守（群載二一八頁）
承徳三年十一月二十日　見大学頭（群載四三八頁）
康和四年九月十四日　見故越後守（中右記）

季衡（藤原）閑院流〈大宮〉尊卑一―一五四
左大臣公衡一男　母家女房侍局（左馬頭藤原光保女）

正応二年　誕生
正応二年十二月十五日　叙従五位下
正応三年正月五日　叙従五位上、中宮当年御給
正応四年正月三日　叙正五位下、臨時
正応五年十一月五日　叙従四位下
永仁三年四月八日　叙従四位上
永仁五年四月十日　任侍従
正安元年十二月三十日　任左少将
正安二年三月六日　兼上野権介
嘉元三年正月二十三日　兼播磨介
嘉元三年七月二十二日　叙正四位下
徳治三年九月二十日　叙従三位、元左少将
延慶二年三月二十三日　任左中将
延慶二年九月二十六日　叙正三位
延慶三年四月七日　任参議、左中将如元
延慶三年八月二日　任権中納言
延慶三年九月四日　兼左衛門督、為使別当
延慶三年十二月十一日　叙従二位

延慶四年正月十二日　辞督別当
応長元年五月二十六日　辞納言
応長元年閏六月二十五日　聴本座
応長二年二月七日　叙正二位
文保二年十一月三日　任権大納言
元亨二年九月十日　喪父
元亨三年正月十三日　辞納言
嘉暦元年十一月一日　任大納言
嘉暦元年十一月四日　兼左大将
嘉暦二年二月二十三日　兼中宮大夫
嘉暦二年三月二十一日　為左馬寮御監
嘉暦二年七月　辞左大将
嘉暦二年七月十六日　辞大納言大夫等
元徳二年三月二十二日　叙従一位
元徳三年二月一日　任内大臣
正慶元年十月十四日　転右大臣
正慶二年三月十二日　出家、四十五歳

季雄（藤原）閑院流〈小倉〉尊卑一―一六二
権大納言実教男
正応二年　誕生
正応六年六月二十四日　叙従五位下
永仁二年正月七日　叙従五位上
永仁五年四月十日　叙正五位下
永仁六年七月二十一日　叙従四位下
正安元年十二月三十日　任侍従
正安三年正月六日　叙従四位上
正安四年二月二十八日　任左少将
嘉元四年正月五日　叙正四位下
嘉元四年四月十四日　任左中将
徳治二年正月二十九日　兼肥後権介
延慶元年十一月十四日　叙従三位、玄輝門院御給
延慶元年十二月十日　更任左中将
延慶三年五月十一日　叙正三位
延慶四年三月三十日　兼山城権守
応長元年十月八日　任参議

応長二年三月十五日　遷左兵衛督、為別当
正和元年十月十三日　転右衛門督、叙従二位
正和二年九月六日　任権中納言、督別当如元
正和二年十一月二十四日　辞督別当
正和五年十一月十八日　叙正二位
文保元年二月五日　辞納言
延元元年九月九日　薨、四十八歳

季頼（藤原）勧修寺流〈葉室〉尊卑二―一〇九
中納言資頼一男　母権中納言藤原光親女
建保元年　誕生
承久二年正月六日　叙爵、氏
承久三年四月十六日　任備前守
寛喜二年正月二十四日　叙従五位上
寛喜三年四月二十九日　任兵部大輔
寛喜三年十月三十日　任春宮権大進
貞永元年十月四日　見摂政九条教実家司（民経記）
貞永元年十二月五日　叙正五位下、中宮御給
天福元年四月二十三日　見後堀河院院司（民経記）
文暦二年八月十二日　補蔵人
嘉禎二年二月三十日　任左少弁
嘉禎二年四月十四日　兼右衛門権佐、使宣（廷尉佐補任）
嘉禎二年十二月十九日　転権右中弁、叙従四位下、去蔵人佐
嘉禎三年正月一日　見摂政九条道家家司（玉蘂）
嘉禎三年正月二十四日　転右中弁
嘉禎三年二月二十一日　為修理右宮城使
嘉禎三年八月十九日　見摂政近衛兼経家司政所別当（摂関詔宣下類聚）
嘉禎四年閏二月二十七日　転左中弁
嘉禎四年三月二十九日　叙従四位上、春日行幸行事賞
嘉禎四年四月十一日　補九条忠家家司（玉蘂）
嘉禎四年四月二十日　転右大弁
嘉禎四年七月二十日　止大弁
仁治二年二月八日　叙正四位下

宝治二年十月二十九日　還任右大弁
建長二年正月十三日　叙従三位、転左大弁
建長六年正月十三日　罷左大弁
文永七年　出家
永仁元年十一月十四日　薨（尊卑）八十一歳

基氏（藤原）頼宗流〈園〉尊卑一—二六六
中納言基家三男　母舞女阿古
建暦元年　誕生
建保二年正月五日　叙爵、斎宮給、于時家教
承久三年十一月二十九日　叙従五位上
承久三年十二月十二日　任左兵衛佐
貞応二年正月二十七日　任右少将
貞応三年正月五日　叙正五位下、臨時
嘉禄元年十二月二十二日　叙従四位下、転中将
安貞二年正月五日　叙従四位上
安貞二年二月一日　兼能登介
安貞三年正月三十日　叙正四位下

寛喜二年三月二十六日　補蔵人頭
寛喜三年三月二十五日　任参議、左中将如元
寛喜三年十月十二日　叙従三位、臨時
寛喜四年正月三十日　兼讃岐権守
貞永元年六月二十九日　兼右兵衛督、為別当
貞永二年正月六日　叙正三位
天福二年八月　辞督別当
天福二年九月　還補
天福二年十月二十九日　兼皇后宮権大夫
天福二年十一月十七日　上辞状出家
弘安五年十一月二十八日　薨（尊卑）七十一歳

基俊（源）村上源氏〈堀川〉尊卑三—五〇三
太政大臣基具二男　母参議平惟忠女
弘長元年　誕生
文永四年十月三日　叙爵
文永四年十月五日　任侍従
文永五年正月五日　叙従五位上

文永五年正月二十九日　任左少将
文永六年三月二十七日　兼石見権介
文永七年正月五日　叙正五位下
文永八年正月五日　叙従四位下
文永八年二月一日　還任左少将
文永十一年二月二十一日　兼美作権介
建治元年十月十七日　叙従四位上
建治二年十二月二十日　叙正四位下
建治三年正月二十九日　転左中将
弘安三年三月十二日　兼尾張権介
弘安六年三月二十八日　任参議、左中将如元
弘安六年九月八日　叙従三位
弘安七年正月十三日　兼出雲権守
弘安八年四月十日　遷兼左兵衛督、為別当
弘安九年九月二日　任権中納言、督別当如元、月日辞
弘安九年十月二十八日　叙正三位
正応二年正月五日　叙従二位、院当年御給
正応三年十一月二十七日　叙正二位
正応四年七月二十九日　任権大納言
正応五年三月二十九日　辞納言
文保三年四月三日　頓死、五十九歳

基藤（藤原）頼宗流〈園〉初名基定　尊卑一—二六六
参議基顕男　母八幡明清法印女
建治二年　誕生
弘安四年正月五日　叙従五位下、安嘉門院御給、于時基定
正応三年四月十七日　叙従五位上、于時改基藤
正応三年六月八日　任左衛門佐
正応四年三月十一日　任左少将
正応五年二月二十七日　叙正五位下
正応六年三月十四日　叙従四位下
正応六年六月十九日　還任左少将
永仁二年三月二十七日　兼近江介
永仁二年七月二日　転左中将
永仁三年八月五日　叙従四位上

永仁五年閏十月二十三日　叙正四位下
嘉元二年十一月二日　補蔵人頭
嘉元三年三月八日　叙従三位、元蔵人頭左中将、同日
　任左兵衛督
嘉元四年二月五日　止督、不出仕
徳治二年十二月十二日　任右衛門督
徳治三年九月十七日　任参議、督如元
延慶二年二月二十八日　為別当
延慶二年三月二十三日　兼但馬権守
延慶二年八月十日　任権中納言、督別当如元
延慶二年八月二十八日　辞別当
延慶二年九月一日　辞督
延慶二年十月十三日　叙正三位
延慶三年二月八日　辞納言
延慶四年正月五日　叙従二位
正和元年五月四日　出家
正和五年七月四日　薨（尊卑）四十歳

許侶継（田中）
天長十年五月八日　叙従五位下（続後紀）元正六位上
　左衛門少尉
承和元年正月十二日　任左衛門権佐（続後紀）従五位下

共成（藤原）末茂流　尊卑二―三五九
　備前介佐衡男　母藤原正倫女
応和三年二月二日　見蔵人（「元亨四年具注暦裏書」寛
　治七年六月十六日条）文章生
応和三年二月十一日　見蔵人（延喜天暦御記抄）
康保三年三月十七日　見蔵人（延喜天暦御記抄）式部少
　丞
康保三年八月十五日　見式部丞（内裏謌合）
天延二年閏十月二十五日　見右衛門権佐（親信卿記）※兼
　大和守ヵ（二中歴）
天元四年二月二十日　播磨守着任（符宣抄二―二八頁）
天元四年六月三日　見播磨守（符宣抄二―二八頁）従四
　位下

寛和元年七月十八日　見前播磨守（紀略）
寛和二年～正暦初年　任大宰大弐（二中歴）
正暦四年六月　任美濃守（勘例）元大弐
長徳四年九月一日　見前美濃守（権記）※年過六旬
長徳四年九月　卒ヵ（「権記」長保元年九月三日条）
※正四位下（尊卑）

匡房（大江）尊卑四―九六
従四位上成衡男　母宮内大輔橘孝親女
長久二年　誕生
永承六年　学問料（続古事談）
天喜四年十二月二十九日　補文章得業生
天喜五年二月三十日　任丹波掾
康平元年十二月二十九日　策
康平三年二月二十一日　任治部少丞
康平三年三月二十日　遷式部少丞
康平三年七月六日　叙従五位下、策
治暦三年二月六日　任東宮学士
治暦四年四月十九日　補蔵人、先坊学士
治暦四年七月八日　任中務大輔
治暦四年七月十九日　叙正五位下、御即位、学士労
治暦五年正月二十七日　任左衛門権佐
延久元年四月二十八日　兼東宮学士
延久元年十二月十七日　兼右少弁
延久四年四月二十六日　兼備中介、為防鴨河使
延久四年十二月八日　新帝蔵人、兼東宮学士
延久六年正月二十八日　任美作守、叙従四位下、策
承保二年正月五日　叙正四位下、先坊学士
承暦四年八月二十二日　遷権左中弁、止守
永保元年八月八日　転左中弁
永保三年二月一日　兼備前権守、兼式部権大輔
応徳元年六月二十三日　転左大弁、権大輔学士等如元
応徳二年二月十五日　兼勘解由長官
応徳二年十一月八日　止学士
応徳三年十一月二十日　叙従三位

応徳四年正月二十五日　転式部大輔
寛治二年正月十九日　叙正三位、院行幸別当賞
寛治二年正月二十五日　兼周防権守
寛治二年八月二十九日　任参議、左大弁勘解由長官式部大
輔周防権守等如元
寛治六年正月　兼越前権守
寛治八年六月十三日　任権中納言（中右記）
寛治八年十二月十一日　叙従二位ヵ
永長二年三月　兼大宰権帥
康和四年正月五日　叙正二位
康和四年正月　得替
長治三年三月十一日　還任大宰権帥、去納言
天永二年七月二十九日　任大蔵卿
天永二年十一月五日　薨、七十一歳

教成（藤原）末茂流〈山科〉　尊卑二―三七六
中納言実教猶子　母従二位高階栄子　実父相模守
平業房

治承元年　誕生
文治三年正月二十八日　叙爵、任中務少輔
文治四年正月二十三日　叙従五位上、任右兵衛佐
文治五年正月五日　叙正五位下
建久二年十一月五日　任左近少将
建久三年正月五日　叙従四位下
建久三年正月二十七日　兼備前権介
建久五年正月二十日　辞少将
建久七年正月五日　叙従四位上、宣陽門院御給
建久八年十月一日　還任少将
建久九年正月三十日　兼備中介
建久九年十一月二十一日　叙正四位下、大嘗会国司賞
正治三年正月二十九日　転中将
建仁二年正月二十一日　任右兵衛督
建仁三年正月十三日　転左兵衛督
建仁四年正月十三日　叙従三位、左兵衛督如元
承元二年正月五日　叙正三位
承元三年四月十四日　任参議

承元三年十一月四日　転左衛門督
承元五年正月十八日　為使別当
建暦元年九月八日　任権中納言、去別当カ
建暦二年正月五日　叙従二位
建保二年正月十三日　辞納言
建保三年四月十二日　叙正二位
承久元年十月九日　聴本座
延応元年四月十三日　薨、六十三歳

教通（藤原）御堂流　尊卑一―六一

摂政道長三男　母左大臣源雅信女従一位倫子
長徳二年　誕生
寛弘三年十二月五日　叙正五位下、元服日
寛弘三年十二月十六日　任侍従
寛弘四年正月二十八日　任右兵衛佐
寛弘四年十月二十九日　任右少将（御堂関白記）
寛弘五年正月五日　叙従四位下（権記）、中宮御給
寛弘五年正月二十八日　任右中将、兼近江介
寛弘五年十月十六日　叙従四位上、中宮御産之後行幸、以同母弟有此賞
寛弘六年三月二十日　転左中将
寛弘七年十一月二十八日　叙従三位、左中将如元
寛弘八年八月十一日　叙正三位
寛弘八年十二月十八日　任中宮権大夫
寛弘九年正月二十七日　兼近江権守
寛弘九年二月十四日　転皇太后宮権大夫カ
長和二年六月二十三日　任権中納言、兼左衛門督、権大夫如元
長和二年九月十六日　叙従二位
長和二年十二月十九日　為使別当
長和三年十一月七日　去別当（小右記）
長和四年十月二十一日　叙正二位、造宮行事賞
長和六年四月三日　兼左大将
寛仁元年八月九日　兼春宮大夫、止皇太后宮権大夫
寛仁三年十二月二十一日　任権大納言、左大将春宮大夫等如元

治安元年七月二十五日　任内大臣、辞大夫（東宮坊官補任）
治安元年七月二十八日　左大将如元
万寿四年十二月四日　服解
万寿四年十二月二十八日　復任
長暦元年八月十七日　兼皇太子傅
寛徳二年正月十六日　止皇太子傅、依践祚
永承元年十一月二十五日　兼皇太子傅
永承二年八月一日　転右大臣
永承二年八月九日　左大将如元
天喜元年六月十一日　遭喪
天喜元年六月二十六日　復任
天喜六年正月七日　叙従一位
康平三年七月十七日　転左大臣、左大将皇太子傅等如元
康平五年四月十一日　辞大将
康平七年十二月十三日　氏長者印請之
治暦四年四月十七日　為関白
治暦四年四月十九日　止皇太子傅、関白如元、受禅日
延久元年八月十三日　辞左大臣
延久二年三月二十三日　任太政大臣
延久三年八月十日　上表太政大臣
延久四年十二月八日　更為関白（一代要記）
承保二年九月二十五日　薨、八十歳

具実　（源）　村上源氏〈堀川〉　尊卑三―五〇〇
大納言通具二男　母院女房按察局（法印能円女）
建仁三年　誕生
承元二年正月五日　叙従五位下、承明門院臨時御給
承元四年正月六日　叙従五位上、鳥羽院久寿元年御給
承元四年正月十四日　任侍従
承元五年正月五日　叙正五位下、新院当年御給
建保二年正月十三日　兼安芸権介
建保三年十二月十五日　任左少将
建保四年正月十三日　兼石見権介、遷右少将
建保五年正月六日　叙従四位下
建保六年正月五日　叙従四位上、新院当年御給

建保六年正月十三日　復任
建保七年正月二十二日　転右中将
承久二年正月六日　叙正四位下、前坊門院建暦元年御給
承久二年正月二十二日　兼近江介
承久三年四月十六日　補蔵人頭
承久三年八月二十九日　任参議、右中将如元
承久四年正月二十四日　兼加賀権守
承久四年正月二十九日　叙従三位、父卿元久元年石賀行幸行事
貞応三年正月二十九日　叙正三位
嘉禄元年十二月二十二日　任権中納言
嘉禄三年二月八日　兼左衛門督
嘉禄三年九月二日　服解、父
嘉禄三年十月二十五日　復任
安貞二年三月二十日　叙従二位、臨時
貞永元年閏九月二十七日　叙正二位、臨時
天福元年六月二十日　兼皇后宮権大夫
天福二年八月　辞権大夫
天福二年十月二十九日　兼皇后宮大夫
文暦二年九月十日　為検非違使別当
嘉禎元年十月二日　転正
嘉禎三年正月二十四日　辞督別当
嘉禎三年十二月二十五日　任権大納言
延応元年十一月十二日　止大夫、院号
仁治元年十月二十日　転正
寛元四年二月一日　補後嵯峨院別当（洞院部類）
建長元年十二月十一日　為奨学院別当
建長二年五月十七日　任内大臣
建長二年五月二十七日　辞淳和奨学院等別当
建長二年十一月二十八日　辞大臣
建長三年三月四日　出家
建治三年四月二十六日　薨、七十七歳（尊卑）
号岩倉内大臣

具俊（源）村上源氏〈堀川〉尊卑三―五〇二

内大臣具守男

文永十年　誕生
弘安七年閏四月二十四日　叙爵
弘安七年七月二十六日　任侍従
弘安八年十二月二十九日　叙従五位上
弘安九年七月十一日　任左少将
弘安十一年三月八日　叙正五位下
正応二年二月二十四日　叙従四位下、少将如元
正応二年三月二十六日　叙従四位上
正応二年六月二日　転中将
正応三年十月二十七日　叙正四位下
正応五年十月二十八日　叙従三位、左中将如元
永仁四年正月五日　叙正三位
永仁六年六月二十三日　任参議、元左中将
永仁六年七月十三日　兼左衛門督、為使別当
永仁七年三月二十四日　兼讃岐権守
正安元年四月二十六日　任権中納言
正安元年六月六日　止別当
正安元年七月八日　叙従二位
正安三年正月二十二日　補後伏見院別当（御脱屣記）
正安三年四月五日　止督
乾元二年正月二十八日　兼左衛門督
乾元二年五月十八日　止督
嘉元元年十月二十六日　薨、三十一歳（一代要記）

具親（源）村上源氏〈堀川〉尊卑三―五〇二

権中納言具俊二男

永仁二年　誕生
永仁六年正月五日　叙従五位下、永福門院御給
永仁六年八月二十八日　任侍従
永仁七年正月五日　叙従五位上
正安二年正月五日　叙正五位下
正安二年三月六日　任左少将
正安三年三月十四日　兼備前介
正安三年三月十六日　叙従四位下、遊義門院御給

文保二年三月九日　兼春宮権大夫
文保二年八月八日　解官宣下、依女事
元応元年閏七月五日　還任権中納言、春宮権大夫如元
元応元年十月十八日　転正
元応二年九月二十二日　補淳和院別当、翌日被止之
元亨三年十一月三十日　任権大納言、春宮権大夫如元
正中三年三月三十日　止権大夫、依本宮御事
嘉暦三年三月一日　喪母、無服解
嘉暦三年七月二十日　辞納言
嘉暦四年八月四日　還任権大納言
元徳二年十一月十六日　転正
建武元年五月十六日　為奨学院別当源氏長者
建武元年八月十日　兼按察使
建武元年十月九日　止使
建武二年八月三十日　兼中宮大夫
建武四年正月十六日　止大夫、依院号
暦応元年十月十九日　兼右大将
暦応二年十二月二十七日　任内大臣、大将如元

正安三年四月五日　還任左少将
乾元二年十月二十六日　喪父
嘉元三年正月五日　叙従四位上、加叙
嘉元四年正月五日　叙正四位下、遊義門院御給
嘉元四年三月三十日　兼出羽権介
嘉元四年六月十二日　転左中将
延慶元年十一月十四日　叙従三位、院御給
延慶元年十一月二十四日　左中将如元
延慶二年三月二十三日　兼伊予権守
延慶三年十二月十一日　任権中納言、元左中将
延慶四年正月五日　叙正三位
延慶四年正月十七日　兼左衛門督、為別当
応長元年七月八日　止別当、督如元
正和元年十月十二日　叙従二位、止督
正和四年正月十日　恐懼
正和五年正月十九日　祖父喪
正和五年十月十九日　復任
正和五年十一月十八日　叙従二位

暦応三年七月八日　　辞両職出家、四十七歳

恵（※忠）（源）嵯峨源氏　尊卑三―三

大納言弘孫　但馬守弼一男

昌泰三年正月　　任能登介（「大成抄」第二下）
延喜四年二月二十六日　　任主殿助（古今目録）
延喜八年正月七日　　叙従五位下（古今目録）
延喜八年正月十二日　　任信濃守（古今目録）
延喜十五年正月十二日　　任伊豆守（古今目録）
延喜二十年九月二十一日　　任治部大輔（古今目録）
延喜二十一年正月三十日　　兼山城守（古今目録）
延長元年四月十日　　兼斎院長官（古今目録）
延長元年六月二十二日　　任右衛門権佐、山城兼任、停輔（古今目録）
延長四年正月十日　　叙正五位下（古今目録）
延長六年正月二十五日　　任丹波守（古今目録）
延長九年　　卒（古今目録）

経季（藤原）勧修寺流〈中御門〉尊卑二―八二

権大納言経継二男

正安元年　　誕生
正安二年十月三十日　　叙爵、于時高継
正和四年正月五日　　叙従五位上、于時経季
正和四年十二月十五日　　叙正五位下
正和五年閏十月十九日　　任右兵衛佐
文保二年十二月二十二日　　任春宮権大進
元応二年ヵ三月二十四日　　任右衛門権佐、蒙使宣旨
元亨二年八月一日　　転大進
嘉暦二年二月十四日　　兼上総介
嘉暦二年五月二十三日　　任兵部少輔、補蔵人、去介
嘉暦三年十一月二十七日　　任右少弁
嘉暦四年二月二十三日　　転権左少弁
嘉暦四年四月一日　　補造興福寺長官
嘉暦四年六月二十八日　　転左少弁、去蔵人
元徳元年九月二十六日　　叙正五位上
元徳二年三月二十七日　　叙従四位下、延暦寺講堂供養行事

賞
元徳三年三月十八日　叙従四位上
元弘元年十月二十八日　転右中弁
元弘三年六月十二日　転左中弁
元弘三年九月十日　任宮内卿、補蔵人頭
元弘四年正月五日　叙正四位下
延元元年三月二日　任参議、元蔵人頭大膳大夫
延元二年七月二十日　辞参議
建武五年正月五日　叙従三位
暦応二年二月二十一日　本座
康永二年四月十二日　叙正三位
貞和二年九月二日　出家
貞和二年九月八日　薨、四十八歳

経躬（藤原）勧修寺流〈高倉〉　尊卑二―七二
権中納言経守男
正応二年　誕生
延慶三年十月二十三日　見尾張守（公衡公記別記）
応長元年四月十四日　見尾張守（公衡公記）
正和四年六月七日　見少納言（公衡公記）
文保三年三月九日　補蔵人（職事補任）（「花園院宸記」三月十一日条）従五位上右衛門権佐
元応二年三月十四日　見中宮権大進（鎌二七四〇七）
元亨元年四月六日　任権右少弁（職事補任）正五位下蔵人右衛門権佐
元亨二年正月九日　為記録所寄人（弁官補任）
元亨三年十二月十三日　転左少弁（「花園院宸記」同十四日条）
正中二年正月二十七日　転権右中弁（弁官補任）正五位上
嘉暦元年六月十八日　卒（尊卑）二十八歳

経業（藤原）内麿流　尊卑二―一九八
参議信盛男
嘉禄二年　誕生
嘉禎元年十二月二十七日　給穀倉院学問料

嘉禎三年正月二十一日　文章得業生
嘉禎四年正月二十三日　任越後権少掾
嘉禎四年三月二十七日　献策
延応元年四月十三日　任大膳権亮
延応元年四月二十五日　叙従五位下
延応元年十一月六日　任近江守
仁治元年閏十月二十八日　遷甲斐守
仁治二年正月五日　叙従五位上、簡一
仁治三年四月九日　得替
寛元元年九月九日　任中宮権大進
寛元二年七月十六日　辞権大進（平戸記）依不仕、後日還任カ
寛元二年十二月十七日　任美作守
寛元四年十二月十九日　見内大臣（九条忠家）家司（葉黄記）
宝治二年六月十八日　停権大進、依院号
宝治二年八月八日　任皇后宮権大進、守如元
宝治三年正月五日　叙正五位下、正親町院御給
建長二年正月十三日　得替
建長三年三月二十七日　停権大進、依院号
建長六年正月十三日　任讃岐守
正嘉元年十月十九日　補蔵人
正嘉元年十月二十二日　任治部大輔
正嘉元年十二月二日　兼中宮権大進
正嘉二年正月十三日　止守
正嘉二年八月四日　辞権大進
正嘉二年八月七日　任東宮学士
正元元年十一月二十六日　止学士、依受禅、新帝蔵人（職事補任）
文応二年二月八日　任中宮大進
弘長元年二月二十九日　辞大輔
弘長元年八月二十日　転皇后宮大進、依本宮
弘長二年正月　辞蔵人
弘長二年四月八日　還補蔵人
弘長二年六月七日　辞大進
弘長二年十月六日　任左京権大夫

弘長三年正月二十八日　任右衛門権佐、使宣（検非違使補任）
文永二年十二月二十三日　服解、母
文永三年三月二十七日　復任
文永三年十二月十五日　任右少弁（検非違使補任）、去蔵人佐
文永五年十二月二日　転左少弁、叙従四位下
文永六年五月一日　転権右中弁
文永六年　給摂津国
文永七年正月五日　叙従四位上
文永七年正月二十一日　転左中弁
文永七年三月十五日　叙正四位下、春日行幸行事賞
文永七年三月三十日　為修理左宮城使
文永七年八月　服解、父
文永七年閏九月四日　復任
文永八年十一月二十九日　転右大弁
文永十年十二月八日　任内蔵頭、補蔵人頭
文永十一年七月十二日　解却両職、依住吉社訴
建治元年　被免勅勘
建治元年十月八日　任式部大輔、叙従三位
建治二年正月二十三日　兼備後権守
建治三年二月十四日　任宮内卿
建治三年二月十六日　大輔如元
建治三年九月十三日　任参議、宮内卿式部大輔備後権守如元
弘安元年十一月十八日　叙正三位
弘安元年十二月二十五日　辞参議
弘安四年三月二十六日　辞大輔
弘安六年三月二十八日　兼阿波権守
弘安七年正月六日　叙従二位
弘安八年三月六日　遷大蔵卿
弘安十年正月十三日　兼加賀権守
正応二年十月十八日　出家
正応二年十月十九日　薨、六十四歳

経兼（藤原）　勧修寺流　改名経賢　尊卑二―一八八
参議定経二男　母大納言源定房女

建久元年　誕生
建久七年正月六日　叙従五位下、式子内親王当年御給
元久二年正月二十九日　任皇后宮権大進（「明月記」同三十日条）
承元元年十一月二十九日　叙従五位上、最勝四天王院供養、光親卿譲
承元五年正月二十二日　任中宮権大進
承元五年二月二十八日　叙正五位下
建保三年正月十三日　転大進
建保四年正月十三日　兼兵部権大輔
建保六年三月六日　任左衛門権佐
建保六年十二月十二日　為防鴨河使
承久四年正月七日　見左衛門権佐（元日白馬節会部類記）、（于時経兼）
貞応元年八月二日　叙従四位下、佐如元
貞応二年四月十日　叙従四位上、宣陽門院御給
嘉禄二年正月二十三日　任兵部卿（「明月記」同二十四日条）、去佐（于時経賢）
嘉禄三年正月五日　叙正四位下、陰明門院御給
寛喜三年三月二十五日　去卿
嘉禎三年七月十三日　叙従三位
寛元四年七月二十七日　出家
寛元四年十月七日　薨、五十七歳

経顕（藤原）　勧修寺流〈勧修寺〉本名忠定　尊卑二―一七八
権中納言定資二男　母右少将藤原隆氏女

永仁六年　誕生
正安四年正月五日　叙従五位下、昭訓門院御給
延慶二年八月十日　叙従五位上
正和二年九月六日　任右兵衛佐、于時経顕
正和二年十二月二十八日　任左兵衛佐（花園院宸記）
文保元年二月五日　遷右衛門権佐、使宣旨
文保二年正月二十二日　転左衛門権佐
文保二年二月二十六日　見（花園）院判官代（資朝卿記）

文保二年三月九日　兼春宮大進
文保二年四月十四日　為防鴨河使
文保二年十一月五日　補蔵人
元応元年八月二十一日　止大進
元応二年三月二十四日　任右少弁、止蔵人（職事補任）
（弁官補任）（「花園院宸記」同二十五日条）
元応二年五月二十三日　止弁
元亨二年正月五日　叙従四位下、新院当年御給
正中三年正月五日　叙従四位上、院当年御給
嘉暦元年七月二十四日　任春宮亮
嘉暦三年正月五日　叙正四位下、春宮当年御給
元徳元年十一月九日　補蔵人頭
元徳元年十二月二十四日　任修理大夫、翌日辞大夫
元徳二年四月七日　任参議、元蔵人頭春宮亮
元徳二年七月十一日　喪父
元徳二年十月二十一日　叙従三位、辞参議
元弘元年十月五日　還任参議、兼右衛門督
元弘二年正月五日　叙正三位、院御給
元弘二年三月十二日　兼出雲権守
正慶元年十月二十一日　任権中納言、督如元
元弘三年五月十七日　為前参議従三位
元弘四年正月五日　叙正三位
建武元年十二月十七日　還任参議、大宰大弐如元
建武二年正月十三日　兼加賀権守
建武二年十一月二十六日　兼右衛門督、為使別当
建武三年二月四日　止別当
延元元年五月二十五日　兼左京大夫
建武四年正月七日　任権中納言
建武四年七月二十日　叙従二位
建武四年十二月四日　兼按察使
暦応元年十一月十八日　叙正二位
暦応二年十二月二十七日　転正、按察使如元
暦応三年　辞按察使
暦応三年七月十九日　任権中納言
暦応五年正月十六日　辞納言

暦応五年二月二十三日　聴本座
延文三年八月十三日　叙従一位
応安三年三月十六日　任内大臣
応安四年七月十二日　辞
応安六年正月五日　薨、七十六歳
花園院執権（洞院家廿巻部類）
光厳院執権（洞院家廿巻部類）
光明院執権（洞院家廿巻部類）
後光厳院執権（洞院家廿巻部類）

経光（藤原）内麿流〈勘解由小路〉尊卑二―二五四
権中納言頼資一男　母兼資王女
建保元年　誕生
建保六年十一月十六日　補東宮蔵人、立坊日
承久三年正月九日　給穀倉院学問料
承久三年四月二十日　補蔵人、太子受禅
承久三年七月九日　止蔵人
承久四年正月六日　文章得業生

貞応二年正月二十七日　任因幡少掾
貞応二年二月七日　献策
貞応二年三月一日　叙爵
貞応二年四月七日　任治部少輔
安貞元年六月二十六日　補右大臣（九条教実）家司（民経記）
安貞元年八月十四日　補関白（近衛家実）家司（民経記）
安貞元年十月十日　補関白（近衛家実）執事（民経記）
安貞二年四月二十日　叙従五位上
安貞二年九月十六日　補蔵人
寛喜元年六月二十日　補鷹司院判官代（民経記）
寛喜元年十月五日　叙正五位下、北白川院御給
寛喜三年四月十九日　補秀仁親王職事（民経記）
寛喜三年十月二十八日　兼春宮権大進
貞永元年閏九月二十日　見北白河院院司（民経記）
貞永元年十月四日　見後堀河院五位判官代（民経記）
同日　新帝蔵人、止権大進

貞永二年正月二十八日　任右少弁、蔵人如元、去少輔
天福元年十二月十五日　任右衛門権佐、使宣（廷尉佐補
任）蔵人弁如元
天福二年四月二日　去蔵人弁権佐
嘉禎二年二月三十日　喪父
嘉禎二年五月六日　復任
嘉禎二年十二月十九日　任左少弁
嘉禎三年正月二十四日　転権右中弁、叙従四位下
嘉禎三年三月十日　見前関白（近衛家実）執事家司、
補摂政（近衛兼経）執事（玉蘂）
嘉禎四年閏二月二十七日　転右中弁
嘉禎四年三月二十九日　叙従四位上、春日行幸行事賞
嘉禎四年四月六日　為造東大寺長官
嘉禎四年四月二十日　転左中弁
嘉禎四年五月二十三日　為修理左宮城使
嘉禎四年七月二十日　転右大弁、長官宮城使如元
暦仁二年正月二十四日　兼阿波権守、大弁兼国
暦仁二年正月二十七日　叙正四位下

延応元年十一月六日　補蔵人頭
仁治二年二月一日　任参議、転左大弁、元蔵人頭
仁治二年二月八日　兼勘解由長官
仁治二年十月十三日　叙従三位
仁治四年二月二日　兼讃岐権守
寛元二年正月五日　叙正三位
寛元四年二月一日　補後嵯峨院別当（公光卿記）
宝治元年十二月八日　任権中納言
宝治二年十月二十九日　辞納言、叙従二位
建長七年正月五日　叙正二位
文応元年九月八日　任民部卿
文永十一年四月十五日　薨、六十二歳

経高（平）高棟流　尊卑四―六
治部大輔行範男
治承四年　誕生
文治三年五月四日　任大舎人助
文治六年正月二十四日　叙従五位下、皇太后御給

建久二年二月一日　任紀伊守
建久三年三月　見後白河院判官代（鎌五八四）
建久六年二月二日　紀伊守重任
建久九年正月五日　叙従五位上、後白河院承安四年御給
建久十年十月　任皇后宮権大進
建仁三年正月十三日　叙正五位下
元久元年十月二十六日　任春宮権大進
元久二年四月十日　任右衛門権佐、使宣（明月記）権大進如元
承元三年四月十四日　補蔵人、佐大進
承元四年十二月十七日　新帝蔵人（職事補任）
承元四年五月七日　補関白（近衛家実）家司（猪隈関白記）
承元五年正月十八日　任右少弁、去佐
建暦元年九月八日　転左少弁、辞蔵人（明月記）（玉蘂）
建暦元年十月十二日　転権右中弁

建暦元年十月二十九日　叙従四位下（「明月記」同三十日条）
建保二年正月五日　叙従四位上
建保二年十二月一日　転右中弁
建保三年五月　見伯耆知行国主（鎌二一六二）
建保四年正月五日　叙正四位下、春日行幸賞
建保六年正月十三日　転左中弁
建保六年十二月十二日　為修理左宮城使
建保七年正月二十三日　転右大弁
承久二年正月二十二日　補蔵人頭、去弁
承久二年三月二十二日　兼宮内卿
承久三年正月　服解、父
承久三年四月十六日　止頭、依譲位
貞応二年二月二十五日　兼中宮亮
元仁元年十二月二十一日　叙従三位、宮内卿中宮亮如元
嘉禄二年正月二十三日　任参議
嘉禄三年正月二十六日　兼備前権守
嘉禄三年十月四日　見筑前知行国主（民経記）

安貞二年三月二十日　叙正三位、臨時
寛喜二年十一月十三日　給大隅国（明月記）
寛喜四年正月三十日　兼近江権守
寛喜四年二月七日　叙従二位、去年北野平野行幸行事
　賞
文暦二年正月二十三日　辞参議
文暦二年二月二十三日　本座
嘉禎四年正月五日　叙正二位
暦仁二年正月　見宣陽門院院司（東寺百合文書）
延応二年正月三十日　任民部卿
建長二年九月十六日　止卿
建長七年六月　薨、七十六歳

経氏（平）高棟流　尊卑四―六
　参議経高嫡男
建保四年　誕生
嘉禄二年七月二十九日　任中宮少進（民経記）（明月記）従
　五位下
嘉禄三年四月二十日　叙従五位上（民経記）
嘉禄三年十月四日　兼勘解由次官（民経記）（「明月
　記」同五日条）
寛喜元年十月五日　叙正五位下（「明月記」同六日
　条）
寛喜三年二月二十日　見北白川院院司（民経記）勘解由
　次官
貞永元年閏九月十一日　見勘解由次官（百錬抄）
天福二年四月二日　任左衛門権佐、使宣（廷尉佐補
　任）正五位下
文暦二年閏六月十一日　為防鴨河使（「明月記」同十四日
　条）
嘉禎元年十二月十五日　見摂政（九条道家）家司、内大
　臣（二条良実）政所別当（玉蘂）
　（官史記）正五位下
嘉禎二年四月七日　卒（尊卑）二十一歳、為舞女本夫
　被害了

経守（藤原）勧修寺流〈高倉〉尊卑二―七二
権大納言経任三男　母権大納言藤原公雅女

弘長三年　誕生
文永十一年正月五日　叙爵、春宮当年御給
建治元年十月八日　叙従五位上
弘安元年十一月二十日　叙正五位下、朔旦叙位、大宮院御給
弘安二年二月十四日　任和泉守、父経任卿知行
弘安六年三月十二日　遷左衛門佐
正応二年十二月十五日　遷右衛門権佐、使宣
正応三年正月　見後深草院判官代（洞院六巻部類）
正応三年六月八日　遷左衛門権佐
正応三年六月十八日　為防鴨河使
正応三年七月二十一日　兼皇后宮大進
正応三年十一月二十一日　補蔵人
正応四年二月二十五日　止権佐
正応四年三月二十五日　兼右少弁
正応四年六月六日　更兼左衛門権佐、為勧学院別当（弁官補任）
正応四年七月十七日　為造興福寺長官
正応四年七月二十九日　転左少弁
正応四年八月十二日　止大進、依院号
正応四年九月九日　更補防鴨河使
正応四年十月十五日　去蔵人権佐、叙従四位下
正応五年九月三十日　見関白（九条忠教）家司カ（鎌一八〇一二）
正応五年十一月十日　服解、母（弁官補任）
正応五年十一月二十三日　去弁、服解之間
正応六年正月十三日　叙従四位上
永仁元年十二月十三日　還任権右中弁（勘仲記）
永仁二年三月五日　見永陽門院院司（勘仲記）
永仁二年三月二十七日　転右中弁
永仁二年四月十三日　為修理右宮城使
永仁二年四月三十日　叙正四位下
永仁二年七月七日　見法皇（後深草カ）院司（勘仲記）

永仁三年六月二十三日　転左中弁
永仁三年八月五日　為修理左宮城使
永仁五年正月十九日　喪父
永仁五年五月十六日　復任
永仁五年六月七日　転右大弁、補蔵人頭
永仁五年閏十月二十三日　叙正四位上、止頭
永仁六年三月二十四日　還補蔵人頭、兼春宮亮
永仁六年六月九日　転左大弁
永仁六年七月二十二日　止亮、依受禅、為造東大寺長官
正安元年六月六日　任参議、元蔵人頭、去左大弁
正安元年九月十九日　叙従三位
正安二年三月六日　叙正三位
正安三年　兼讃岐権守
嘉元三年正月二十二日　兼越後権守
嘉元三年三月八日　辞参議
徳治元年十二月三十日　還任参議
延慶元年十二月二十二日　叙従二位
延慶二年三月二十三日　任権中納言
延慶二年十月十五日　辞納言
延慶二年十一月三日　本座
延慶三年十一月二十日　叙正二位
正和六年二月二十二日　薨、五十五歳

経俊（藤原）勧修寺〈吉田〉
参議資経二男　母宮内大輔藤原親綱女
建保二年　誕生（勧修寺家譜）
嘉禄元年四月二十七日　叙従五位下、任備後守（明月記）
嘉禄二年十一月十四日　見備後守（民経記）
安貞元年九月六日　任兵部少輔（民経記）
寛喜元年十月二十日　補関白姫君（九条道家女竴子）職事（玉蘂）
寛喜三年七月五日　補関白（九条教実）御厩別当（民経記）
寛喜三年十一月十一日　見春宮少進（民経記）
貞永元年閏九月二十七日　見春宮少進（民経記）

嘉禎元年十一月二十六日　見兵部権少輔（明月記）
嘉禎二年十二月十九日　任右衛門権佐、使宣（廷尉佐補
任）従五位上
嘉禎三年正月五日　叙正五位下（廷尉佐補任）
嘉禎四年四月二十日　転左衛門権佐（経俊卿記）
嘉禎四年五月　為防鴨河使（廷尉佐補任）
仁治三年三月七日　補蔵人（平戸記）（職事補任）
仁治三年三月二十五日　補関白（二条良実）執事年預（後
中記）（荒涼記）
寛元元年八月十日　兼春宮大進（妙光寺内府除目部
類）
寛元二年正月二十一日　見関白（二条良実）執事家司（妙
槐記）
寛元四年正月二十九日　新帝蔵人（経俊卿記）（職事補任）
先坊大進
寛元四年正月二十九日　補後嵯峨院判官代（葉黄記）
宝治元年十一月一日　補綜子内親王家司（経俊卿記）
宝治元年十二月八日　兼右少弁（経俊卿記）（弁官補
任）
宝治二年正月十日　辞蔵人佐（弁官補任）（職事補
任）
建長二年正月十三日　転左少弁（弁官補任）
建長三年正月二十二日　転権右中弁（弁官補任）
建長三年六月二十七日　叙従四位上（諸記録抄出経俊卿
記）
建長四年十二月四日　転左中弁（弁官補任）
建長六年正月十三日　転左大弁（弁官補任）
建長七年十二月十三日　補蔵人頭（弁官補任）（職事補
任）正四位下
正嘉二年十一月一日　任参議、左大弁如元
正元二年正月六日　叙従三位
文応元年九月八日　叙正三位、造東大寺長官左大弁讃
岐権守
弘長二年正月二十六日　任権中納言
弘長二年　喪母
弘長三年二月二十七日　復任

弘長三年三月二十五日　兼大宰権帥
文永四年正月五日　叙従二位
文永五年正月七日　叙正二位、院御給
文永八年二月一日　止帥
文永八年三月二十七日　転中納言（吉続記）
文永十一年九月十日　兼治部卿
建治二年十月十八日　薨、六十三歳
後深草院執権（洞院家廿巻部類）

経親（平）高棟流　尊卑四―八
権大納言時継二男　母従二位高階経雅女
建長五年　誕生
正元元年七月二日　叙爵、安嘉門院令爵
文永九年正月五日　叙従五位上
文永十年五月三日　任甲斐守
文永十一年四月五日　遷丹波守
文永十一年十一月十八日　叙正五位下
建治二年二月十四日　任右兵衛佐
弘安二年十月二十三日　兼丹波守
弘安三年十一月十二日　辞守
弘安八年八月十九日　兼皇后宮権大進
弘安八年十月二十七日　任左衛門権佐
弘安九年二月二十五日　為防鴨河使
弘安十一年正月五日　叙従四位下、権佐如元
弘安十一年正月二十六日　見（後深草）四位院司（公衡公記）
正応元年八月二十日　兼中宮亮
正応二年正月十三日　任左少弁、去権佐
正応二年三月二十六日　叙従四位上
正応二年十月十八日　転権右中弁
正応三年正月十三日　叙正四位下
正応三年六月八日　転右中弁
正応三年六月十八日　為修理右宮城使
正応三年十一月二十一日　転左中弁
正応四年三月二十五日　辞弁
正応四年十月十五日　叙正四位上
正応五年二月五日　任右大弁

文保元年九月四日　　出家、六十五歳
伏見院執権（洞院家廿巻部類）

経成（源）醍醐源氏　尊卑三―四四八
大納言重光孫　備前守長経一男
寛弘六年　　誕生
治安三年二月十二日　任諸陵助
万寿二年十月十一日　任右近将監
万寿四年正月十日　補蔵人
万寿五年二月十九日　叙従五位下
長元元年九月二十八日　任侍従
長元三年十一月五日　任少納言
長元四年二月　兼紀伊権守
長元五年正月五日　叙従五位上
長元九年正月五日　叙正五位下
長暦二年正月十四日　補蔵人
長暦三年十二月十八日　任左少弁（弁官補任）元少納言
長久二年十二月九日　転権右中弁

正応五年二月二十五日　記録所寄人
正応五年十一月五日　補蔵人頭
正応六年正月十八日　任参議、元蔵人頭、去弁
正応六年六月二十四日　叙従三位
永仁二年七月十日　喪父
永仁二年十月五日　復任
永仁二年十二月二十四日　辞参議
永仁三年十二月二十九日　還任参議
永仁四年正月五日　叙正三位
永仁六年三月二十二日　兼駿河権守
正安元年六月六日　兼左大弁
正安元年七月二十四日　叙従二位、為造東大寺長官
正安二年四月七日　任権中納言
正安二年十一月二十四日　辞納言
延慶二年正月六日　叙正二位
正和二年九月六日　任権大納言
正和二年十一月七日　辞納言
正和二年十一月十七日　本座

長久三年正月五日　叙従四位下
長久三年十月二十三日　転右中弁
長久四年正月二十四日　叙従四位上、造宮行事賞
長久四年九月十三日　転権左中弁
長久四年十月二十七日　叙正四位下、松尾大原野行幸行事
賞追叙
長久五年正月二十四日　兼民部権大輔周防権守
寛徳元年十二月十四日　補蔵人頭
寛徳二年正月十六日　新帝蔵人頭（職事補任）
寛徳二年十月二十三日　兼修理大夫
永承元年九月二十三日　辞大輔
永承三年十二月七日　任参議、兼右兵衛督、元蔵人頭権
左中弁修理大夫、大夫如元
永承四年二月五日　兼備前守、叙従三位、永承元年造
宮行事賞
永承五年九月二十五日　為使別当
永承六年十一月五日　叙正三位
天喜三年二月二日　兼讃岐権守
天喜五年正月五日　叙従二位、造宮行事賞
康平三年二月二十一日　兼播磨権守
康平三年十二月十六日　転左兵衛督
康平四年十二月八日　任権中納言、督別当如元
康平七年十二月十三日　辞別当
康平八年正月七日　叙正二位、為修理大夫之時造興福
寺東金堂行事
治暦二年七月十一日　薨、五十八歳

経宣（藤原）勧修寺流〈中御門〉尊卑二―八二
権大納言経継男
弘安三年　誕生
弘安九年正月五日　叙従五位下
正応元年九月十二日　任和泉守、叙従五位上
永仁二年三月二十七日　叙正五位下
永仁三年四月八日　任越前守
正安四年二月一日　兼左衛門佐
嘉元元年九月二十四日　兼中宮大進

嘉元二年十月十一日　復任、母
延慶二年十一月十九日　兼春宮大進
正和四年七月二十一日　叙従四位下、春宮前大進
文保二年正月五日　叙従四位上
文保二年三月九日　任春宮亮
文保二年七月七日　叙正四位下
文保二年十月二日　任右中弁、兼春宮亮
文保二年十一月九日　兼近江権介
文保二年十一月二十一日　兼近江守
文保三年三月九日　転右大弁、叙正四位上
文保三年四月二十一日　為造東大寺長官
元応元年五月十五日　補蔵人頭、右大弁春宮亮近江守如元
元応元年八月五日　止春宮亮
元応二年三月二十四日　任参議、兼右兵衛督、為別当、去弁
元応三年正月五日　叙従三位
元亨二年四月五日　止別当、辞参議
元徳二年正月五日　叙正三位
建武二年正月七日　叙従二位
建武五年八月三日　出家
暦応三年五月六日　薨、六十二歳

経宗（藤原）　師実流　尊卑一―二〇七

大納言経実四男　母権大納言藤原公実女従三位公子

元永二年　誕生
保安四年二月十九日　叙爵、中宮御給
大治三年正月二十四日　任左兵衛佐
大治五年正月五日　叙従五位上、労
天承元年十二月二十四日　任右少将
天承二年正月二十二日　兼備中介
長承二年正月二日　叙正五位下、行幸院賞
長承四年正月五日　叙従四位下、府
保延三年正月五日　叙従四位上、院御給
保延三年正月二十日　兼美作介
保延三年九月二十五日　叙正四位下、行幸法金剛院賞

保延四年十一月十七日　転左中将
永治二年正月七日　補蔵人頭
永治二年正月二十三日　兼備前権介
久安三年正月二十八日　兼播磨介
久安五年七月二十八日　任参議
久安五年八月二日　左中将如元
久安六年正月二十九日　兼備中権守
仁平二年三月八日　叙従三位、院御賀日、美福門院別
当
仁平四年八月二十八日　転右中将
久寿二年正月二十八日　兼讃岐権守
久寿二年九月二十三日　兼春宮権大夫
久寿三年四月六日　任権中納言、春宮権大夫如元
保元元年九月十七日　兼右衛門督、叙正三位、父経実
卿日吉行幸行事賞
保元二年四月二日　為使別当
保元二年八月十九日　転正
保元三年正月十日　叙従二位、行幸美福門院賞、春宮
御給
保元三年二月二十一日　任権大納言、春宮権大夫如元
保元三年八月十一日　止権大夫、依践祚
保元三年十二月十七日　叙正二位、御即位叙位、坊権大夫
労
平治元年五月二十八日　見後白河院別当（平二九七九）
永暦元年二月二十八日　解官
永暦元年三月十一日　配流阿波国
応保二年三月七日　召返
長寛二年正月二十一日　復本位還任権大納言
長寛二年閏十月二十三日　右大臣
仁安元年十月二十一日　兼左大将
仁安元年十一月十一日　転左大臣
仁安元年十一月十三日　左大将如元
仁安元年十一月二十五日　左馬寮御監
仁安三年八月九日　辞大将
承安四年正月七日　叙従一位、加叙、大臣労
治承二年十二月十五日　為春宮傅（玉葉）

治承四年二月二十一日　止傳、依受禅
文治五年二月十三日　出家
文治五年二月二十八日　薨、七十一歳

経通（藤原）小野宮流　尊卑二—五

権中納言懐平一男　母中納言源保光女

天元五年　誕生
永祚二年正月七日　叙従五位下、中宮御給
長徳三年八月二十八日　任侍従
長徳四年十月二十三日　任右兵衛権佐
長保三年正月二十四日　叙従五位上、佐労
長保三年三月二十八日　任左少将
長保四年二月三十日　兼近江権介
長保五年正月八日　補蔵人
寛弘二年正月七日　叙正五位下、少将労
寛弘二年六月十九日　任右中弁
寛弘四年正月七日　叙従四位下、弁労
寛弘六年三月四日　転権左中弁

寛弘六年三月二十日　兼中宮権亮
寛弘八年正月七日　叙従四位上、弁労
寛弘九年八月十一日　転左中弁、権亮如元
長和二年正月七日　叙正四位下、造八省行事
長和三年正月二十四日　兼播磨権守
長和三年三月二十八日　兼春宮亮
長和五年二月八日　補蔵人頭、前坊亮
寛仁元年八月三十日　兼左京大夫
寛仁三年十二月二十一日　任参議、元頭左中弁左京大夫、大夫如元
寛仁四年正月七日　叙従三位、前坊亮
寛仁四年正月三十日　兼讃岐権守
寛仁四年十一月二十九日　叙正三位、去寛仁二年為木工寮別当造殿賞
寛仁五年正月二十四日　兼治部卿、止左京大夫
治安元年八月二十九日　兼右兵衛督
治安元年十月八日　兼太皇太后宮権大夫
治安四年二月十三日　為使別当

万寿二年正月二十九日　兼備前守
万寿三年正月十九日　止権大夫、本宮出家
万寿三年十月二十六日　転左兵衛督
長元二年正月二十四日　任権中納言、治部卿左兵衛督使別
　当等如元
長元二年十二月　辞別当
長元三年正月二十六日　転右衛門督
長元七年正月五日　叙従二位、行幸上東門院院司賞
長元八年十月十四日　転左衛門督
長暦元年十月二十三日　叙正二位、行幸上東門院院司
寛徳三年二月二十六日　兼大宰権帥、止督
永承五年五月　辞帥
永承六年五月二十八日　出家
永承六年八月十六日　薨、七十歳

経通（藤原）頼宗流　尊卑一―二七三
　権大納言泰通一男　母権大納言藤原隆季女
安元二年　誕生
治承二年正月十五日　叙爵、氏
文治五年正月十八日　叙従五位上、殷富門院元暦元年大
　嘗会御給
文治五年七月十日　任侍従
建久四年正月二十九日　任加賀介
建久五年十月十三日　任右少将
建久六年正月五日　叙正五位下、中宮御給
建久六年二月二日　兼越後権介
建久八年正月六日　叙従四位下、府労、少将如元
正治二年正月七日　叙従四位上、前皇太后宮長寛二年
　朔旦御給
正治二年正月二十二日　兼伊予介
建仁二年七月二十三日　転中将
建仁二年八月十三日　転左中将
建仁二年十一月十九日　叙正四位下、臨時
元久二年正月二十九日　兼土佐介
建永元年　服解、母
建永元年十二月三十日　復任

承元二年七月八日　補蔵人頭
承元三年正月十三日　兼尾張介
承元四年九月三十日　服解、父
承元四年十一月二十五日　止蔵人頭
承元五年閏正月　復任
建暦二年五月十一日　還補蔵人頭
建保二年正月十三日　任参議、元蔵人頭、左中将如元
建保三年正月五日　叙従三位
建保三年正月十三日　兼備前権守
承久二年正月六日　叙正三位、臨時
承久二年正月二十二日　兼伊予権守
承久二年四月六日　兼右衛門督、為使別当
貞応元年八月十六日　任権中納言、督別当如元
貞応元年十二月十七日　辞督別当
貞応三年正月二十三日　叙従二位、臨時
嘉禄三年正月五日　叙正二位
嘉禄三年四月九日　転正
嘉禎元年十月八日　転権大納言
嘉禎元年十二月九日　辞納言
嘉禎二年四月八日　出家
延応元年十月十三日　薨、六十四歳
　号高倉大納言

経藤（藤原）勧修寺流　尊卑二―七二
　中納言為経男　母権中納言藤原定高女
延応元年　誕生
寛元四年正月五日　叙従五位上（葉黄記）
建長六年七月十三日　見勘解由次官（経俊卿記）
正嘉元年十一月十四日　見勘解由次官（百錬抄）
正嘉元年十一月十九日ヵ　任右衛門権佐（検非違使補任）
正元元年　見正五位下（検非違使補任）
正元元年七月十七日　見（後嵯峨）院司（仙洞御移徙部類記）
弘長元年十一月　見（後嵯峨）院別当（鎌八七四一）
弘長二年四月十一日　出家（検非違使補任）二十四歳

経任（藤原）小野宮流　尊卑二―九

権中納言懐平三男　母参議藤原佐理女

長保二年　誕生
寛弘九年十一月二十一日　叙従五位下、太皇太后宮御給
長和二年正月七日　叙従五位上、東宮御給
長和二年正月二十四日　任侍従
長和二年十月二十三日　任右衛門佐
寛仁三年正月二十四日　任左少将
寛仁四年正月五日　叙正五位下、皇后宮御給
寛仁四年二月十八日　兼備後介
寛仁四年十一月十三日　叙従四位下、皇后宮御給
治安二年正月七日　叙従四位上、少将労
長元二年正月二十四日　任権左中弁
長元三年十一月十九日　補蔵人頭（職事補任）
長元四年正月七日　叙正四位下、臨時
長元四年二月十七日　兼備後権守
長元八年三月二十四日　辞頭（職事補任）服解
長元八年十月十六日　任参議
長元九年正月七日　叙従三位、造円教寺行事賞
長元九年正月二十九日　兼伊予権守
長元九年十月二十四日　兼侍従
長暦元年八月九日　兼備中権守
長暦二年六月二十五日　兼修理大夫
長久二年正月二十三日　兼播磨権守、去修理大夫
長久四年九月二十九日　兼左兵衛督
長久五年七月十九日　為使別当
寛徳三年二月十一日　兼備前権守
永承元年十月二十八日　叙正三位、造宮行事賞
永承三年十二月七日　任権中納言、督別当如元
永承五年八月二十九日　辞別当
永承五年十一月十三日　叙従二位、臨時
永承六年二月十三日　兼皇后宮権大夫
永承六年十一月五日　兼治部卿
天喜二年九月二十三日　叙正二位、天皇自四条宮遷幸上東門院賞
康平三年三月二十三日　辞督

治暦元年十二月八日　任権大納言、兼皇后宮大夫
治暦二年二月十六日　薨、六十七歳
　号白髪大納言

経任（藤原）勧修寺流〈中御門〉尊卑二―七一
　中納言為経二男　母大宮院半物号柳
天福元年　誕生
寛元五年正月五日　叙爵、臨時、于時経嗣
宝治二年十月二十九日　任民部権少輔
宝治三年正月二十四日　叙従五位上、于時経任
建長三年四月三日　任若狭守、院御給
建長四年十二月四日　叙正五位下
建長八年七月十四日　復任、父
正嘉元年十一月十九日　任勘解由次官
正嘉二年八月七日　兼春宮権大進
正元元年十二月　止大進
弘長二年四月八日　任左衛門権佐
弘長二年五月十五日　為防鴨河使（検非違使補任）
弘長二年六月七日　兼皇后宮大進
弘長二年十二月二十一日　任右少弁、大進権佐等如元
弘長三年正月二十八日　補蔵人
弘長三年十月二十六日　辞蔵人佐
文永二年正月六日　叙正五位上
文永二年閏四月二十五日　転左少弁
文永三年十二月十五日　転権右中弁、叙従四位下
文永四年正月五日　叙従四位上
文永四年五月七日　叙正四位下
文永四年十二月　為勧学院別当
文永五年十二月二日　転右中弁、補蔵人頭
文永六年四月二十日　為修理右宮城使
文永六年五月一日　任参議、転右大弁
文永六年七月十九日　叙従三位
文永七年正月二十一日　任権中納言
文永七年十二月四日　叙正三位
文永八年二月一日　兼大宰権帥
文永八年三月二十七日　叙従二位、辞中納言

文永八年三月二十八日　本座
文永八年十月十三日　還任権中納言
文永十年十二月八日　兼左兵衛督、為使別当
文永十一年四月五日　転右衛門督
文永十二年正月六日　叙正二位、新院当年御給
建治三年正月二十九日　任権大納言
弘安六年三月二十八日　辞納言
弘安六年四月一日　本座
弘安六年四月五日　任大宰権帥
弘安八年十一月十一日　還任権大納言
弘安九年九月二日　辞納言
正応四年九月十六日　重任権帥
永仁三年正月二十八日　辞帥
永仁五年正月十八日　出家、翌日薨、六十五歳
号中御門大納言
後深草院執権（洞院家廿巻部類）
亀山院執権（洞院家廿巻部類）

経房（藤原）勧修寺流〈吉田〉　尊卑二―六六
権右中弁光房二男　母中納言藤原俊忠女
康治二年　誕生
久安六年六月九日　補蔵人、元摂政家勾当
久安六年七月八日　叙爵、氏爵未叙
仁平元年七月二十四日　任伊豆守
保元二年八月二十一日　兼勘解由次官
保元二年十月二十一日　叙従五位上、造宮賞
保元三年二月三日　兼皇后宮権大進
保元三年八月十七日　補後白河院判官代（兵範記）
保元三年十一月二十六日　遷安房守
保元四年二月十三日　止権大進、依院号、為上西門院判官代
永暦二年四月一日　叙正五位下、祖父為隆卿去天永二年春日行幸賞
長寛二年二月二十八日　辞安房守
仁安元年八月二十七日　補蔵人
仁安二年正月三十日　遷右衛門権佐

仁安二年二月十四日　使宣旨（山槐記）
仁安二年八月一日　転左衛門権佐
仁安三年二月十九日　新帝蔵人
仁安三年三月二十日　兼皇太后宮大進
嘉応元年四月十二日　止大進、為建春門院判官代
嘉応二年正月十八日　兼左少弁
嘉応二年七月二十六日　辞蔵人佐
承安二年二月二十三日　叙従四位下、転権右中弁
承安三年十一月二十一日　叙従四位上、造寺行事賞
承安四年十二月十三日　見後白河院別当（平三六六六）
承安五年四月十六日　叙正四位下、石清水賀茂行幸行事賞
安元元年十二月八日　転右中弁
治承元年十二月五日　兼内蔵頭
治承二年十二月八日　補言仁親王家司（玉葉）
治承三年十月九日　転左中弁
治承三年十月十日　補蔵人頭
治承三年十月二十一日　為修理左宮城使
治承三年十二月十日　辞内蔵頭
治承四年二月二十一日　新帝蔵人頭、補高倉院院別当（山槐記）
養和元年九月二十三日　転右大弁
養和元年十二月四日　任参議、転左大弁
養和二年三月八日　兼近江権守
寿永二年正月五日　叙従三位、治承元年八幡賀茂行幸行事賞
元暦元年九月十八日　任権中納言
元暦元年十一月十七日　叙正三位、大嘗会、近江守為季譲
文治元年十月十一日　兼大宰権帥
文治四年正月六日　叙従二位
文治六年正月二十四日　辞帥
建久元年八月十三日　兼民部卿
建久二年正月七日　叙正二位
建久三年三月　見後白河院別当（鎌五八四）
建久六年十一月十日　転正
建久六年十一月十二日　民部卿如元

建久九年四月　見後鳥羽院別当（鎌九七七）
建久九年十月　見七条院別当（鎌一〇〇八）
建久九年十一月十四日　任権大納言、民部卿如元
正治二年二月三十日　出家
正治二年閏二月十一日　薨、五十八歳※年齢は猪隈関白記
　に依る

兼季（藤原）閑院流〈今出川〉尊卑一―一五八
　太政大臣実兼四男　母家女房
弘安七年　誕生
弘安九年正月十三日　叙従五位下
弘安九年四月三日　叙正五位下、越階、鳥羽殿修理本
　所賞
正応二年正月五日　叙従四位下、中宮当年御給
正応二年四月二十六日　叙従四位上、朝覲行幸、中宮大夫
　藤原朝臣院司賞譲
正応三年三月六日　任侍従
正応三年十月二十七日　叙正四位下
永仁二年三月二十七日　任左少将
永仁二年五月十一日　転中将
永仁二年閏十月二十三日　兼中宮権亮
永仁六年六月二十三日　補蔵人頭
永仁六年八月十日　遷兼春宮権亮
永仁六年八月二十一日　止中宮権亮、依院号
正安元年四月二十六日　任参議、春宮権亮左中将如元
正安元年六月六日　叙従三位、止権亮
正安二年三月六日　叙正三位
正安三年正月二十一日　補後伏見院別当（御脱屣記）
正安三年四月五日　兼左衛門督、為使別当
正安四年二月二十八日　任権中納言、督別当春宮権大夫等
　如元
乾元元年十二月十四日　止別当
乾元二年正月二十八日　止督
嘉元二年正月十四日　止権大夫
嘉元三年正月五日　叙従二位、一院当年御給
延慶二年九月二十六日　叙正二位

正和四年三月十三日　任権大納言
正和五年七月二十二日　兼春宮権大夫
文保元年十二月二十日　復任
文保二年二月二十六日　止権大夫、依践祚
元応元年八月二十一日　兼右大将
元応元年十月十八日　転正
元応元年十月二十九日　為右馬寮御監
元亨元年三月　着服
元亨二年八月十一日　任右大臣、大将如元
元亨二年八月二十三日　辞大将
元亨二年九月十日　喪父
元亨三年五月三日　復任
元亨三年七月　辞大臣
嘉暦元年八月二十七日　喪母
嘉暦二年九月二日　為後院別当
嘉暦四年正月五日　叙従一位
正慶元年十一月八日　任太政大臣
元弘三年五月十七日　停其職、為前右大臣
暦応元年十二月十二日　出家
暦応二年正月十六日　薨、五十六歳

兼光（藤原）　内麿流〈日野〉　尊卑二―二三〇
権中納言資長男　母木工頭源季兼女
久安元年　誕生
保元元年八月二十七日　給勧学院学問料
保元三年四月九日　補文章得業生
保元四年正月二十九日　任但馬掾
永暦元年正月二十日　献策
永暦元年正月二十二日　任修理亮
永暦元年六月二十日　任右衛門少尉、元修理亮、蔵人
永暦元年七月二十七日　使宣旨
永暦元年九月十五日　叙従五位下
応保三年正月二十四日　任治部少輔、元散位
永万二年正月十二日　叙従五位上、策
仁安元年十二月二日　兼東宮学士
仁安二年正月二十八日　叙正五位下、朝覲行幸賞

仁安三年正月十一日　兼備中権介、学士労
仁安三年二月十九日　止学士、依践祚
仁安三年三月十七日　補蔵人
嘉応二年正月十八日　任右少弁、蔵人如元、備中権介給
　兼字、元治部少輔、先坊学士
嘉応三年四月八日　見皇嘉門院五位別当（玉葉）
承安二年正月二日　見摂政（藤原基房）執事家司（玉
葉）
承安二年二月二十三日　転左少弁
承安二年二月二十五日　見後白河院判官代（平三五九三）
治承三年十月九日　転権右中弁、叙従四位下
治承三年十月二十一日　為造東大寺長官
治承三年十一月十七日　転右中弁
治承五年正月五日　叙従四位上、仁安三年大嘗会国司
賞
治承五年六月十五日　為造興福寺長官
養和元年十二月四日　転左中弁、長官如元
養和二年三月八日　兼近江権介、装束使労

寿永元年八月十九日　補右大臣（九条兼実）家司（玉葉）
寿永元年十一月二十三日　叙正四位下、大嘗会国司賞
寿永二年七月三日　補蔵人頭
寿永二年八月二十四日　新帝蔵人頭
寿永二年十二月十日　任参議、転右大弁
寿永三年三月二十七日　兼遠江権守
元暦元年七月二十四日　叙従三位、去承安二年松尾行幸行
事賞
元暦元年九月十八日　転左大弁
文治元年十二月二十四日　兼勘解由長官
文治二年三月　去氏院別当并寺長官
文治二年十二月十五日　任権中納言
文治五年正月六日　叙正三位
建久元年七月十八日　兼右兵衛督
建久二年十二月二十八日　為使別当
建久四年四月十四日　転左兵衛督
建久四年十二月九日　転右衛門督
建久五年八月十一日　去督別当

建久六年三月十二日　叙従二位、東大寺供養行事賞
建久六年十月五日　喪父
建久七年四月十二日　出家
建久七年四月二十三日　薨、五十一歳

兼似（源）仁明源氏　尊卑三―二六
本康親王男
延喜初年　見左衛門権佐（二中歴）
延喜三年三月二日　見阿波権守（北山抄）（撰集秘記）
延喜六年閏十二月十七日　見散位従五位上（日本紀竟宴和歌）
延喜十六年正月十三日　任左中弁（勘例）
※縫殿頭、大弐、従四位上（尊卑）

兼信（藤原）家忠流〈花山院〉尊卑一―二〇〇
内大臣師信一男　母参議藤原実盛女
永仁二年　誕生
永仁六年正月五日　叙従五位下

永仁七年正月二十三日　叙従五位上
正安四年二月一日　任侍従
嘉元二年十二月二十日　叙正五位下
嘉元四年四月十四日　任左少将
徳治二年正月五日　叙従四位下、中宮当年御給
徳治二年正月二十九日　還任少将
延慶元年十一月十四日　叙従四位上
延慶二年三月二十三日　兼播磨介
延慶二年三月二十九日　転左中将
延慶二年十月二十四日　兼春宮権亮
延慶二年十一月二十三日　叙正四位下、御即位叙位
延慶三年三月九日　補蔵人頭
延慶三年九月四日　任参議、左中将如元
延慶四年正月五日　叙従三位、院当年御給
延慶四年三月三十日　兼越後権守
正和二年十一月二十四日　遷兼右衛門督、為使別当
正和三年正月二日　叙正三位、朝覲行幸、父師信卿院司賞譲

正和四年正月六日　叙従二位、新院当年御給
正和四年二月二十一日　任権中納言、督別当如元
正和四年三月十三日　去督別当
文保元年四月十九日　叙正二位、春宮大夫藤原朝臣造宮行事賞譲
元応三年二月八日　除服宣下、依前右大臣事
元亨二年正月二十六日　復任、父
元亨二年二月　喪母服解、不復任
康永二年二月三日　出家、五十三歳

兼頼（藤原）内麿流〈勘解由小路〉尊卑二―二五四
権中納言経光男　母正三位藤原親実女
延応元年　誕生
正元元年八月十一日　見中宮権大進（仙洞御移徙部類記）
文応元年九月二十五日　見正五位下（経俊卿記）
文永三年十二月十五日　任右衛門権佐、使宣旨（検非違使補任）正五位下、元前中宮権大進
文永六年三月七日　補蔵人（職事補任）
文永七年正月二十一日　任右少弁（弁官補任）（職事補任）
文永七年二月一日　去蔵人佐（職事補任）
文永八年二月十七日　叙正五位上（弁官補任）
文永八年十一月二十九日　転左少弁（吉続記）
文永十年三月四日　為氏院別当（弁官補任）
文永十年四月　見近衛殿（家基）家司（「勘仲記」正安二年正月十日条）
文永十一年四月五日　転右中弁、叙従四位下（弁官補任）
文永十一年九月十日　転左中弁（弁官補任）
文永十二年二月一日　為修理左宮城使（弁官補任）
建治元年十二月二十六日　転右大弁（吉続記）
建治二年正月五日　叙従四位上（弁官補任）
建治二年正月二十三日　兼遠江権守（弁官補任）
建治三年九月十三日　補蔵人頭（弁官補任）（職事補任）
弘安元年四月十七日　叙正四位下（弁官補任）

弘安三年二月七日　卒、四十二歳（職事補任）（尊卑）
治部少輔（尊卑）

憲方（藤原）勧修寺流　尊卑二―六五
参議為隆一男　母近江守藤原有佐女

嘉承元年　誕生
元永元年四月三日　補蔵人（中右記）大学助
元永元年六月　叙従五位下（中右記）※日付欠、八日以前
保安三年十二月十五日　任出雲守（「公卿補任」保安三年藤原為隆条）
天治元年五月二十八日　重任出雲守（永昌記）
大治三年十二月二十九日　遷周防守（中右記目録）（二中歴）
長承四年三月二十七日　見周防守（中右記）（長秋記）
長承四年四月九日　叙正五位下（中右記）
保延二年正月二十二日　任右衛門権佐、使宣旨（廷尉佐補任）近江守如元、院判官代
永治元年十二月二十七日　兼皇后宮大進（廷尉佐補任）

康治元年十一月十四日　叙正五位上（世紀）（廷尉佐補任）
康治三年正月二十四日　辞近江守（廷尉佐補任）
久安五年八月三日　止大進（廷尉佐補任）依院号
久安六年十月二十日　転左衛門権佐（世紀）（廷尉佐補任）
久寿三年三月五日　見左衛門権佐（兵範記）
保元元年十一月二十八日　任刑部卿、叙従四位下（山槐記除目部類）
保元二年十月二十二日　叙従四位上（兵範記）
保元三年正月六日　叙正四位下（兵範記）
保元三年二月三日　兼皇后宮亮（兵範記）
保元四年二月十九日　補上西門院別当（山槐記）元皇后宮亮
平治元年五月二十八日　見後白河院別当（平二九七九）
永暦元年四月三日　補蔵人頭（職事補任）刑部卿
永暦元年五月四日　卒、五十五歳（職事補任）

憲房（藤原）勧修寺流　尊卑二―一二二
正三位惟憲男　母修理亮藤原親明女
長元五年四月十九日　見丹後守（左経記）
長元八年五月十六日　見丹後守（賀陽院水閣歌合）
長元九年五月十七日　見前丹後守（左経記）
長暦三年六月二十七日　見讃岐守（「栄花物語」巻三十四）
永承六年二月一日　任皇后宮大進（「栄花物語」巻三十六）
永承六年三月三日　見正五位下皇后宮大進（中右記部類紙背漢詩集）
永承七年四月二十二日　見左衛門権佐（春記）皇后宮大進
天喜元年二月七日　補蔵人（職事補任）正五位下左衛門権佐
天喜五年十一月二十八日　任阿波守（職事補任）
延久元年四月二十九日　見尾張守（土右記）
延久五年十月十七日　卒（尊卑）
正四位下（尊卑）

顕遠（藤原）勧修寺流　尊卑二―一一二
因幡守長隆一男　母近江守高階重仲女
天永元年　誕生
大治四年十月九日　任左近将監
大治六年正月十四日　補蔵人、院判官代
天承二年正月五日　叙従五位下
長承二年二月九日　見院北面散位（中右記）
長承三年三月十九日　任皇后宮少進
長承三年十一月二十六日　兼摂津守、御祈物進納功
保延元年十二月二十四日　転皇后宮権大進
保延二年二月十一日　見鳥羽院判官代（平二三三九）
保延五年七月二十八日　止権大進、依院号
永治元年十二月二十六日　叙従五位上、院御給
永治元年十二月二十七日　任皇后宮権大進
永治二年正月二十三日　任甲斐守
康治二年正月三日　叙正五位下、院判官代、朝覲行幸
久安五年四月九日　兼勘解由次官
久安六年正月二十九日　去守

久安六年十月二十日　補蔵人、勘解由次官
仁平二年八月二十八日　任右衛門権佐（台記）（世紀）
仁平二年九月七日　検非違使符請印（世紀）
久寿元年十二月二十八日　兼左少弁
久寿二年二月二十五日　辞権佐
久寿二年七月二十三日　止蔵人
保元元年八月二十二日　改名顕時
保元元年九月十七日　転左中弁
保元元年閏九月十四日　叙従四位下、久安六年鳥羽院未給
保元二年四月二十六日　為修理左宮城使
保元二年八月二十一日　転右大弁
保元二年十月二十二日　叙従四位上、造宮叙位、白河院天治二年未給
保元三年正月六日　叙正四位下、臨時
保元三年八月十日　転左大弁、補蔵人頭
保元四年二月三日　兼勘解由長官（弁官補任）
保元四年四月六日　任参議、元蔵人頭、弁長官如元
平治元年十一月二十二日　叙従三位、大嘗会、臨時
永暦元年正月二十一日　兼近江権守
永暦元年五月五日　見後白河院別当（平三〇九三）
永暦元年十月三日　任権中納言
応保二年正月十日　叙正三位、行幸院賞、八条院御給
応保二年四月七日　兼大宰権帥
長寛二年正月二十一日　辞帥
仁安元年八月二十七日　辞納言
仁安二年正月二十八日　叙従二位、行幸院司
仁安二年正月三十日　任民部卿
仁安二年三月十四日　出家、薨、五十八歳
号栗田口帥、中山中納言

顕光（藤原）師輔流　尊卑一―五一
関白太政大臣兼通一男　母元平親王女
天慶七年　誕生
天徳五年正月五日　叙従五位下、中宮御給
康保三年正月二十七日　任筑前権守
天禄元年十二月十六日　任右兵衛権佐

天禄四年正月七日　叙従五位上、佐労
天禄四年正月二十八日　任左衛門佐
天禄四年七月二十六日　補蔵人（職事補任）
天延二年十月五日　補蔵人頭
天延二年十一月十八日　叙正五位下、朔旦別勅叙之
天延三年正月七日　叙従四位下
天延三年正月二十二日　兼右中将
天延三年十一月二十七日　任参議
天延四年正月二十八日　兼播磨権守
貞元二年正月七日　叙従四位上
貞元二年三月二十六日　叙正四位下
貞元二年四月二十四日　任権中納言、叙従三位
貞元二年八月二日　叙正三位、造宮行事賞
寛和二年七月二十日　転正
寛和二年七月二十六日　叙従二位
正暦二年九月二十一日　兼左衛門督、為使別当
長徳元年六月十九日　転大納言
長徳元年六月二十日　兼右大将
長徳二年正月十五日　兼按察使（尊卑）
長徳二年七月二十日　任右大臣
長徳二年七月二十一日　右大将如元
長徳二年十二月二十七日　辞大将
長保二年正月二十四日　叙正二位
寛弘八年六月十三日　兼東宮傅
長和五年正月二十九日　停傅、受禅
長和五年三月十六日　兼東宮傅
長和六年三月四日　任左大臣、東宮傅如元
寛仁元年八月九日　止傅、依皇太子辞退
寛仁五年正月七日　叙従一位
治安元年五月二十四日　出家
治安元年五月二十五日　薨、七十八歳
号堀川左大臣

顕嗣（藤原）勧修寺流〈堀川〉　尊卑二—一〇三
権中納言光藤男
元亨四年四月二十七日　任右衛門権佐、使宣（後光明照

院関白記）

正五位下、勘解由次官、中宮権大進、右兵衛佐（尊卑）

顕俊（藤原）勧修寺流、初名忠方　尊卑二―一〇七

権中納言光雅二男　母右大弁藤原重方女

寿永元年　誕生
文治二年五月二十八日　叙爵、任佐渡守
建久四年正月二十九日　遷安房守、改忠方為顕俊
建久五年正月三十日　叙従五位上、宗頼朝臣治国賞
建久八年正月三十日　重任
建久九年三月五日　任皇后宮権大進、守如元
正治二年正月五日　叙正五位下、八条院御給
建仁元年三月十一日　兼出雲守
建仁元年十二月二十二日　補蔵人、止守
建仁二年二月十一日　転大進
元久元年四月十二日　転春宮大進
建永元年十月二十日　任右少弁、大進如元
承元元年十月二十九日　転左少弁、大進如元
承元二年七月九日　転権右中弁、大進如元
承元二年十二月九日　叙従四位下
承元三年正月十三日　転左中弁
承元三年四月十四日　転右大弁
承元四年正月五日　叙従四位上、臨時
承元四年十二月十七日　補蔵人頭
建暦元年九月八日　任参議、元蔵人頭右大弁
建暦元年十月十七日　叙正四位下
建暦二年正月十三日　兼播磨権守
建暦二年十二月二十日　叙従三位
建保三年八月十二日　兼右兵衛督
建保四年正月十三日　為使別当
建保四年三月二十八日　転左兵衛督
建保五年正月二十八日　転右衛門督、兼近江権守
建保五年十一月八日　叙正三位、松尾北野行幸行事賞
建保六年正月十三日　任権中納言、督別当如元
建保七年四月八日　辞督別当

承久二年正月二十二日　辞納言
承久四年三月二十四日　聴本座
貞応三年正月二十三日　叙従二位
嘉禄三年正月五日　叙正二位
嘉禄三年二月十八日　出家
寛喜元年七月二十一日　薨、四十八歳（尊卑）

顕親（源）村上源氏〈土御門〉　尊卑三―五〇九
　内大臣定通二男　母右京権大夫平（北条）義時女
承久二年　誕生
承久四年正月二十三日　叙爵、于時輔通
嘉禄三年正月二十六日　任侍従、改顕親
安貞三年正月五日　叙従五位上
寛喜三年正月二十六日　叙正五位下
寛喜三年正月二十九日　任備前介
貞永元年閏九月二十七日　任左少将
貞永二年正月六日　叙従四位下、従一位藤原朝臣給、
　少将如元
貞永元年正月二十三日　兼長門介
嘉禎元年十一月十九日　叙従四位上
嘉禎二年四月十四日　転左中将
嘉禎三年正月二十四日　兼美作介
嘉禎三年四月二十四日　叙正四位下
嘉禎四年正月五日　叙従三位、左中将如元
暦仁二年正月七日　叙正三位歟
仁治二年四月二十三日　任参議、左中将近江権守如元
仁治二年六月七日　叙従二位
仁治二年九月二十四日　遷右衛門督、為使別当
仁治三年三月七日　任権中納言、督別当如元
仁治三年五月二十七日　辞別当
仁治三年六月十五日　遷左衛門督
寛元元年十二月二十五日　辞督
寛元二年十二月八日　兼春宮権大夫
寛元四年正月二十九日　止権大夫、依譲位
宝治元年六月二日　出家、二十八歳

顕世（藤原）勧修寺流〈堀川〉尊卑二―一〇四

権中納言高定男　母白拍子

建長四年　誕生
正嘉二年正月五日　叙爵、氏
文応二年正月五日　叙従五位上
弘長三年正月二十八日　叙正五位下
文永六年三月二十七日　兵部権大輔
文永九年七月十一日　兼常陸権介
建治元年十二月十四日　兼春宮権大進
弘安三年七月十一日　任右衛門権佐、使宣、辞権大輔
弘安三年十二月二十六日　復任、父
弘安四年四月六日　辞権大進
弘安六年三月二十八日　転左衛門権佐
弘安六年五月二十九日　為防鴨河使
弘安八年三月六日　遷兵部権大輔、補蔵人
正応元年十月二十七日　任右少弁、去蔵人権大輔
正応二年正月十三日　転権右中弁、叙従四位下
正応二年四月二日　叙従四位上
正応二年十月十八日　転右中弁、兼皇后宮亮
正応二年閏十月十四日　為修理右宮城使
正応三年正月十三日　叙正四位下
正応三年六月八日　転左中弁
正応三年六月十八日　為修理左宮城使
正応三年十一月二十一日　転右大弁
正応三年十一月二十七日　為造東大寺長官
正応四年三月二十五日　叙正四位上
正応四年七月二十九日　転左大弁
正応四年八月十二日　去亮、院号
正応五年二月五日　補蔵人頭、辞大弁
正応五年十一月五日　任参議、元蔵人頭宮内卿
正応六年三月十四日　叙従三位
永仁二年三月二十七日　兼加賀権守
永仁四年正月五日　叙正三位
永仁五年十一月十九日　止権守
永仁五年十二月十七日　兼右兵衛督、為使別当
永仁六年三月二十二日　遷左衛門督

永仁六年六月二十三日　任権中納言、督別当如元
永仁六年七月十三日　辞督別当
永仁六年十二月十八日　辞納言、任大蔵卿
正安元年七月二十七日　叙従二位
正安二年三月六日　止卿
延慶二年正月六日　叙正二位
延慶二年四月二十一日　薨、五十八歳

顕忠（藤原）良房流　尊卑一―四五

左大臣時平二男　母大納言源湛女
昌泰元年　誕生
延喜十三年正月七日　叙従五位下、東宮御給
延喜十五年正月十二日　任周防権守
延喜十七年十一月十七日　叙従五位上、朔旦
延喜十九年正月二十八日　任右衛門佐
延長三年正月三十日　兼信濃権介
延長六年正月七日　叙正五位下
延長八年十一月二十一日　叙従四位下、御即位
延長八年十二月十七日　任右中弁
承平三年十月二十四日　転左中弁
承平五年二月十三日　兼内蔵頭
承平六年正月七日　叙従四位上
承平七年九月九日　任参議
天慶元年十二月二十四日　兼刑部卿
天慶二年二月　兼近江権守
天慶二年八月二十七日　兼左兵衛督、卿権守等如元
天慶四年十二月十八日　任中納言、叙従三位
天慶五年三月二十九日　兼左衛門督、為使別当
天慶七年四月二十五日　兼中宮大夫
天暦二年正月三十日　任大納言
天暦二年五月二十九日　中宮大夫如元
天暦三年五月二十九日　服解、母
天暦三年八月十四日　復任
天暦四年正月七日　叙正三位
天暦七年九月二十五日　兼按察使
天暦九年七月二十四日　兼右大将

天暦十一年四月二十五日　転左大将
天徳四年正月七日　叙従二位
天徳四年八月二十二日　任右大臣
天徳四年八月二十五日　左大将如元
康保二年四月二十一日　辞大将
康保二年四月二十四日　薨、六十八歳
康保二年五月二日　贈正二位
　号富小路右大臣

顕長（藤原）勧修寺流　尊卑二―九九
　権中納言顕隆三男　母右大臣源顕房女
永久五年　誕生
保安四年二月十六日　叙従五位下、中宮御給、本名顕教
天治二年正月二十八日　任紀伊守、本院分
大治四年十二月二十九日　任越中守
大治五年三月四日　叙従五位上、造中宮御所賞
大治五年十月五日　兼右兵衛佐
長承三年正月五日　叙正五位下、兵衛佐労
長承三年二月二十二日　遷兵部大輔、越中守如元
保延三年十二月十六日　遷参河守、大輔如元
久安元年十二月三十日　任遠江守
久安五年四月九日　任参河守
久寿二年十二月二十五日　辞参河守
保元元年十月二十七日　兼中宮亮、叙従四位下、前待賢門院長承三年未給
保元二年十月二十二日　叙従四位上、三河守隆能譲、造東廊賞
保元二年十月二十七日　任木工頭、兼中宮亮、以兵部大輔譲猶子顕方
保元三年正月六日　叙正四位下、中宮御給
保元三年四月二日　補蔵人頭、兼中宮亮木工頭
保元三年八月十日　任参議、中宮亮如元
保元三年八月十七日　補後白河院別当（兵範記）
保元四年正月二日　叙従三位、行幸院、別当
保元四年正月二十九日　兼周防権守
保元四年二月二十一日　為皇后宮亮、本宮

保元四年四月五日　転権大夫
永暦元年八月十四日　兼右兵衛督
応保二年正月十日　叙正三位、行幸院司
応保二年正月十六日　依不仕恐懼、二月三十日被免
応保二年九月二十三日　為使別当
応保二年十月二十八日　転左兵衛督
長寛二年正月二十一日　任権中納言、督権大夫別当如元
長寛三年正月　辞別当
永万元年八月十七日　転右衛門督
永万二年四月六日　転左衛門督
永万二年六月六日　辞督
仁安元年八月二十七日　辞納言、権大夫如元
仁安元年十二月三十日　本座
仁安二年正月二十八日　叙従二位、行幸院司
仁安二年十月十八日　薨、五十一歳

顕朝（藤原）勧修寺流〈姉小路〉　尊卑二―九九
参議宗房一男　母左京大夫藤原清長女
検非違使補任　別巻（ケ　顕長・顕朝）

建暦二年　誕生
承久三年閏十月十八日　叙従五位下
貞応三年十月十六日　任安芸守、父卿知行
寛喜二年二月十六日　兼中宮権大進
寛喜三年四月二十九日　叙従五位上、辞守（民経記）
寛喜三年十一月二十八日　任中宮権大進
貞永元年五月二十八日　見中宮権大進（民経記）
貞永二年四月三日　為藻壁門院判官代（民経記）院号
天福元年四月十九日　叙正五位下、院司
嘉禎二年八月十三日　補蔵人（職事補任）散位
嘉禎二年十二月十九日　任宮内権大輔
嘉禎三年二月二十九日　任左衛門権佐、使宣（廷尉佐補任）
嘉禎三年八月十九日　見摂政（近衛兼経）政所別当（摂関詔宣下類聚）
嘉禎四年四月二十日　任右少弁、去蔵人佐（経俊卿記）

嘉禎四年七月二十日　転左少弁
延応元年四月二十八日　叙正五位上、行幸東山従一位藤原朝臣第、家司賞
仁治二年二月一日　転権右中弁、叙従四位下（弁官補任）
仁治三年正月五日　叙従四位上
仁治三年三月七日　転右中弁
寛元元年閏七月二十七日　為修理右宮城使
寛元元年十一月五日　叙正四位下、八幡賀茂行幸行事賞
寛元三年六月二十六日　補蔵人頭、転左中弁
寛元三年八月十一日　兼中宮亮
寛元三年九月七日　転修理左宮城使
寛元四年正月二十九日　新帝蔵人頭、為後嵯峨院別当（師光記）（為経卿記）
宝治元年十一月一日　補綜子内親王年預家司（経俊卿記）
宝治元年十二月八日　転右大弁
宝治二年十月二十九日　任参議、転左大弁
宝治二年十二月十七日　為造東大寺長官
宝治三年正月五日　叙従三位
宝治三年正月二十四日　兼近江権守
建長二年正月十三日　任権中納言
建長三年正月二十五日　叙正三位
建長五年正月二十八日　叙従二位
建長六年八月五日　兼左衛門督、為別当
建長七年九月十三日　辞督別当
正嘉元年五月七日　叙正二位
正嘉二年正月十三日　辞納言
正嘉二年七月九日　任按察使
弘長二年十二月二十一日　還任中納言
弘長二年十二月二十六日　按察使如元
弘長三年八月十三日　兼左兵衛督、為別当
文永二年三月二十日　辞督別当
文永二年閏四月二十五日　任権大納言
文永二年八月一日　服解、母
文永三年九月十七日　出家

文永三年九月二十日　薨、五十五歳
後深草院執権（洞院家廿巻部類）

顕定（源）村上源氏〈土御門〉尊卑三―五〇九
内大臣定通一男　母右馬助源成実女
建保三年　誕生
建保七年正月五日　叙従五位下、氏
承久三年正月二十日　叙従五位上、権大納言源朝臣石清水賀茂行幸行事賞
貞応三年四月七日　任侍従
嘉禄二年正月五日　叙正五位下、臨時
嘉禄三年十月四日　任右少将
安貞二年正月五日　叙従四位下、少将如元
安貞二年二月一日　兼甲斐介
寛喜二年閏正月四日　転右中将
寛喜二年十月二十五日　兼中宮権亮
寛喜四年正月五日　叙従四位上、中将労
貞永二年正月六日　叙正四位下、中宮御給
貞永二年正月二十四日　兼伊予権介
嘉禎二年二月二十日　補蔵人頭
嘉禎三年三月八日　叙従三位、中将如元
嘉禎三年十二月二十五日　任参議、中将如元
嘉禎四年正月二十二日　兼越前権守
嘉禎四年四月二十日　叙正三位
延応元年九月九日　兼右衛門督、為別当
延応元年十一月六日　任権中納言、督別当如元
仁治元年十月二十四日　辞別当
仁治二年二月一日　叙従二位
仁治三年四月九日　任権大納言
寛元元年閏七月二十七日　叙正二位、臨時
寛元四年正月廿九日　補後嵯峨院執事別当（経俊卿記）
建長二年十二月　為淳和奨学院等別当
建長七年四月十二日　出家
弘安六年八月十二日　薨、六十九歳

顕能（藤原）勧修寺流　尊卑二―九六
権中納言顕隆二男　母越後守藤原季綱女

承徳元年　誕生
天永二年正月十四日　補蔵人（中右記）大膳亮
天永二年正月二十四日　見蔵人左近将監（中右記）
天永二年三月二十日　叙従五位下（中右記）
天永三年七月二十三日　任讃岐守（中右記）（殿暦）
永久五年十一月十日　重任、叙従五位上（通季卿記）（百錬抄）（行類抄）
元永二年七月三十日　兼勘解由次官（中右記）
保安元年十二月十四日　遷備前守（中右記）
天治元年十月二十一日　見勘解由次官（実行公記）
大治二年正月二十日　兼右衛門権佐、使宣旨（中右記）
大治二年十二月二十日　遷越前守（中右記）（二中歴）
天承二年正月五日　叙従四位下（廷尉佐補任）元正五位下
天承二年閏四月四日　遷美作守（中右記）
長承四年三月二十七日　見美作守（長秋記）
保延二年正月七日　叙正四位下（長秋記）元従四位上
保延三年七月十七日　見美作前司（宇槐記抄）
保延五年七月三日　卒（尊卑）四十三歳

顕頼（藤原）勧修寺流　尊卑二―九一
権中納言顕隆一男　母越後守藤原季綱女

嘉保元年　誕生
長治二年十二月十四日　任大膳権亮、春宮御分
嘉承二年十二月八日　補蔵人
嘉承三年正月二十四日　叙従五位下、禎子内親王未給
同日　任出雲守、父顕隆卿譲、坊官賞
永久二年十二月十四日　任三河守
永久四年十二月二十二日　任勘解由次官、守如元
永久五年正月五日　叙従五位上、簡一
永久六年正月十九日　任丹後守（中右記）
永久六年正月二十六日　任中宮権大進、守次官如元
元永二年四月六日　任右衛門権佐、使宣旨
元永三年十一月二十九日　補蔵人

保安二年六月二十六日　転左衛門権佐
保安三年正月六日　叙正五位下、臨時
保安三年九月二十日　為防鴨河使
保安三年十二月二十二日　任右少弁
保安四年正月二十八日　新帝蔵人
保安四年四月五日　兼丹波守、弁大進如元
保安四年十二月二十日　転権右中弁
保安五年正月五日　叙従四位下、行幸院賞、去佐（弁官補任）
天治元年十一月二十四日　止権大進、依院号
天治二年正月六日　叙従四位上、治国
天治二年十一月十一日　叙正四位下、行幸鳥羽院賞、修造彼殿功
大治二年正月十九日　得替
大治五年十月五日　転右中弁、補蔵人頭
天承元年十二月二十二日　任参議、去弁
天承二年正月二十二日　兼右兵衛督播磨権守
長承二年十二月二十六日　為使別当
長承三年正月五日　叙従三位、春日行幸行事賞
長承三年二月二十二日　任権中納言、督別当如元
長承四年三月十四日　辞督別当
保延二年十二月二十一日　兼皇后宮大夫
保延五年正月五日　叙正三位
保延五年正月二十四日　兼大宰権帥
保延五年七月二十八日　止大夫、依院号
保延五年十月二十六日　叙従二位、成勝寺供養行事賞
保延七年六月二十三日　見鳥羽院別当（平補六五）
永治元年十二月二日　辞納言権帥、任民部卿
康治二年正月三日　叙正二位、朝覲行幸、院分
久安四年正月三日　出家
久安四年正月五日　薨、五十五歳

顕隆（藤原）勧修寺流　尊卑二―九一
参議為房二男　母美濃守源頼国女
延久四年　誕生
応徳四年正月三十日　補院蔵人

寛治元年十二月十三日　任左兵衛尉
寛治二年正月十一日　補蔵人
寛治二年正月二十五日　任左近将監
寛治二年二月十三日　叙従五位下
寛治三年正月二十八日　任宮内少輔
寛治四年四月二十日　叙従五位上
寛治四年六月五日　任勘解由次官
嘉保二年正月二日　叙正五位下
嘉保三年正月二十三日　任若狭守（中右記）
永長二年正月二十九日　任右衛門権佐
永長二年閏正月三日　使宣旨（中右記）
承徳二年七月十二日　転左衛門権佐
承徳二年十二月十七日　兼右少弁
康和元年十二月十四日　転左少弁
康和三年十月二十八日　為防鴨河使
康和四年正月二十三日　兼播磨介
康和五年八月十七日　兼春宮大進
長治元年二月二十七日　叙正五位上

嘉承元年十二月二十七日　転右中弁
嘉承二年正月二十六日　兼備前権介
嘉承二年七月十九日　補蔵人
嘉承三年三月五日　為修理右宮城使
天仁二年正月七日　叙従四位下、佐如元
天仁三年正月二十八日　兼内蔵頭、止佐
天仁三年三月十五日　転左中弁
天永元年八月十六日　叙従四位上
天永元年九月二日　兼近江守（殿暦）
永久元年十月十二日　叙正四位下
永久三年八月十三日　転右大弁、補蔵人頭
永久五年正月十九日　兼越前権守
永久六年正月二十六日　兼中宮亮
永久六年四月　辞内蔵頭
元永三年正月六日　叙従三位、右大弁中宮亮如元
保安元年六月　見白河院別当（平四九七五）
保安二年正月二十五日　兼周防権守（弁官補任）
保安三年正月二十三日　任参議

保安三年十二月十七日　任権中納言
大治元年十二月五日　兼按察使
大治二年十一月十四日　為雅仁親王勅別当
大治三年正月七日　叙正三位
大治四年正月十五日　薨、五十八歳

元善（藤原）長良流　尊卑二―一六七
参議清経男　母参議藤原貞守女
寛平七年六月六日　見大和介（紀略）※光善ニ作ル
寛平七年六月二十九日　兼右兵衛尉（勘例）
延喜初年　見左衛門権佐（二中歴）
延喜六年　見陸奥守（「大成抄」第四）
延喜九年十月十九日　見左少弁（「符宣抄」第六）
延長七年八月十六日　見陸奥守（北山抄）※諸藤男ノ元善カ
蔵、伊予介、従五位下（尊卑）

公基（藤原）閑院流〈西園寺〉尊卑一―一五二
太政大臣実氏一男　母参議藤原親雅女典侍幸子
承久二年　誕生
元仁二年正月五日　叙爵、臨時
嘉禄元年四月二十六日　任侍従
嘉禄三年正月五日　叙従五位上
安貞三年正月五日　叙正五位下、朝覲行幸、右大将藤原朝臣安嘉門院々司賞譲
安貞三年正月三十日　兼丹後権介
寛喜元年十月九日　任右少将
寛喜二年正月二十三日　兼播磨介
寛喜三年正月六日　叙従四位下、少将如元
寛喜四年正月五日　叙従四位上
貞永二年正月六日　叙正四位下、安嘉門院御給
貞永二年四月八日　任右近権中将
嘉禎二年二月三十日　任参議、右中将如元
嘉禎二年六月十三日　叙従三位
嘉禎三年正月二十四日　兼左衛門督、備前権守、補別当

嘉禎三年十一月十六日　叙正三位、行幸入道相国北山第賞
嘉禎三年十二月二十五日　任権中納言
嘉禎四年二月二十六日　辞別当
延応二年二月二十日　叙従二位、式乾門院入内、院司賞
仁治元年十月二十日　転正
仁治元年十月二十四日　更兼左衛門督
仁治二年十月十三日　任権大納言
仁治三年十月十二日　叙正二位、大嘗会叙位、中宮御給
建長五年四月八日　兼右大将
建長六年十二月二十五日　任内大臣、右大将如元
建長七年四月十二日　転左大将
建長七年十二月四日　大将上表
正嘉元年十一月二十六日　任右大臣
正嘉二年十月二十二日　辞大臣
文永十一年十二月十四日　薨、五十五歳

公教（藤原）閑院流　尊卑一－一二五
太政大臣実行一男　母正三位藤原顕季女
康和五年　誕生
嘉承二年十一月二十九日　叙爵
永久三年十二月十六日　任侍従
永久六年正月七日　叙従五位上、簡一
元永二年正月二十四日　任讃岐権介
保安二年四月五日　任右少将
保安二年六月二十六日　補蔵人
保安三年正月二十三日　兼備前権介
保安四年正月二十八日　新帝蔵人
保安五年正月七日　叙正五位下、府
天治三年正月七日　叙従四位下、府
大治二年正月十九日　兼美作介
大治四年正月二十日　叙従四位上、御幸院賞、新院御給
大治五年四月三日　転左中将
大治六年正月五日　叙正四位下、女院御給
天承元年十二月二十二日　補蔵人頭
天承二年正月二十三日　兼備中権介
長承二年正月二十九日　任参議、左中将如元

長承三年二月二十二日　兼伊予権守
長承四年正月二日　叙従三位、行幸院賞
保延二年十二月九日　任権中納言
保延三年十二月十九日　兼左兵衛督
保延五年十月九日　服解、母
保延五年十二月十六日　復任
保延六年十二月七日　為使別当
保延七年正月二十九日　転左衛門督
保延七年六月二十三日　見鳥羽院別当（平補六五）
永治元年十二月二十六日　叙正三位、御即位叙位、納言労
康治元年十二月二十一日　叙従二位、父大納言長承三年石清水賀茂行幸行事賞
天養二年正月四日　叙正二位、朝覲、院分、別当
久安三年十二月七日　辞別当
久安五年七月二十八日　転正、左衛門督如元
久安六年八月二十一日　任権大納言
久寿三年三月四日　兼左大将、内大臣譲
保元元年十月二十七日　兼中宮大夫、立后
保元二年八月十九日　任内大臣
保元二年八月二十一日　左大将如元
保元三年八月十七日　補後白河院別当（兵範記）
永暦元年七月七日　辞大将
永暦元年七月九日　薨、五十八歳
号三条内大臣

公継（藤原）閑院流〈徳大寺〉尊卑一―一七九
左大臣実定三男　母上西門院女房
安元元年　誕生
寿永二年十二月十三日　叙爵、上西門院合爵、于時公嗣
寿永二年十二月十九日　任侍従
寿永三年正月六日　叙従五位上、上西門院治承四年御給
文治二年正月五日　叙正五位下、皇后宮当年御給
文治三年正月二十三日　兼備前介、任右少将、改名公継
文治四年三月二十二日　叙従四位下、臨時
文治五年七月十日　叙従四位上

文治五年十一月十三日　転右中将
建久元年七月十七日　任参議
建久元年七月十八日　右中将如元
建久元年十月二十六日　叙正四位下
建久二年二月一日　兼備中権守
建久二年十二月三十日　叙従三位
建久二年閏十二月十六日　服解、父
建久六年四月七日　叙正三位、東大寺供養行事賞
建久六年十一月十二日　兼中宮権大夫
建久七年正月二十二日　兼伊予権守
建久九年正月三十日　任権中納言、中宮権大夫如元
建久十年正月五日　叙従二位、去建久七年石清水賀茂
行幸賞
正治二年正月二十二日　兼左衛門督、為使別当
正治二年六月二十五日　辞督別当
建仁二年正月二十七日　叙正二位
建仁二年十月二十九日　兼春宮権大夫
建仁二年閏十月二十日　転正

建仁三年八月二十一日　更兼右衛門督、為使別当
建仁三年十月二十四日　復任、母、転左衛門督
建仁三年十一月二十三日　辞督別当
建仁四年正月十三日　任権大納言、春宮権大夫如元
元久三年三月二十八日　転正
元久三年四月八日　兼春宮大夫
建永二年四月十日　兼右大将
承元三年四月十日　任内大臣、右大将如元
承元四年正月十二日　辞大将
建暦元年十月四日　転右大臣
建保三年十月九日　上表
承久三年閏十月十日　還任右大臣
元仁元年十二月二十五日　転左大臣
元仁二年正月五日　叙従一位
嘉禄三年正月二十三日　依病上表
嘉禄三年正月三十日　薨、五十三歳
号野宮左大臣

公顕（藤原）閑院流〈西園寺〉尊卑一―一五七

太政大臣実兼三男　母内大臣藤原師継女

文永十年　誕生
正応元年七月十六日　叙爵
正応元年八月二十日　任左少将、兼中宮権亮
正応元年九月十二日　叙従五位上
正応元年十一月二十一日　叙正五位下
正応二年三月二十六日　叙従四位上、右大将藤原朝臣御琵琶師賞譲、越階、少将如元
正応二年十二月十五日　転中将、権亮如元
正応三年六月八日　任参議、左中将如元
正応三年九月五日　叙正四位下
正応三年十一月二十七日　兼皇后宮権大夫
正応四年正月六日　叙従三位、中将如元
正応四年二月二十五日　遷左衛門督、為使別当
正応四年三月二十五日　兼伊予権守
正応四年八月十二日　止権大夫、院号
正応四年十二月二十一日　任権中納言、督別当如元
正応五年閏六月十六日　兼中宮権大夫
正応六年正月五日　叙正三位
永仁二年四月二十九日　辞督別当
永仁四年正月五日　叙従二位
永仁五年十一月十四日　叙正二位
永仁六年八月二十一日　止権大夫、院号
永仁六年十二月十八日　任権大納言
正安三年正月二十一日　補後伏見院執事別当（御脱屣記）
徳治二年十一月一日　兼春宮権大夫
徳治三年八月二十六日　止権大夫、践祚
延慶三年四月二十八日　兼右大将
延慶四年正月六日　為右馬寮御監
応長二年二月十三日　辞両職
正和二年九月二十八日　本座
正和四年三月二十二日　叙従一位、新院琵琶秘曲御伝受賞
正和五年十月二十二日　任内大臣
文保元年六月二十一日　転右大臣
文保元年十二月十日　上表

元応三年二月八日　薨、四十八歳

公光（藤原）閑院流　尊卑一―一八五
権大納言季成一男　母権中納言藤原顕頼女
大治五年　誕生
年月日　叙従五位下
天養元年十二月十八日　叙従五位上、高陽院当年御給
久安四年十一月十三日　任侍従、元散位
久安五年二月十三日　叙正五位下、暲子内親王給、朝覲
行幸賞
久安六年正月二十九日　任左権少将
仁平元年二月二日　兼備後権介
仁平元年七月二十四日　遷右権少将
仁平二年正月五日　叙従四位下、労
久寿二年正月六日　叙従四位上、高陽院御給
久寿二年十月二十二日　叙正四位下、父権中納言季成卿賀
茂八幡行幸行事賞
保元元年九月十七日　転右中将
保元二年十月十七日　補蔵人頭
保元三年四月二日　任参議
保元三年八月十日　兼侍従
保元四年正月二日　叙従三位、行幸院、別当
保元四年正月二十九日　兼播磨権守
平治元年五月二十八日　見後白河院別当（平二九七九）
永暦元年二月二十八日　兼右兵衛督、侍従如元
永暦元年四月二日　任権中納言、督如元、去侍従
永暦元年七月二十五日　為使別当
永暦元年八月十四日　転左衛門督
永暦二年正月　辞別当
永暦二年正月二十七日　叙正三位、行幸院、別当
応保三年正月二日　叙従二位、行幸院司
長寛三年二月一日　服解、父
永万二年四月六日　解却両官
治承二年正月八日　出家
治承二年正月十一日　薨、四十九歳

公光（藤原）閑院流〈滋野井〉尊卑一—一二七

権大納言実宣二男　母従三位藤原基宗女従二位宗子

貞応二年　誕生

年月日　叙爵

嘉禄三年正月五日　叙従五位上

安貞二年二月一日　任侍従

寛喜二年正月五日　叙正五位下

寛喜三年正月二十九日　任右少将

寛喜三年十月十二日　叙従四位下、少将如元

寛喜四年正月十二日　叙従四位上、朝覲行幸、安嘉門院院司賞

寛喜四年正月三十日　兼近江権介

天福元年六月二十日　兼皇后宮権亮

文暦二年六月十七日　任右中将、止権亮

嘉禎元年十一月十九日　叙正四位下、大嘗会国司

嘉禎二年二月三十日　兼美濃権介

延応元年十一月六日　補蔵人頭

仁治元年十月二十日　任参議

仁治元年十月二十四日　更兼右中将

仁治元年十一月十二日　叙従三位

仁治二年二月一日　兼備前権守

仁治三年七月十五日　兼右衛門督、為使別当

仁治三年十一月四日　兼近江権守

仁治三年十一月十二日　叙正三位、大嘗会国司賞

寛元元年閏七月二十七日　任権中納言、督別当如元

寛元元年十月二十五日　辞別当

寛元四年正月五日　叙従二位

建長元年十二月二十四日　復任

建長二年十二月十五日　転正

建長三年正月二十二日　叙正二位

建長六年正月十三日　辞中納言

建長七年十一月十日　薨、三十三歳

公孝（藤原）閑院流〈徳大寺〉尊卑一—一七九

太政大臣実基一男　母家女房

建長五年　誕生

正嘉元年八月十一日　叙従五位上、依為前太政大臣一男
　雖不叙爵五位
正嘉元年十一月十日　任侍従
正嘉二年五月十四日　叙正五位下
正嘉二年十二月十四日　任右少将
正嘉三年三月八日　叙従四位下、西園寺行幸、院御給
正元元年十一月二十一日　叙従四位上、朔旦、院御給
正元二年三月二十九日　任左中将、兼下野権介、前少将
　去年叙四位之後未叙留
文応二年二月八日　叙正四位下、臨時
弘長元年八月二十日　兼中宮権亮
弘長四年正月十三日　兼相模権介
文永四年二月一日　任参議、左中将如元
文永四年六月二十三日　遷兼左兵衛督、為使別当
文永四年十月八日　叙従三位
文永五年正月二十九日　兼近江権守
文永六年三月二十七日　任権中納言、督別当如元
文永六年三月三十日　辞督別当
文永七年閏九月四日　叙正三位
文永八年三月二十七日　兼春宮権大夫
文永九年正月五日　叙従二位、春宮当年御給
文永十年二月十四日　遭父喪
文永十年八月二十七日　復任
文永十一年正月二十六日　止権大夫、依受禅
文永十二年四月二十二日　服解、母、実者継母
建治元年八月十六日　復任
建治四年二月十日　叙正二位
弘安六年三月二十八日　任権大納言
弘安八年八月十九日　兼皇后宮大夫
正応三年七月二十一日　兼右大将
正応三年十一月二十一日　辞三職
正応四年十二月二十五日　任内大臣
正応五年八月八日　上表
正安元年十二月二十七日　任右大臣
正安二年正月五日　叙従一位
乾元元年十一月二十二日　転太政大臣

嘉元二年三月十三日　上表
嘉元三年七月八日　出家
嘉元三年七月十二日　薨、五十三歳

公衡（藤原）閑院流〈西園寺〉尊卑一―一五五
太政大臣実兼一男　母内大臣源通成女
文永元年　誕生
文永二年正月五日　叙従五位下、中宮当年御給
文永四年二月二十七日　叙従五位上
文永五年十二月十六日　任侍従
文永六年正月五日　叙正五位下、大宮院当年御給
文永六年四月十日　任左中将
文永七年正月二十一日　兼讃岐介
文永七年九月四日　叙従四位下、中将如元
文永八年五月七日　叙従四位上、行幸賞、六条殿
文永九年正月五日　叙正四位下、東二条院当年御給
建治二年正月五日　叙従三位、左中将如元
建治二年正月二十三日　兼伊予権守
建治三年正月二十九日　叙正三位
弘安六年二月二十六日　任参議、左中将如元
弘安六年三月二十八日　任権中納言
弘安六年九月八日　叙従二位
弘安七年　叙正二位兼左衛門督ヵ
弘安八年八月十九日　兼皇后宮権大夫
弘安十年正月十三日　為使別当
弘安十年十一月十六日　辞督別当
正応元年八月二十日　遷中宮権大夫
正応元年十月二十七日　転正
正応元年十一月八日　転権大納言、中宮大夫如元
正応五年五月十五日　兼右大将
正応五年六月二十五日　為右馬寮御監
正応五年閏六月十六日　辞三職
正応五年閏六月二十九日　本座
永仁五年八月二十五日　還任権大納言、兼右大将
永仁五年十月十六日　転正
永仁五年十月二十九日　為右馬寮御監

永仁六年六月二十三日　任内大臣、右大将如元
永仁六年九月二十一日　辞大将
正安元年四月二十六日　転右大臣
正安元年十二月二十日　上表
正安三年正月六日　叙従一位
正安三年正月二十二日　補後伏見院別当（御脱屣記）
嘉元三年閏十二月二十二日　伊豆伊予両国左馬寮等被召放、
依院勅勘、但武家申云々
嘉元四年二月二十日　勅免
延慶二年三月十九日　任左大臣
延慶二年六月十五日　上表
応長元年八月二十日　出家
正和四年九月二十五日　薨、五十二歳

公佐（橘）　尊卑四—五〇
参議広相男
寛平元年九月　見蔭子橘公緒（雑言奉和）
延喜十六年七月三日　見右衛門権佐（「要略」六三九頁）

播磨守従四位下（尊卑）※公緒ニ作ル

公実（藤原）閑院流　尊卑一—一二一
大納言実季一男　母従三位藤原経平女
天喜元年　誕生
治暦四年七月二十一日　叙従五位下、良子内親王御即位給
延久二年十二月二十八日　任左兵衛佐
延久四年正月七日　叙従五位上、佐労
延久四年十二月八日　補蔵人
延久五年正月三十日　遷左少将
延久六年正月二十八日　叙正五位下、兼備前介
承保元年十一月十八日　叙従四位下、大嘗会
承保二年正月十九日　叙従四位上、行幸東三条第日賞
承保二年六月十三日　転中将
承保四年正月六日　叙正四位下、陽明門院御給
承保四年二月二十九日　兼中宮権亮
承暦四年正月十八日　補蔵人頭
承暦四年十二月六日　任参議、左中将如元

承暦五年正月二十六日　兼美作権守、叙従三位、行幸中宮四条第、権亮追賞
永保三年十一月十一日　叙正三位、御塔行事賞、父卿譲之
応徳三年二月三日　兼備後権守
応徳三年十一月二十日　任権中納言
応徳四年正月二十五日　兼皇后宮権大夫
寛治二年正月十九日　叙従二位、行幸院、別当賞
寛治三年　叙正二位ヵ
寛治五年正月二十八日　兼右衛門督
嘉保二年十二月六日　転左衛門督
嘉保三年十一月二十七日　為使別当
康和二年七月十七日　任権大納言
康和五年八月十七日　兼春宮大夫
嘉承二年七月十九日　止大夫、依受禅
嘉承二年十一月十四日　薨、五十五歳

公信（藤原）為光流　尊卑一―三九五
太政大臣為光六男　母太政大臣伊尹女

貞元二年　誕生
正暦六年正月八日　叙従五位下、太政大臣息
長徳二年正月　任讃岐介
長徳二年九月十九日　任侍従
長徳四年十月二十三日　任右兵衛佐
長徳五年正月七日　叙従五位上
長保元年閏三月　任少納言
長保元年九月　任右少将
長保二年正月　兼備後介
長保三年正月二十四日　叙正五位下、少将労
長保四年二月三十日　補蔵人
長保五年正月七日　叙従四位下、少将労
長保六年正月　任右中将（尊卑）
長保六年正月二十四日　兼美作権守
寛弘五年正月七日　叙従四位上
寛弘六年三月二十日　補蔵人頭
寛弘七年十一月二十日　転左中将、兼内蔵頭
寛弘八年正月七日　叙正四位下

寛弘八年十二月二十五日　新帝蔵人頭
長和二年十月二十三日　任参議
長和三年正月　兼美作権守
長和四年十二月二十七日　叙従三位、造宮行事賞追叙
寛仁元年八月九日　兼春宮権大夫
寛仁元年八月三十日　兼右兵衛督
寛仁元年十二月二日　叙正三位、行幸石清水賀茂行事賞
寛仁四年正月三十日　兼備中権守
寛仁四年九月四日　為使別当
治安元年八月二十九日　遷左兵衛督、大夫如元
治安元年十一月三日　叙従二位、春日行幸行事賞、上卿斉信卿譲
治安三年十二月十五日　任権中納言、督別当権大夫如元
治安四年二月十三日　去別当
万寿三年五月十五日　薨、五十歳

公成（藤原）閑院流　尊卑一―一二〇
中納言実成一男　母播磨守藤原陳政女

長保元年　誕生
寛弘八年正月二十九日　叙爵、中宮御給、元服日
寛弘八年十月十六日　叙従五位上、冷泉院御給
寛弘八年十二月十八日　任侍従
寛弘九年正月二十七日　任右兵衛佐
寛弘九年十一月二十一日　叙正五位下、冷泉院御給
長和二年六月二十三日　任右少将
長和三年正月六日　叙従四位下、少将労
長和三年三月二十八日　兼近江権介
長和五年正月六日　叙従四位上、禎子内親王御給
長和五年十一月十四日　叙正四位下、悠紀国司
寛仁元年八月九日　兼春宮権亮
寛仁元年八月三十日　転右権中将
寛仁四年十二月五日　補蔵人頭
寛仁五年正月二十四日　兼備前守
治安三年十二月十五日　遷左中将、亮如元
万寿三年十月六日　任参議
万寿四年正月二十七日　兼近江権守

長元二年十月十七日　服解、父
長元二年十二月七日　復任
長元三年正月二十六日　兼左兵衛督
長元五年正月六日　叙従三位
長元六年正月二十九日　兼播磨権守
長元七年九月二十七日　為使別当
長元八年十月十一日　叙正三位、中宮自斎院入内賞
長元十年三月一日　兼中宮権大夫
長暦二年正月二十九日　兼備前守
長暦二年十二月二十一日　叙従二位、春日行幸行事賞
長暦三年八月二十八日　止権大夫
長久四年正月二十四日　任権中納言、督如元
長久四年正月二十九日　別当如元
長久四年六月十九日　辞別当
長久四年六月二十四日　薨、四十五歳

公任（藤原）小野宮流　尊卑二―二
太政大臣頼忠一男　母代明親王女

康保三年　誕生
天元三年二月二十五日　叙正五位下、於天皇御前元服日
天元三年七月一日　任侍従
天元四年正月七日　叙従四位下、皇太后宮去年御給
天元五年五月八日　叙従四位上、皇后入内賞
天元六年正月二十六日　兼讃岐守
永観元年十二月十三日　任左権中将
永観二年二月一日　兼尾張権守
寛和元年十一月二十一日　叙正四位下、中宮御給
寛和二年三月五日　兼伊予権守
永延三年二月二十三日　補蔵人頭
永祚二年四月五日　兼備前守
正暦三年八月二十八日　任参議
正暦四年正月十三日　兼近江守
長徳元年八月二十八日　兼左兵衛督
長徳元年九月二十一日　兼皇后宮大夫
長徳二年正月　兼讃岐守
長徳二年九月十九日　遷右衛門督、為使別当

長徳四年正月二十五日　兼備前権守
長徳四年十月二十三日　兼勘解由長官
長徳五年正月七日　叙従三位
長保元年閏三月二十九日　辞長官
長保三年八月二十五日　任中納言、督別当如元
長保三年十月三日　転左衛門督
長保三年十月十日　叙正三位、東三条院御賀、院司賞
長保三年十二月七日　辞別当
寛弘二年七月二十一日　叙従二位
寛弘六年三月四日　任権大納言、大夫如元
寛弘九年十一月二十一日　叙正二位、左中将教通譲、悠紀国司賞
寛仁元年六月一日　止大夫、依后崩也
寛仁五年正月二十八日　兼按察使
万寿元年十二月十日　致仕
万寿三年正月四日　出家
長久二年正月一日　薨、七十六歳
号四条大納言

公能（藤原）閑院流　尊卑一—一七七

左大臣実能一男　母権中納言藤原顕隆女
永久三年　誕生
元永三年正月五日　叙爵
大治元年二月二十四日　任越中守、新院分
大治二年正月十九日　任右兵衛権佐
大治三年三月十四日　叙従五位上、円勝寺供養賞、女院御給
大治四年十二月二十四日　辞守
大治五年十月五日　任右少将
大治六年正月二日　叙正五位下、女院御給、行幸院日
天承元年四月十九日　補蔵人
長承二年正月七日　叙従四位下、府労
長承三年二月二十二日　兼美作介
長承三年三月六日　叙従四位上、治国
保延二年二月十一日　見鳥羽院別当（平二三三九）
保延二年十月十五日　叙正四位下、法金剛院供養日

保延二年十二月四日　任左中将
保延三年十月六日　補蔵人頭
保延四年十一月八日　任参議、兼右大弁
保延四年十二月二十九日　兼侍従
保延五年正月二十四日　兼周防権守
永治元年十二月二日　任権中納言、叙従三位
康治元年十一月十四日　叙正三位、父右大臣土御門内裏行事賞
天養二年正月四日　叙従二位、朝覲、院分、院別当
久安四年七月十七日　叙正二位、摂政法性寺堂供養行幸賞
久安四年十一月十三日　兼右兵衛督
久安六年三月十四日　兼皇后宮大夫、立后日
久安六年八月二十一日　転正
久安六年八月三十日　転左兵衛督
仁平二年正月二十八日　転右衛門督
仁平二年二月十三日　為使別当
久寿二年二月二十五日　辞別当
久寿二年七月　辞大夫
保元元年九月八日　兼右大将
保元二年八月十九日　任権大納言
保元二年八月二十一日　大将如元
永暦元年八月十一日　任右大臣
永暦元年八月十二日　大将如元
永暦二年正月　見後白河院別当（平三一二二）
永暦二年八月十一日　薨、四十七歳
号大炊御門右大臣

公保（藤原）閑院流　尊卑一―一七八

左大臣実能三男　母権中納言藤原通季女
長承元年　誕生
保延二年正月六日　叙従五位下、統子内親王去年未給
保延五年正月二十四日　任侍従
康治三年正月五日　叙従五位上、簡一
久安五年二月十三日　叙正五位下、院御給
久安五年四月十五日　任右権少将

久安六年正月二十九日　兼備中権介
久安六年三月十四日　兼皇后宮権亮
久安七年正月六日　叙従四位下、右少将労
仁平元年二月二十一日　辞権亮
仁平元年七月二十七日　転左権少将
仁平二年正月三日　叙従四位上、行幸院賞、統子内親王給
仁平四年八月十八日　転右権少将
久寿二年正月六日　叙正四位下、新院御給
保元元年九月十七日　転右権中将
保元元年十一月二十八日　兼皇太后宮権大夫
保元二年十月二十七日　叙従三位、去中将、権大夫如元
保元三年二月三日　為太皇太后宮権大夫
保元三年十一月二十七日　兼右兵衛督
保元三年十二月十七日　叙正三位、御即位叙位、臨時
永暦元年二月二十八日　任参議、転左兵衛督、大宮権大夫如元
永暦二年正月二十三日　兼伊予権守

応保二年十月二十八日　転右衛門督
長寛三年正月二十三日　任権中納言、大宮権大夫右衛門督如元
長寛三年四月一日　為使別当
永万元年八月十七日　辞督別当
仁安元年十月二十一日　転太皇太后宮大夫
仁安二年正月二十八日　叙従二位、行幸院賞
仁安二年二月十一日　任権大納言
嘉応二年正月七日　叙正二位
嘉応二年四月十三日　服解
嘉応二年五月十一日　復任
安元二年八月十三日　出家
安元二年九月二十七日　薨、四十五歳

公輔（橘）

家系不詳

天慶五年四月九日　見蔭子橘公輔（世紀）
天慶九年五月一日　補蔵人（即位部類記）文章生正六

位上
天暦元年十一月二十八日　見蔵人左衛門尉（紀略）
天暦二年九月二十日　見蔵人ヵ（貞信公記抄）
天暦三年三月二日　見伊予介（九暦抄）
天暦七年十月二十八日　見右衛門権佐（九条殿記）
天暦八年正月七日　見右衛門権佐（「北山抄」第九）

公方（惟宗）

主計頭明法博士直本男　※一説直宗男
延喜二十二年二月二十四日　見右衛門権少志（「符宣抄」二六九頁）
延長四年十一月二十五日　見明法博士左衛門大志（小野宮年中行事）
延長五年四月五日　見左衛門大志（「要略」五四六頁）
延長八年四月一日　見主計助明法博士（「要略」三五三頁）
承平三年七月十九日　見主計助明法博士（「要略」六七三頁）
天慶三年二月四日　見大判事（「要略」一六一頁）
天慶五年二月十日　見大判事勘解由次官明法博士大和介（「要略」五六五頁）
天慶九年八月七日　見大判事民部少輔明法博士（「要略」六六六頁）
天暦二年六月二十二日　見従五位上大判事民部少輔明法博士（「要略」四九八頁）
天暦四年九月十六日　見民部少輔（「要略」四三二頁）
天暦五年十二月　任左衛門権佐（勘例）
天暦五年　見左衛門権佐（任官雑例抄）（「文粋」一四七頁）
天暦七年七月十七日　見左衛門権佐明法博士（「要略」四六五頁）
天徳二年十月十日　左降大蔵権大輔（紀略）
天徳四年三月二十七日　見明法博士ヵ（九暦抄）
安和二年四月四日　見明法博士（「要略」六三五頁）
永祚二年三月五日　見故明法博士正五位下公方（「符宣抄」二七二頁）

公雄（藤原）閑院流〈小倉〉尊卑一―一六二
左大臣実雄二男　母従二位藤原頼氏女
宝治三年二月八日　叙爵
建長二年五月二十日　任侍従
建長三年四月三日　叙従五位上
建長四年正月五日　叙正五位下、大宮院御給
建長四年十二月四日　任右少将
建長五年正月十三日　兼遠江権介
建長六年正月六日　叙従四位下、府労
建長六年正月七日　叙留
建長七年四月十二日　転右中将
建長八年正月六日　叙従四位上、臨時
建長八年七月二日　転左中将
建長八年十一月二十二日　兼中宮権亮
康元二年正月二十二日　兼美濃権介
正嘉二年五月十四日　叙正四位下
正元元年十二月十九日　止権亮、依院号
弘長元年五月二十五日　叙従三位、左中将如元
弘長二年正月十九日　兼尾張権守
弘長二年三月二十九日　叙正三位、朝覲行幸、太政大臣大
宮院御給
弘長二年十月十三日　兼皇后宮権大夫
文永元年十二月二十四日　止権大夫
文永三年十月二十四日　任参議、左中将如元
文永三年十一月二日　遷兼左兵衛督、為使別当
文永四年二月一日　兼備前権守
文永四年二月二十三日　任権中納言
文永四年二月二十七日　更任左兵衛督、別当如元
文永四年六月二十一日　辞督別当
文永五年二月二十日　叙従二位
文永七年正月五日　叙正二位
文永九年二月二十二日　出家

広基（藤原）武智麿流　尊卑二―四一九
無官助川男　母従四位下藤原今河女

仁寿四年正月七日　叙従五位下（文実）
仁寿四年九月二十三日　任春宮大進（文実）
天安二年閏二月二十日　任右馬助（文実）
天安二年四月十一日　見右馬助（文実）
天安二年九月十四日　任右馬助（三実）元散位
天安二年九月二十三日　遷右兵衛佐（三実）
天安二年十一月二十五日　遷右衛門権佐（三実）
貞観元年十一月十九日　叙従五位上（三実）
貞観二年四月一日　為次侍従（三実）
貞観六年正月七日　叙正五位下（三実）右衛門権佐
貞観七年六月二十六日　見右衛門権佐（三実）
貞観八年正月十三日　兼三河権守（三実）
貞観八年正月二十三日　兼摂津権守（三実）
貞観九年正月七日　叙従四位下（三実）
貞観九年二月十一日　遷弾正大弼（三実）摂津権守如元
貞観十一年正月十三日　任播磨権守（三実）
貞観十一年二月十六日　任神祇伯（三実）播磨権守如元
貞観十二年六月二十二日　見神祇伯（三実）
貞観十四年三月二十三日　見神祇伯（三実）
貞観十七年六月二十九日　卒（三実）従四位上神祇伯伊予権守

弘景（在原）

家系不詳

元慶三年正月七日　叙従五位下（三実）元正六位上左衛門少尉
元慶八年二月五日　見中務少輔（三実）従五位下
元慶八年二月二十七日　見中務少輔（三実）
元慶八年十二月二日　見中務少輔（三実）
仁和二年正月七日　叙従五位上（三実）中務少輔
仁和二年二月二十一日　任右衛門権佐（三実）元中務少輔
寛平六年正月七日　補蔵人（職事補任）
寛平六年十二月　見左少将、使宣（勘例）
寛平七年二月二十一日　見民部権大輔左少将（「要略」五二八頁）
寛平七年八月　止蔵人（職事補任）

寛平九年七月十三日　見正五位下少納言（天祚礼祀職掌録）
昌泰元年十月二十日　見右馬頭（紀家集）

光（源）仁明源氏　尊卑三—二八

仁明天皇第三源氏
承和十二年　誕生
貞観二年十一月十六日　叙従四位上
貞観三年五月十四日　為次侍従
貞観七年正月二十日　任美作守
貞観十四年二月二十九日　任相模権守
貞観十五年二月二十二日　任讃岐権守
貞観十八年正月七日　叙正四位下
貞観十八年正月十四日　任左兵衛督
元慶五年二月十五日　兼相模守
元慶六年二月二日　兼播磨守
元慶八年四月一日　任参議、左兵衛督播磨権守等如元
仁和四年三月七日　兼相模権守

仁和五年正月十六日　兼備中権守
寛平三年三月十九日　任中納言、叙従三位
寛平四年二月二十一日　兼民部卿
寛平五年二月二十二日　兼左衛門督、止卿
寛平五年三月六日　為使別当
寛平九年二月　止別当
寛平九年六月十九日　任権大納言、兼按察使
昌泰二年二月十四日　転正
昌泰四年正月七日　叙正三位
昌泰四年正月二十五日　任右大臣
延喜三年正月七日　叙従二位
延喜四年二月十日　兼皇太子傅
延喜六年八月二十五日　兼右大将
延喜九年四月二十二日　転左大将
延喜十年正月七日　叙正二位
延喜十三年三月十二日　薨、六十九歳
延喜十三年三月十八日　贈正一位
号西三条右大臣

光雅（藤原）勧修寺流　尊卑二―一〇四
権大納言光頼三男　母参議藤原親隆女
久安五年　誕生
保元四年正月十四日　叙従五位下、暲子内親王合爵
永暦元年正月二十一日　任越中守
長寛二年正月二十一日　遷三河守
永万元年六月二十九日　補二条院判官代（山槐記）
仁安元年十月十日　兼春宮権大進
仁安元年十一月十四日　叙従五位上
仁安二年正月二十八日　叙正五位下、朝覲行幸、院司賞
仁安二年二月十一日　転大進、兼守
仁安二年八月一日　補蔵人、以三河守申任舎弟宗頼
仁安三年二月十九日　止大進、補新帝蔵人、践祚日
仁安三年三月二十日　任皇太后宮権大進
嘉応元年四月十二日　止権大進、依院号
嘉応元年四月十六日　任兵部権大輔
嘉応二年七月二十六日　任右衛門権佐、使宣
承安三年四月二十六日　復任
承安三年八月十八日　遷左衛門権佐、使如元
安元元年十二月八日　任右少弁、蔵人佐如元
安元三年正月十八日　辞権佐
治承二年六月二十日　見後白河院判官代（平三八三六）
治承二年十二月八日　補言仁親王職事（玉葉）
治承三年十月九日　転左少弁
治承三年十一月十七日　転権右中弁、叙従四位下
治承三年十一月二十七日　補関白（藤原基通）執事（玉葉）
治承五年正月六日　叙従四位上（玉葉）石清水賀茂行
幸行事賞
養和元年十二月四日　転右中弁（弁官補任）
養和二年四月九日　為修理左宮城使
寿永二年正月五日　叙正四位下、高倉院坊時大進賞
寿永二年四月九日　兼皇后宮亮
寿永二年十一月二十八日カ　補摂政（藤原師家）年預「玉葉」
同年十二月五日条）
寿永二年十二月十日　転左中弁、補蔵人頭

寿永三年二月十六日　見摂政（藤原基通）政所別当（平四一三〇）
寿永三年二月七日　見後白河院別当（平四一二八）
元暦元年九月十八日　転右大弁、兼亮
文治元年十二月二十九日　止頭、解官弁、但不止亮
文治二年四月　被聴出仕
文治三年五月四日　叙従三位、皇后宮亮如元
文治三年十二月八日　兼太皇太后宮権大夫
建久二年三月二十八日　任参議
建久二年四月一日　更任大宮権大夫
建久二年十二月十三日　叙正三位、松尾北野行幸行事賞
建久三年正月二十七日　兼美濃権守
建久五年九月十七日　兼右衛門督、為使別当
建久八年正月三十日　転左衛門督
建久八年十月十日　任権中納言、督別当権大夫等如元
建久八年十二月十五日　辞督別当
建久九年十一月二十一日　叙従二位、臨時
正治二年正月二十二日　転太皇太后宮大夫
正治二年三月六日　辞納言
正治二年三月八日　出家
正治二年三月九日　薨、五十二歳
号堀川中納言
九条兼実重恩家人（『玉蘂』承久三年正月二日条）

光業（藤原）日野流〈勘解由小路〉尊卑二―二五四
権中納言兼仲二男　母下総守源親時女
弘安九年十月二十七日　誕生（尊卑）
正応六年五月八日　賜勧学院学問料
永仁三年九月二十八日　文章生
永仁五年二月二十三日　叙爵
永仁五年五月四日　任宮内少輔
永仁五年六月二十五日　任治部権少輔
永仁六年正月五日　叙従五位上
正安二年正月五日　叙正五位下
延慶四年正月十七日　任右衛門権佐、使宣（花園院宸記）

正和元年十月十二日　転左衛門権佐
正和元年十二月十九日　為防鴨河使（尊卑）
正和二年九月六日　任治部大輔、補蔵人、去佐（花園院宸記）
正和四年二月二十一日　任右少弁、去蔵人
正和五年正月五日　叙正五位上
正和五年七月二十二日　転左少弁
正和五年八月十二日　叙従四位下
文保元年二月五日　転権右中弁
文保元年四月六日　叙従四位上
文保元年六月一日　転右中弁
文保二年二月二十七日　補花園院院司（継塵記）
文保二年四月十四日　為修理右宮城使
文保二年七月七日　叙正四位下
文保二年十月二日　去弁
文保三年三月九日　還任左中弁
文保三年四月五日　為修理左宮城使
元応二年二月九日　兼近江権守
元応二年三月二十四日　遷修理権大夫、補蔵人頭
元応二年十二月九日　任参議、権大夫如元
元亨元年三月十一日　辞参議
元亨元年四月六日　辞権大夫、叙従三位
元徳二年三月二十二日　叙正三位
康永二年正月五日　叙従二位
貞和二年八月十二日　還任参議
貞和二年十二月五日　任権中納言
貞和四年二月十一日　辞納言
観応三年五月四日　出家
康安元年四月二十三日　薨（愚管記）七十六歳

光経（藤原）勧修寺流〈九条〉尊卑二―六九

中納言忠高孫　蔵人春宮大進定光男

建治元年　誕生
弘安十一年正月五日　叙爵、今出川院御給
正応元年六月一日　任治部権少輔
正応元年九月十二日　叙従五位上

正応二年十一月五日　叙正五位下
正応四年十二月二十一日　遷春宮権大進、去少輔
永仁六年七月三日　見仙洞五位院司（継塵記）
永仁六年七月二十二日　止権大進、依受禅
永仁六年八月二十八日　任勘解由次官
正安三年正月二十二日　補後伏見院判官代（御脱屣記）
正安四年正月二十日　兼讃岐介
嘉元元年九月二十四日　兼中宮権大進、次官如元
嘉元三年十一月十六日　任左衛門権佐、使宣、去次官権大進
嘉元三年閏十二月十七日　為防鴨河使
徳治二年十月一日　補蔵人
徳治三年九月十九日　兼春宮大進、立坊日
延慶二年二月十九日　任右少弁、去権佐、大進如元
延慶二年三月二十三日　去蔵人
延慶三年三月九日　転左少弁
延慶三年十二月十一日　転右中弁、叙従四位下
延慶四年二月三日　為修理右宮城使

応長二年正月五日　叙従四位上
正和元年十月十二日　転左中弁
正和元年十二月十九日　叙正四位下、為修理左宮城使
正和二年八月七日　転右大弁
正和三年閏三月二十五日　叙正四位上
正和三年九月二十一日　補蔵人頭
正和三年十一月十九日　転左大弁
正和三年十二月二十一日　為造東大寺長官
正和四年二月二十一日　任参議
正和四年八月二十六日　辞参議、叙従三位
文保元年十二月二十二日　還任参議
文保二年正月二十二日　兼越中権守
文保三年正月五日　叙正三位
元応元年十月十八日　辞参議
元亨三年十一月三十日　任権中納言
元亨四年　辞納言
元亨四年十月二十九日　任民部卿（「花園院宸記」同三十日条）

正中二年正月二十九日　叙従二位
正中三年四月二十二日　還任権中納言
嘉暦元年五月八日　兼右衛門督、為使別当
嘉暦元年十一月四日　民部卿如元
嘉暦二年七月　辞別当
嘉暦二年十一月十日　辞督納言、民部卿如元
元徳二年十一月七日　叙正二位
元弘元年十月五日　止卿
元弘三年五月十七日　民部卿如元
建武元年十月九日　任中納言、兼右衛門督、為使別当、民部卿如元
建武元年十二月十四日　止卿
建武二年十一月二十六日　任権大納言
延元元年六月　出家、六十一歳

光顕（藤原）勧修寺流〈葉室〉尊卑二―一〇五

参議光定男

延慶二年十一月二十三日　叙従五位下、臨時、于時為嗣
応長二年正月十三日　任尾張守
応長二年二月十三日　叙従五位上
正和三年十二月二十九日　叙正五位下
正和四年四月十七日　任春宮権大進
文保元年四月二十三日　辞権大進
文保二年十一月三日　任右兵衛佐、于時光顕
文保三年八月二十一日　去佐
元応二年六月十七日　任春宮権大進
元亨三年八月十七日　任勘解由次官
元亨四年四月二十七日　補蔵人
元亨四年十二月一日　任大膳大夫
正中二年十二月二十八日　任右衛門権佐、使宣
正中三年四月二十二日　任右少弁、去蔵人（職事補任）
正中三年六月十四日　去権佐
正中三年六月二十三日　転左少弁、大夫如元
嘉暦二年閏九月二日　去大夫
嘉暦三年四月三日　叙正五位上
嘉暦三年七月二十日　更任大膳大夫、弁如元

嘉暦三年九月二十三日　叙従四位下
嘉暦三年十一月二十四日　転権右中弁
嘉暦四年正月十三日　転右中弁
嘉暦四年二月十二日　叙従四位上、為修理右宮城使
嘉暦四年五月二十六日　止大夫、任右京大夫
嘉暦四年八月四日　転左中弁
元徳元年九月二十六日　為修理左宮城使
元徳元年十一月九日　叙正四位下
元徳二年三月二十二日　止大夫
元徳二年四月六日　補蔵人頭、弁如元
元徳二年十月五日　任左兵衛督
元徳三年正月十三日　任参議、督如元
元弘元年十二月一日　辞参議、臨時祭欠如之間被借召上之由被仰之（花園）
元弘二年二月六日　被召取武家
正慶元年六月二十五日　配流出羽
元弘三年五月十七日　詔為本職、参議
元弘三年八月十五日　兼出羽守、宜為秋田城務之由宣下
元弘三年十一月八日　辞参議、叙従三位、出羽守如元
建武二年十一月十九日　叙正三位
延元元年五月二十一日　於任国被誅

光守（藤原）勧修寺流〈高倉〉尊卑二―七二
権中納言経守男　母参議藤原経業女
元弘三年　補蔵人（職事補任）正五位下
元弘三年五月三日　見勘解由次官（光明寺残篇）
元弘三年六月八日　見右衛門権佐（鎌三二二五〇）
元弘三年七月五日　兼権左少弁（職事補任）
建武二年五月二十日　見左少弁（匡遠記）
建武二年六月二十五日　見右中弁（匡遠記）

光俊（藤原）勧修寺流〈葉室〉尊卑二―一〇四
権中納言光親嫡男　母参議藤原定経女従三位経子
建仁三年　誕生
建暦二年十二月十一日　叙正五位下（「吾妻鏡」同二十一日条）

建保七年正月二十二日　任右衛門権佐（廷尉佐補任）正五位下、元勘解由次官
建保七年正月二十六日　使宣（廷尉佐補任）
承久二年正月二十二日　兼右少弁（廷尉佐補任）（弁官補任）
承久三年正月十七日　補蔵人（廷尉佐補任）
承久三年四月二十日　新帝蔵人（職事補任）
承久三年六月　配流（廷尉佐補任）
承久四年　帰京（尊卑）
嘉禄二年三月一日　見前右少弁（明月記）
嘉禄二年七月二十四日　任越中守（「明月記」同二十五日条）
嘉禄二年七月二十九日　兼中宮大進（明月記）（民経記）
嘉禄二年十一月二日　還補蔵人（「明月記」同四日条）正五位下、中宮大進
嘉禄三年十月四日　還任右少弁（「明月記」同五日条）（民経記）（弁官補任）
安貞二年正月五日　叙正五位上、止蔵人（弁官補任）（職事補任）
寛喜三年三月二十五日　転左少弁（民経記）（弁官補任）
寛喜三年四月二十九日　転権右中弁、叙従四位下（民経記）（弁官補任）
貞永元年十二月十五日　兼内蔵頭（弁官補任）
貞永二年正月二十八日　転右中弁（民経記）（弁官補任）
貞永二年四月三日　補藻壁門院別当（民経記）
天福元年十二月十五日　叙従四位上（「明月記」同十六日条）（弁官補任）
文暦元年十二月二十一日　転右大弁（弁官補任）
文暦二年正月二十三日　叙正四位下（「明月記」同二十四日条）
嘉禎二年二月二十七日　出家（尊卑）
建治二年六月九日　卒（尊卑）七十四歳

光親（藤原）勧修寺流〈葉室〉尊卑二―一〇四
権中納言光雅二男　母右大弁藤原重方女
安元二年　誕生

寿永二年八月二十日　補蔵人
寿永二年八月二十五日　叙従五位下
文治三年正月二十三日　任豊前守
文治四年十月十四日　兼兵部権大輔
文治六年正月五日　叙従五位上
建久二年二月一日　叙正五位下、辞任国叙之
建久七年十一月二十九日　見関白（近衛基通）執事家司（三長記）
建久八年十二月十五日　兼左衛門権佐
建久九年正月二十五日　補左大将（近衛家実）家司（猪隈関白記）
建久九年四月二十一日　見院判官代（仙洞御移徙部類記）
正治元年八月九日　見左大将（近衛家実）年預（猪隈関白記）
正治元年九月二十三日　為防鴨河使
正治二年三月六日　任右少弁
正治二年四月一日　止権佐
正治二年五月十六日　復任

建仁元年八月十九日　転権左少弁、補蔵人
建仁二年閏十月二十四日　転左少弁
建仁三年十二月二十四日　叙正五位上、東大寺供養行事賞
元久元年三月六日　遷任左衛門権佐、蔵人弁如元
元久元年四月十二日　転右中弁、叙従四位下
元久二年正月十九日　叙従四位上、朝覲行幸、院司
元久二年三月九日　為修理右宮城使
元久二年七月十一日　兼中宮亮
元久二年七月二十日　叙正四位下、中宮入内賞
元久三年四月三日　転左中弁
建永元年十月二十日　転右大弁、補蔵人頭
承元元年六月九日　見院年預（明月記）
承元二年七月九日　任参議、更任中宮亮
承元二年十二月九日　叙従三位
承元三年正月十三日　兼近江権守
承元三年十一月四日　兼右兵衛督、為使別当
承元五年正月十八日　任権中納言
承元五年正月十九日　叙正三位、朝覲行幸賞

建暦三年正月十三日　任按察使、辞納言（「明月記」同
十四日条）
建暦三年三月二十七日　叙従二位、造閑院行事賞
建保四年正月二十七日　還任権中納言
建保四年六月二十日　辞納言
建保五年正月六日　叙正二位、臨時
建保六年正月十八日　聴本座
承久三年七月　下関東
承久三年七月十二日　誅、四十六歳
順徳院執事（吉口伝）
九条良経年預、九条道家家司（「玉蘂」承久三年正月二
日条）

光長（藤原）勧修寺流　尊卑二―六九
権右中弁光房三男　母中納言藤原俊忠女
天養元年　誕生
久安六年七月八日　補蔵人、元皇嘉門院判官代
久安六年八月六日　叙従五位下、臨時
保元三年正月六日　叙従五位上、皇嘉門院御給
保元三年十月二十一日　見関白（藤原基実）家司（兵範記）
永暦二年八月十二日　任兵部権少輔、元散位
応保二年二月十九日　兼中宮権大進、立后日
応保二年閏二月　見関白（藤原基実）政所別当（平
三一九三）
長寛元年十二月二十日　譲任少輔於舎弟光綱
永万二年正月十二日　叙正五位下、皇嘉門院御給
仁安二年十月二十五日　見後白河院判官代（兵範記）
仁安二年十二月十日　見摂政（藤原基房）家司（兵範記）
仁安三年四月三日　転大進
嘉応元年六月十七日　見五位院司（玉葉）
嘉応二年四月二十三日　補故摂政若君（藤原基通）家司
（玉葉）
承安二年二月十日　為皇后宮大進
承安二年八月十五日　止大進、本宮崩
安元元年十二月八日　任右衛門権佐、使宣
安元三年正月二十四日　転左衛門権佐

治承二年十二月八日　補言仁親王職事（玉葉）
治承二年十二月十五日　兼春宮大進、立坊日
治承三年十月二十一日　為防鴨河使
治承三年十二月八日　補右大将（九条良通）家司（玉葉）
治承四年正月二十日　兼播磨介
治承四年二月二十一日　止大進、践祚
治承四年二月二十八日　補蔵人
養和元年十一月二十八日　任左少弁、蔵人佐等如元
寿永元年十二月七日　辞蔵人佐
寿永元年十二月二十八日　補右大臣（九条兼実）家司（玉葉）
寿永二年七月七日　見右大臣（九条兼実）年預家司（玉葉）
寿永二年十二月十日　転権右中弁
寿永二年十二月二十一日　叙従四位下
寿永三年二月十六日　見摂政（藤原基通）政所別当（平四一三〇）
寿永三年二月十八日　見後白河院別当（平四一三一）
元暦元年九月十八日　転右中弁
元暦元年十月六日　為修理右宮城使
元暦二年正月六日　叙従四位上
元暦二年正月二十日　兼阿波介
文治元年十二月二十九日　転左中弁、補蔵人頭
文治二年三月十六日　補摂政（九条兼実）執事（玉葉）
文治二年六月二十八日　為造興福寺長官
文治二年六月　見摂政（九条兼実）別当（鎌一二二）
文治二年十二月十五日　任参議、転右大弁
文治三年正月二十三日　兼勘解由長官遠江権守（弁官補任）月日叙正四位下
文治四年十月十四日　辞参議右大弁
建久六年正月五日　辞長官、叙従三位
建久六年五月十八日　出家
建久六年六月二日　薨、五十二歳
号九条三位

光藤（藤原）勧修寺流〈堀川〉尊卑二―一〇四
権中納言顕世男
弘安八年正月五日　叙爵、東三条院御給
弘安十一年三月八日　叙従五位上
正応三年十一月二十三日　叙正五位下
永仁元年九月十二日　任和泉守
永仁三年十二月九日　止守
正安二年三月六日　任勘解由次官
嘉元二年正月十九日　止次官
徳治二年七月二十八日　補蔵人
徳治二年八月四日　兼中宮権大進
徳治三年二月十五日　止蔵人、依母喪
徳治三年五月九日　復任
延慶三年三月九日　任権右中弁、去権大進
延慶三年九月四日　転右中弁
延慶三年十月二日　叙従四位下
延慶三年十二月十一日　転左中弁
延慶四年二月三日　為修理左宮城使
応長元年閏六月二十九日　叙従四位上
正和元年十月十二日　転右大弁
正和元年十一月十八日　叙正四位下
正和二年八月七日　補蔵人頭、去大弁
正和二年九月六日　任宮内卿
正和三年閏三月二十五日　叙従三位（職事補任）
正和三年九月二十一日　任参議
正和四年三月十三日　兼左兵衛督、為使別当
正和五年八月十二日　転右衛門督
正和五年十一月十八日　任権中納言、督別当如元
正和五年十二月七日　止別当
正和五年十二月二十一日　辞納言督
文保元年三月二十七日　叙正三位
元応三年正月五日　賜元応二年九月五日従二位位記
正中二年十一月九日　薨

光方（藤原）勧修寺流　尊卑二―一〇三
権大納言光頼男　母権中納言朝隆女

久寿三年二月二日　任阿波守（兵範記）（山槐記）従五位下
保元二年十月二十二日　叙従五位上（山槐記）
保元三年八月一日　遷勘解由次官（兵範記）
保元四年二月二十一日　兼中宮権大進（山槐記）
応保元年九月十五日　任右衛門権佐、使宣（山槐記）
永万二年ヵ五月十一日　辞右衛門権佐（綸旨抄）
正五位下（尊卑）

光方（藤原）勧修寺流〈中御門〉尊卑二―七一
従三位為俊男　母賀茂神主康家女
弘安三年　誕生
弘安四年正月五日　叙爵、于時為定
弘安七年八月八日　叙従五位上、于時光方
弘安十一年三月八日　叙正五位下、御即位叙位、東二条院御給
正応二年十月十八日　任勘解由次官
正応二年十二月二十九日　復任、父
正応三年四月十七日　辞次官
正応四年二月二十五日　還任勘解由次官
正応六年四月八日　兼春宮権大進
永仁四年二月九日　辞権大進
永仁五年六月七日　遷右衛門権佐、使宣
永仁六年七月三日　見仙洞五位院司（経塵記）
永仁六年八月二十八日　転左衛門権佐、補蔵人
永仁六年　為防鴨河使
正安元年九月三十日　任右少弁、止蔵人佐
正安二年正月十一日　叙正五位上、朝覲行幸、院司賞
正安二年三月二十六日　見法皇五位院司（勘仲記）
正安三年正月二十一日　補後伏見院年預判官代（御脱屣記）
正安三年二月八日　見後伏見院院司（実任卿記）
正安三年四月五日　転左少弁
乾元二年正月二十八日　転権右中弁
乾元二年八月二十八日　叙従四位下、去弁
延慶元年十月十二日　叙従四位上

延慶三年正月五日　叙正四位下、新院当年御給
正和元年四月十日　叙従三位
元亨二年閏五月　薨、四十三歳

光頼（藤原）勧修寺流　尊卑二―九一
　権中納言顕頼一男　母権中納言藤原俊忠女
天治元年　誕生
大治五年十月十日　任修理亮、待賢門院未給
長承元年九月三十日　補蔵人
長承元年十二月十六日　叙従五位下、白河院保安元年未給
保延二年正月二十二日　任伯耆守
保延五年正月二十四日　兼勘解由次官
保延五年十二月三十日　遷備中守、次官如元
保延六年十一月四日　叙従五位上、自小六条行幸土御門皇居日、暲子内親王職事
保延七年二月二十一日　叙正五位下、歓喜光院供養日、造作賞
保延七年六月二十三日　見鳥羽院判官代（平補六五）
永治元年十二月二日　任右少弁
天養元年十月二十日　見鳥羽院別当（平二五四一）
久安二年十二月二十一日　兼左衛門権佐（世紀）
久安二年十二月二十四日　使宣（世紀）
久安三年正月二十八日　転左少弁
久安四年四月二十七日　補蔵人
久安四年十月十三日　転権右中弁
久安五年八月二十二日　叙従四位下、松尾北野行幸行事賞、権佐如元
久安五年十月十二日　叙従四位上、日吉行幸行事賞
久安六年正月七日　叙正四位下（廷尉佐補任）（弁官補任）
久安六年四月二十八日　転右中弁
久安六年十月二十日　去権佐（廷尉佐補任）
仁平元年十月十日　為修理右宮城使
仁平二年四月十三日　兼内蔵頭
仁平三年閏十二月二十三日　補蔵人頭
仁平四年三月二十八日　辞内蔵頭

久寿元年十二月二十八日　転左中弁
久寿二年七月二十四日　新帝蔵人頭
久寿四年三月六日　任参議
保元元年九月十三日　叙従三位、春宮大進惟方四条亭為
　春宮御所之時賞、惟方譲
保元元年九月十七日　兼右兵衛督
保元二年正月二十四日　兼近江権守
保元三年正月十日　叙正三位、行幸美福門院賞、院御
　給
保元三年二月二十一日　任権中納言、右兵衛督如元
保元三年四月二日　転左兵衛督
保元三年五月二十一日　転右衛門督
保元三年十一月二十六日　転左衛門督
保元四年三月二十七日　為使別当
平治元年五月二十八日　見後白河院別当（平二九七九）
平治元年十月　辞別当
永暦元年八月十一日　任権大納言
永暦元年十月十一日　叙従二位、行幸院、別当
永暦二年二月二十八日　叙正二位、春日行幸行事
応保元年十二月十六日　補八条院別当（成頼卿記）
長寛二年正月二十一日　辞納言
長寛二年八月十四日　出家
承安三年正月五日　薨、五十歳

好古（小野）　尊卑四―二三七

参議篁孫　大宰大弐葛絃男　母王氏
元慶八年　誕生
延喜十二年三月二十七日　任讃岐権掾
延喜十七年正月二十九日　任春宮権少進
延喜二十二年正月七日　叙従五位下、春宮御給
延喜二十二年五月二十六日　任右京亮
延長二年八月九日　任大蔵少輔
延長三年十月十四日　任中宮大進
延長八年十一月十六日　任右衛門権佐
承平二年十一月十六日　叙従五位上、大嘗会
承平五年二月二十三日　兼備前権介

承平六年正月二十九日　兼中宮権亮
承平七年九月七日　見右衛門権佐（「要略」五四四頁）
承平八年三月二十六日　任右少将、中宮亮如元
天慶二年正月七日　叙正五位下
天慶二年二月一日　兼近江権介
天慶三年正月　為追捕凶賊使
天慶四年五月七日　叙従四位下
天慶五年三月二十八日　任左中弁
天慶五年十二月　兼備前守
天慶七年二月二十一日　兼山城守
天慶八年十月十四日　任大宰大弐
天暦元年四月二十六日　任参議
天暦元年五月二日　大弐如元
天暦元年十二月二十五日　復任
天暦七年正月七日　叙従四位上
天暦七年正月二十九日　兼讃岐権守
天暦九年閏九月十七日　兼備中権守
天徳二年正月七日　叙正四位下
天徳二年閏七月二十八日　兼弾正大弼
天徳三年七月十七日　兼左大弁
天徳四年正月二十四日　兼備中守
天徳四年四月二十三日　兼大宰大弐、止弁弼等
応和二年正月七日　叙従三位
康保四年七月七日　致仕
康保五年二月十四日　薨、八十五歳

好古（橘）　尊卑四―五〇

参議広相孫　右京大夫公材一男　母従五位下橘貞樹女
寛平五年　誕生
延喜十五年九月　文章生
延喜十九年正月二十八日　任美濃権掾
延長二年二月一日　任少内記
延長八年十一月二十一日　叙従五位下、御即位
承平二年ヵ八月三十日　任宮内少輔
承平四年十二月二十一日　任大学頭
天慶元年十二月十四日　任大蔵大輔

天慶二年正月七日　叙従五位上
天慶三年十二月六日　任右衛門権佐
天暦元年十月十一日　任権右少弁
天暦三年八月二十二日　見左少弁（「符宣抄」九頁）
天暦四年正月七日　叙従四位下
天暦四年正月三十日　任民部大輔
天暦五年正月三十日　任左中弁
天暦八年三月十四日　転右大弁
天暦九年十一月二十六日　叙従四位上、朔旦
天徳二年閏七月二十八日　任参議
天徳二年八月三日　右大弁如元
天徳三年正月二十六日　兼備前守
天徳四年四月二十三日　転左大弁
応和二年正月七日　叙正四位下
応和二年十月　兼美作権守
康保元年七月二十九日　兼弾正大弼
康保三年九月十七日　叙従三位、任権中納言
康保四年正月二十日　転正
安和二年三月二十六日　兼民部卿
安和三年正月二十五日　兼大宰権帥、去卿
天禄二年十一月二日　任大納言、止帥
天禄三年正月十三日　薨、八十歳
詩作者　名臣（二中歴）

行家（藤原）内麿流　尊卑二―一九五
式部権大輔家経二男　母中宮大進藤原公業女
長元二年　誕生
康平三年四月　策（尊卑）※「群載」三四二頁に依れば康平二年以前に献策か
康平五年正月　任左衛門権佐（少尉カ）、使宣（尊卑）
承保二年五月十四日　見左衛門権佐（「群載」三四六頁）正五位下土佐介
承暦元年閏十二月四日　見防鴨河使（除目申文抄）
承暦二年正月六日　叙従四位下（「勘仲記」弘安十一年正月五日条）

承暦四年十二月二十七日　見左衛門権佐（革暦類）防鴨河使
　文章博士周防介
永保元年二月十日　見文章博士（年号勘文部類抄）
永保三年二月一日　遷阿波守（「勘仲記」弘安十一年正月五日条）止権佐
寛治元年十一月二十二日　見阿波前司（中右記）
寛治四年八月十日　任美作守（中右記）
寛治七年十二月十八日　遷讃岐守（中右記）
承徳三年十一月二十日　見弾正大弼（「群載」四三八頁）正四位下讃岐守
康和二年七月二十四日　見讃岐守（大記）
康和二年十一月二十三日　出家（尊卑）
長治三年二月十九日　卒（中右記）七十八歳
　後冷泉院御時献策、後蔵人（「中右記」長治三年二月十九日条）

行兼（平）高棟流桓武平氏〈安居院〉尊卑四―一〇
　従三位行高男

正和五年　誕生
正和六年正月五日　叙従五位下、加叙
元応元年九月二十六日　叙従五位上
正中二年十二月十八日　任中務大輔
正中三年二月十九日　遷民部大輔
嘉暦二年二月二十三日　叙正五位下
嘉暦四年正月十三日　去大輔
嘉暦四年二月十二日　任木工頭
嘉暦四年三月十四日　遷少納言
元徳元年九月十一日　去少納言
元徳三年三月十八日　任右衛門権佐、使宣
元弘三年　去権佐
建武三年十月八日　補蔵人
建武三年十一月二十四日　任左京権大夫
建武三年十二月三十日　去蔵人
建武四年七月二十日　還補蔵人
建武五年八月二日　還任少納言
暦応二年正月十三日　兼紀伊権守

暦応二年四月十八日　任権左少弁、去蔵人
暦応二年八月十二日　止権弁
暦応二年十一月一日　叙従四位下
暦応二年十一月三十日　去権守
康永二年八月十二日　任権右中弁
康永三年正月五日　叙従四位上
貞和元年十一月十四日　転権左中弁
貞和二年正月六日　叙正四位下
貞和三年七月十日　転左中弁
貞和三年十二月二十七日　補蔵人頭、遷任宮内卿
貞和四年十月七日　叙従三位
貞和四年十二月二十四日　去宮内卿
観応三年八月二十二日　薨、三十七歳

行高（平）　高棟流桓武平氏　尊卑四―一〇
　右少弁仲高男　祖父仲兼卿為子
永仁四年　誕生
永仁七年正月五日　従五位下、臨時

徳治二年九月十七日　任右兵衛権佐
徳治三年九月十七日　叙従五位上
延慶二年三月二十三日　叙正五位下
延慶四年二月三日　任勘解由次官、止権佐
正和元年十月十二日　任右衛門権佐、使宣、止次官
正和元年十二月十九日　復任、仲兼卿
正和四年二月二十一日　転左衛門権佐
正和四年三月二十四日　為防鴨河使
正和四年五月十八日　遷勘解由次官、補蔵人、止権佐
正和四年六月十七日　見左衛門権佐（公衡公記）
文保二年三月二十六日　新帝蔵人
文保二年三月二十九日　任兵部権大輔、去次官
文保二年六月二十八日　辞職、依左府御事也
元応元年九月二十日　任兵部権少輔、還補蔵人
元応二年三月二十四日　任左少弁、兼中宮大進、止蔵人
元応二年四月十二日　叙従四位下
元応二年九月五日　転権右中弁
元応三年正月五日　叙従四位上

元亨元年四月六日　転右中弁
元亨元年六月六日　為修理右宮城使
元亨四年二月十七日　復任、父
元亨四年四月十七日　叙正四位下
元亨四年四月二十七日　転左中弁
元亨四年十月二十九日　転右大弁
正中二年十二月十八日　辞右大弁（弁官補任）
元徳二年三月二十二日　叙従三位
元弘二年正月七日　叙正三位
正慶元年十月二十一日　任左大弁
元弘三年五月十七日　復従三位
延元元年五月　出家、四十一歳

行親（平）高棟流桓武平氏　尊卑四—六
武蔵守行義男
寛仁三年正月十日　為雑色（小右記）
治安元年八月二十九日　補蔵人（小右記）靭負尉
治安三年正月十日　為検非違使（小右記）蔵人左衛門尉
万寿四年二月二十日　見勘解由次官（石山寺縁起）
長暦元年七月二日　見少納言（行親記）中宮大進
長暦元年九月二十七日　見中宮大進（行親記）
長暦元年十月五日　見正五位下少納言（行親記）
長暦二年正月　任右衛門権佐（勘例）
長暦三年　卒ヵ

行盛（藤原）内麿流　尊卑二—一九五
讃岐守行家二男　母大学頭藤原実範女
承保元年　誕生
寛治五年十二月二十九日　給学問料（中右記）
承徳二年三月二十一日　秀才宣旨（中右記）
康和三年八月　見文章得業生（扶桑古文集）
康和四年正月十一日　献策（中右記）院蔵人秀才
康和五年六月九日　為宗仁親王侍者（中右記）（世紀）縫殿助一院判官代
康和五年八月十七日　任春宮権少進（大記）（顕隆卿記）

（世紀）正六位上縫殿助
康和六年正月十四日　補蔵人（中右記）縫殿助
長治元年十二月十五日　任式部少丞（中右記）
長治二年正月五日　見蔵人（永昌記）
長治二年正月二十六日ヵ　任能登権守（叙位除目関係文書）
（「大間成文抄」第五）従五位下
天永二年十月五日　見勘解由次官（中右記）（永昌記）
天永四年正月一日　見勘解由次官（長秋記）
永久五年八月二十一日　見式部権少輔（殿暦）
永久五年十一月二十七日　見正五位下式部少輔阿波介（「群
載」三五三頁）
元永三年　見正五位下式部少輔阿波介（「群
載」二二六頁）
保安五年四月三日　見左衛門権佐越中介（永昌記）
大治元年十一月十七日　叙従四位下、叙留（「勘仲記」弘
安十一年正月五日条）
天承元年　見文章博士土佐介（廷尉佐補任）
左衛門権佐
天承二年正月五日　叙従四位上（廷尉佐補任）
長承二年五月六日　遷摂津守（中右記）
長承三年十一月二十二日　卒（中右記）摂津守文章博士、六
十一歳

行平（在原）平城天皇皇孫　尊卑四―九〇
阿保親王三男
弘仁九年　誕生
承和七年正月　補蔵人
承和七年十二月　辞退
承和八年十一月二十日　叙従五位下
承和八年十二月十日　任侍従
承和十三年正月七日　叙従五位上
承和十三年正月十三日　任左兵衛佐
承和十三年七月二十七日　任左少将
仁寿三年正月七日　叙正五位下
仁寿三年正月十三日　兼備中権介
仁寿四年三月十四日　任備中介

斉衡二年正月七日　叙従四位下
斉衡二年正月十五日　任因幡守
斉衡四年正月十九日　兼兵部大輔
天安元年四月二日　任左馬頭
天安三年正月十三日　任播磨守
貞観二年六月五日　任内匠頭
貞観二年八月二十六日　任左京大夫
貞観四年正月七日　叙従四位上
貞観四年正月十三日　任信濃守
貞観五年二月十日　任大蔵大輔、守如元
貞観六年正月十六日　任備前権守
貞観六年三月八日　左兵衛督、権守如元
貞観八年正月七日　叙正四位下
貞観十年五月二十六日　兼備中守
貞観十二年正月十三日　任参議
貞観十二年正月二十六日　為使別当
貞観十四年八月二十五日　補蔵人頭
貞観十四年八月二十九日　遷左衛門督
貞観十四年十月十四日　別当如元
貞観十五年十二月十八日　任大宰権帥、叙従三位
元慶元年十月十八日　任治部卿、帥如元
元慶三年正月十一日　兼備中守
元慶四年正月十一日　兼近江守
元慶六年正月十日　任中納言
元慶六年二月二十三日　叙正三位
元慶七年三月九日　兼民部卿
元慶九年二月二十日　兼按察使、卿如元
仁和三年四月二十三日　致仕
寛平五年七月十九日　薨、七十六歳

孝忠（藤原）魚名流　尊卑二―二八九
左中将永頼男
天元五年正月十五日　見蔵人（小右記）
天元五年四月二十一日　見蔵人（小右記）
天元五年四月二十四日　見修理亮（小右記）
寛和元年九月一日　見円融院判官代ヵ（小記目録）

長保二年六月二十日　見前因幡守（権記）
長保三年十二月七日　任山城守（権記）右衛門権佐
寛弘二年七月二十九日　見防鴨河使右衛門権佐山城守
（平四四〇）
寛弘三年二月七日　辞山城守ヵ（権記）
長和五年七月二十七日　見伊勢守（御堂）
寛仁元年十一月十二日　見伊勢守（左経記）
治安元年十二月九日　見伊勢前司（小右記）
従四位下（尊卑）

孝道（源）清和源氏　尊卑三―六〇
貞真親王孫　従五位下元亮男　母経基王女
年月日　文章生（二中歴）
正暦四年十一月十五日　見弾正少弼（小右記）
長徳二年二月五日　見右衛門権佐（小右記）
長徳二年六月七日　見検非違使（小右記）
長徳二年十月八日　見右衛門権佐（小右記）
長保元年八月二十七日　見大和守（平三八五）従五位上大学頭
長保三年閏十二月七日　見大和守（権記）
寛弘二年二月十六日　見正五位下右衛門権佐山城守
（北山抄紙背文書）
寛弘四年四月二十八日　見越前守（御堂）
寛弘七年　卒（「御堂」同年三月三十日条）
文士、天下之一物（続本朝往生伝）
詩人（二中歴）

洪（源）嵯峨源氏　尊卑三―六
右大臣唱男
承平年中　見左衛門権佐（官職秘抄）
天慶元年　見左衛門権佐（勘例）
天慶二年正月四日　見洪朝臣（九条殿記）
使　従五位下　右少将（尊卑）

恒佐（藤原）良世流　尊卑二―一四六
左大臣良世七男　母山城介紀豊春女従五位下勢子

元慶四年　　　　　　　　誕生
寛平六年正月十五日　　任左近将監、補蔵人
寛平八年十二月二十八日　叙爵、父大臣致仕日
寛平十年正月二十九日　　任信濃権介
寛平十年五月十日　　　　任右馬助
昌泰二年四月二日　　　　任右兵衛佐
延喜六年正月七日　　　　叙従五位上
延喜六年九月十七日　　　任左少将
延喜七年正月十三日　　　兼近江介
延喜八年三月五日　　　　見右衛門権佐（『群載』二五七頁）
延喜十年正月七日　　　　叙正五位下
延喜十年正月二十一日　　補蔵人
延喜十一年四月二十八日　兼春宮亮
延喜十二年正月七日　　　叙従四位下
延喜十二年正月十五日　　兼伊予権守
延喜十二年正月二十日　　補蔵人頭
延喜十三年正月二十八日　任右近権中将、亮兼国等如元
延喜十三年四月十五日　　兼讃岐権守
延喜十四年四月二十二日　転右中将
延喜十五年六月二十五日　任参議、右中将讃岐権守等如元
延喜十七年正月七日　　　叙従四位上
延喜十七年正月二十九日　兼備前権守
延喜二十一年正月三十日　兼右衛門督
延喜二十一年二月十四日　為使別当
延喜二十二年正月三十日　兼播磨守
延喜二十三年正月十二日　任権中納言、叙従三位、右衛門督如元
延長五年正月十二日　　　転正、右衛門督如元
延長八年十二月十七日　　転左衛門督
承平二年正月七日　　　　叙正三位
承平三年二月十三日　　　任大納言
承平六年八月十八日　　　兼右大将
承平七年正月二十二日　　任右大臣、右大将如元
承平八年五月五日　　　　薨、五十九歳
承平八年五月十九日　　　贈正二位
号一条右大臣

恒尚（藤原）真作流　尊卑二―四三八
少納言諸房男　母太政大臣藤原忠平女
寛平頃　見左衛門権佐（二中歴）
昌泰元年十月二十日　見中宮亮（扶桑）
蔵　右馬助　従四位下（尊卑）

恒身（紀）
家系不詳
天安二年正月七日　叙従五位下（文実）
天安二年二月五日　任右衛門権佐（文実）
天安二年十一月二十五日　任紀伊権守（三実）元右衛門権佐
貞観五年二月十六日　任大判事（三実）散位従五位下
貞観九年二月十一日　任筑前守（三実）元大判事

高雅（藤原）↓高定

高嗣（藤原）↓定嗣

高俊（藤原）勧修寺流〈九条〉尊卑二―六八
中納言忠高男　母白拍子
貞永元年　誕生
仁治三年三月二十五日　補関白（二条良実）家司（資頼卿記）
寛元四年正月二十八日　見散位従五位下（葉黄記）
寛元四年八月十八日　補殿下（一条実経）北政所家司（葉黄記）
寛元四年八月二十三日　補殿下（一条実経）家司（葉黄記）
宝治元年八月四日　見民部少輔（葉黄記）
宝治元年十二月八日　任勘解由次官（経俊卿記）
建長八年八月十六日　見勘解由次官（経俊卿記）
康元元年十二月十三日　補蔵人（職事補任）正五位下勘解由次官
正元元年十一月二十六日　新帝蔵人職（職事補任）
弘長二年四月十七日　兼右衛門権佐（職事補任）
弘長二年十二月二十一日　兼左少弁（弁官補任）（職事補任）

弘長三年正月二十八日　去蔵人佐（弁官補任）（職事補任）
文永二年閏四月二十五日　転権右中弁（弁官補任）
文永三年十二月四日　卒（尊卑）三十五歳
従四位下（尊卑）

高堪（藤原）宇合流　尊卑二―五三九
無官後世男　母土佐守橘最雄女
延喜十一年八月二十六日　見肥前守（「要略」四七七頁）
延喜十三年十一月五日　見肥前守（「要略」四七七頁）
延長初年頃　見左衛門権佐（二中歴）
延長九年正月二十六日　見高堪朝臣（貞信公記抄）
延長九年三月四日　見右少弁カ（貞信公記抄）
承平二年正月　任近江守（「小右記」長和元年七月二十二日条）
承平二年十月　卒（「小右記」長和元年七月二十二日条）
式　使　従四位下　右京大夫　左少将（尊卑）

高朝（藤原）勧修寺流〈九条〉尊卑二―一六九
中納言忠高男　母中納言藤原資頼女
正元元年八月十一日　見丹波守（仙洞御移徙部類記）
文永四年九月九日　見内大臣（一条家経）家司（吉続記）
文永七年八月二十一日　見勘解由次官（仙洞御移徙部類記）
文永十年五月三日　任右衛門権佐（「吉続記」同四日条）
文永十一年四月五日　補蔵人（職事補任）正五位下右衛門権佐
文永十一年九月二十一日　卒（職事補任）

高定（藤原）勧修寺流〈堀川〉尊卑二―一〇四
右大弁光俊男　母侍従藤原盛季女
天福元年　誕生
嘉禎元年十一月十九日　叙従五位下（「明月記」同二十日条）于時高雅

寛元元年八月十日　見丹波守、兼春宮権大進（妙槐記）正五位下
寛元三年六月二十六日　兼勘解由次官（平戸記）春宮権大進
寛元三年十二月　見前太政大臣（近衛兼経）別当（鎌六六〇二）
寛元四年正月二十八日　見関白（一条実経）執事（葉黄記）
寛元四年二月一日　補後嵯峨院判官代（公光卿記）
宝治元年十一月一日　見綜子内親王家司（経俊卿記）
宝治二年正月二十三日　任右衛門権佐、使宣（検非違使補任）正五位下、元勘解由次官
建長二年正月二十三日　兼右少弁（検非違使補任）右衛門権佐丹波守
建長二年七月十日　庁務（検非違使補任）依別当辞退
建長三年正月二十二日　転左少弁、補蔵人（弁官補任）（職事補任）
建長三年三月十六日　叙正五位上、辞蔵人佐（職事補任）
建長四年十二月四日　転右中弁（弁官補任）
建長五年正月十三日　転右大弁、改名高定（弁官補任）
正嘉元年十一月十九日　補蔵人頭、去弁（弁官補任）（職事補任）正四位下
正嘉二年八月七日　兼春宮亮（職事補任）
正元元年四月十七日　任参議（職事補任）（公卿補任）※
公卿補任　任参議以前の経歴不載
正元元年閏十月十五日　叙従三位
正元二年三月二十九日　兼伊予権守
弘長二年正月五日　叙正三位、臨時
文永二年正月三十日　兼伊予権守
文永二年三月二十日　兼左兵衛督、為使別当
文永三年十一月二日　辞督別当、依山門訴
文永五年正月七日　叙従二位
文永五年九月　遭父喪
文永五年十一月二十九日　復任
文永六年十一月二十八日　任権中納言
文永七年正月二十一日　叙正二位、辞納言

建治三年九月十三日　任按察使
弘安三年八月二十三日　薨、四十八歳

高明（源）醍醐源氏　尊卑三―四六二

醍醐天皇第一源氏　母右大弁源唱女更衣周子

延喜十四年　誕生
延喜二十年十二月二十八日　賜源姓（扶桑）
延長八年十一月二十一日　叙従四位上
延長九年三月十二日　任近江権守
承平二年十一月十六日　叙正四位下、大嘗会悠紀
承平五年二月二十三日　任大蔵卿
天慶二年八月二十七日　任参議
天慶三年三月二十五日　更兼大蔵卿、兼備前権守
天慶四年十二月十八日　遷兼右衛門督
天慶八年三月二十八日　兼讃岐守
天慶九年四月二十八日　叙従三位、即位次
天暦元年四月二十六日　任権中納言
天暦元年六月六日　更兼右衛門督
天暦二年正月三十日　転正、兼左衛門督
天暦二年二月十七日　為使別当
天暦七年九月二十五日　任大納言
天暦九年二月七日　叙正三位
天徳二年正月二十九日　兼按察使
天徳二年十月二十七日　兼中宮大夫
天徳五年正月七日　叙従二位
応和三年正月二十八日　去按察使
康保二年五月十一日　兼左大将
康保三年正月十七日　任右大臣
康保三年正月二十七日　左大将如元
康保四年十二月十三日　転左大臣、左大将如元
康保四年十月十一日　叙正二位、即位次
安和二年三月二十六日　左降大宰権帥
天禄三年四月二十日　帰京
天元五年十二月十六日　薨、六十九歳
号西宮左大臣

興世（藤原）真作流　尊卑二―四三三
　肥後守村田男
嘉祥三年五月十七日　叙従五位下（文実）
嘉祥三年八月五日　任右衛門権佐（文実）
嘉祥四年二月八日　任陸奥守（文実）
嘉祥四年二月二十一日　任常陸権介（文実）陸奥守如元
貞観二年正月十六日　任但馬介（三実）散位従五位下
貞観二年二月十四日　任因幡守（三実）散位従五位下
貞観二年十一月十六日　叙従五位上（三実）因幡守
貞観四年正月十三日　任阿波権守（三実）元因幡守
貞観十年二月十七日　任刑部大輔（三実）
貞観十一年正月十三日　任安芸守（三実）元刑部大輔
貞観十一年二月十六日　任紀伊守（三実）元刑部大輔
貞観十二年十二月二十九日　為次侍従（三実）
元慶元年十一月二十一日　叙正五位下（三実）出羽守
元慶二年三月二十九日　見出羽守（三実）
元慶二年七月十日　見出羽守（三実）
元慶七年正月七日　叙従四位下（三実）伊勢守
元慶八年十一月二十五日　叙従四位上（三実）伊勢守
寛平三年七月十四日　卒（尊卑）

克忠（藤原）武智麿流　尊卑二―四二四
　大納言元方男　母大納言藤原道明女
天暦四年九月十三日　見左衛門権佐（「符宣抄」四六頁）
　従五位下
天暦五年五月二十二日　遷権右少弁（「要略」八六頁）元
　従五位下左衛門権佐
天暦七年三月五日　見権右少弁（勘例）
天暦八年　見左少弁（弁官補任）
天暦九年十二月四日　補蔵人（職事補任）従五位上左少
　弁
天暦十一年三月　見左少弁（北山抄）
天徳二年七月十九日　卒（弁官補任）（職事補任）左少弁
　弾正少弼（尊卑）

国光（源）文徳源氏　尊卑三―三七

越前守中正男

天暦末年　見右衛門権佐（二中歴）

天徳二年十月一日　任左少弁（勘例）

応和二年　見右少弁（東大寺要録）

従四位上　民部大輔（尊卑）

氏宗（藤原）房前流　尊卑一―三一

中納言葛野麿七男　母従三位和気清麿女

弘仁元年　誕生

天長九年正月　任上総大掾

天長十年六月　任中務大丞

天長十年十二月　任式部大丞、補蔵人、上総掾如元

承和五年正月七日　叙従五位下

承和五年正月十三日　任式部少輔（続後紀）

承和七年六月十日　任右少将（続後紀）

承和七年八月二十一日　兼右少弁

承和八年正月十三日　任美濃介（続後紀）右少弁右少将如元

承和九年四月五日　見美濃介（続後紀）

承和九年十月四日　任陸奥守、止弁

承和九年十月五日　叙従五位上、赴任賞

承和十三年九月十四日　任式部少輔（続後紀）

承和十三年十二月八日　為山城班田使次官（続後紀）

承和十四年二月十一日　任右衛門権佐（続後紀）式部少輔如元

承和十四年五月　遷左衛門権佐

承和十五年正月七日　叙正五位下（続後紀）

承和十五年二月十四日　任春宮亮（続後紀）

嘉祥二年二月二十七日　任右中弁（続後紀）

嘉祥三年正月七日　叙従四位下（続後紀）

嘉祥三年四月　補蔵人頭

嘉祥三年五月十七日　兼右中将（文実）弁如元

嘉祥三年十一月二十九日　任右大弁（文実）右中将如元

仁寿元年十二月二十五日　任参議（文実）弁中将如元

仁寿二年五月十五日　補使別当

仁寿三年正月七日　叙従四位上（文実）
仁寿三年正月十六日　任左大弁（文実）
仁寿三年七月一日　兼近江守（文実）
仁寿四年八月二十八日　転左中将、弁別当如元
斉衡三年八月　兼左衛門督、大弁別当如元
天安元年四月十九日　兼伊予権守（文実）
天安二年十一月七日　叙正四位下（三実）
天安三年正月十三日　兼美作守（三実）左衛門督如元
貞観元年十一月十九日　叙従三位（三実）
貞観三年正月十三日　任中納言（三実）
貞観三年八月十七日　更為使別当
貞観五年二月十日　兼右大将（三実）止別当
貞観六年正月十六日　任権大納言（三実）
貞観八年十二月十六日　転左大将（三実）
貞観九年正月七日　叙正三位（三実）
貞観九年二月二十九日　転正（三実）
貞観十年五月三日　辞左大将（三実）
貞観十一年二月一日　兼東宮傅（三実）

貞観十二年正月十三日　任右大臣（三実）
貞観十二年二月　東宮傅如元
貞観十四年二月七日　薨（三実）六十三歳、贈正二位

師尹（藤原）忠平流　尊卑二―一九
太政大臣忠平五男　母右大臣源能有女昭子
延喜二十年　誕生
承平二年十一月二十七日　叙従五位下、元服日、臨時
承平五年二月二十三日　任侍従
承平七年正月七日　叙従五位上
承平七年三月八日　任左兵衛佐
天慶四年正月七日　叙正五位下
天慶四年三月二十八日　兼播磨権介
天慶五年三月二十八日　任右中弁、左兵衛佐如元
天慶五年四月二十五日　叙従四位下
天慶七年四月十二日　補蔵人頭
天慶七年四月二十五日　任左中将
天慶八年三月二十八日　兼備前権守

天慶八年十一月二十五日　任参議
天暦元年六月六日　兼左兵衛督、守如元
天暦二年正月三十日　任権中納言、叙従三位
天暦二年二月十日　更兼左兵衛督
天暦三年八月十四日　服解、父
天暦三年十二月二日　復任
天暦四年七月二十三日　兼春宮大夫
天暦五年正月三十日　転正、春宮大夫左兵衛督如元
天暦七年九月二十五日　兼左衛門督、為使別当
天暦十年正月七日　叙正三位
天暦十一年二月　辞督別当
天暦十一年四月二十五日　兼右大将
天徳四年八月二十二日　任権大納言、右大将春宮大夫如元
応和三年正月二十八日　兼按察使
康保三年正月七日　叙従二位
康保三年九月十七日　転正
康保四年九月一日　兼皇太子傅
康保四年十月十一日　叙正二位
康保四年十二月十三日　任右大臣、為蔵人所別当、右大将傅如元
安和二年三月二十六日　転左大臣左大将、傅如元
安和二年八月十一日　止傅大将
安和二年十月十四日　薨、五十歳
安和二年十月二十日　贈正一位
号小一条左大臣

師親　（源）村上源氏〈北畠〉尊卑三－五一七
権大納言雅家一男　母中納言藤原頼平女
仁治二年　誕生
仁治四年正月五日　叙従五位下、臨時
宝治二年正月二十三日　叙従五位上
建長二年十一月九日　任侍従
建長四年正月五日　叙正五位下、臨時
建長六年正月六日　叙従四位下、正親町院当年御給
建長六年正月七日　侍従如元
建長六年正月十三日　任備前介

建長六年四月七日　任左少将
建長八年正月五日　叙従四位上、臨時
正嘉元年六月二十二日　転左中将
正嘉二年正月五日　叙正四位下、正親町院御給
弘長二年十二月二十一日　叙従三位、遷右衛門督
文永四年正月五日　叙正三位
文永六年三月二十七日　任参議、右衛門督如元
文永六年四月十日　為使別当
文永六年十一月二十八日　任権中納言
文永六年十二月二日　更兼右衛門督別当
文永七年正月二十一日　辞督別当
文永七年九月四日　叙従二位
文永八年三月二十七日　兼左衛門督
文永十年五月三日　止督
文永十一年三月二十七日　遭父喪
文永十一年七月二十九日　復任
建治二年正月五日　叙正二位、院当年御給
弘安六年三月二十八日　任権大納言
弘安七年正月十三日　辞納言
弘安七年正月二十一日　本座
正応二年九月七日　出家
正和四年十月六日　薨、七十五歳

師重（源）村上源氏〈北畠〉尊卑三—五一七

権大納言師親男

文永七年　誕生
文永八年正月五日　叙爵、正親町院当年御給
文永十一年七月二十日　任石見守
建治三年正月五日　叙従五位上
建治三年十月二十三日　辞守
建治四年正月二十四日　叙正五位下、給去六日位記
弘安二年十二月二十九日　任左少将
弘安四年正月七日　叙従四位下、少将如元
弘安八年正月五日　叙従四位上
弘安八年七月十日　転中将
正応元年十一月二十一日　叙正四位下、大宮院御給

正応二年七月二十二日　止中将
正応四年三月二十五日　叙従三位、新院当年御給
正応五年十二月三十日　任右衛門督
正応六年正月十三日　叙正三位
永仁二年十二月二十四日　任参議、遷兼左中将
永仁三年十二月二十九日　任権中納言
永仁四年十月二十四日　兼左衛門督
永仁四年十一月二十九日　為使別当
永仁五年十二月十七日　辞別当
永仁六年正月五日　叙従二位
永仁六年三月二十四日　辞督
永仁七年正月五日　叙正二位
乾元元年十一月二十二日　転正
嘉元元年八月二十八日　任権大納言
嘉元三年十二月三十日　辞納言
徳治二年七月二十八日　出家、依院御出家
元亨二年正月十三日　薨、五十三歳

師忠（源）村上源氏　尊卑三―四九四

右大臣師房四男　母右大臣藤原頼宗女

天喜二年　誕生
康平七年三月十日　叙従五位下、元服日
康平七年十月二十六日　任侍従
治暦二年正月五日　叙従五位上、馨子内親王給
治暦二年二月八日　任左少将
治暦三年正月五日　叙正五位下、皇后宮御給
治暦三年二月六日　転中将、兼美作介
治暦四年正月六日　叙従四位下
治暦四年四月十七日　叙従四位上、祐子内親王給
治暦四年十一月九日　兼近江介
治暦四年十一月二十一日　叙正四位下、悠紀
延久元年四月二十八日　兼春宮権亮
延久四年十二月八日　補蔵人頭
延久五年正月三十日　兼備後権守
承保元年十二月二十六日　任参議、左中将如元
承保二年正月五日　叙従三位、前坊権亮

承保二年閏四月六日　叙正三位、造大極殿行事賞、右大臣譲
承保二年十二月十五日　遷右中将
承保三年十月二十四日　叙従二位、行幸大井川次、右大臣譲
承暦二年正月二十日　兼美作権守
承暦四年八月十四日　任権中納言
承暦四年八月二十二日　兼左衛門督
承暦五年正月二十六日　叙正二位
永保元年十二月十七日　兼皇太后宮大夫
応徳三年二月三日　為使別当
応徳三年十一月二十日　任権大納言、皇太后宮大夫如元
寛治七年二月二十二日　兼中宮大夫、立后日
康和元年十二月　兼按察使
康和二年七月十七日　転正
嘉承元年十二月二十三日　辞大納言（中右記）
永久二年九月二十九日　薨、六十一歳
号壬生大納言

師輔（藤原）良房流　尊卑一―四九
太政大臣忠平二男　母右大臣源能有女正五位下昭子
延喜八年　誕生
延長元年九月五日　叙従五位下
延長二年二月一日　任侍従
延長六年六月九日　任右兵衛佐
延長七年正月七日　叙従五位上
延長九年三月十三日　任右少将（尊卑）
承平元年閏五月十一日　補蔵人頭
承平二年正月二十七日　兼近江介
承平二年十一月十六日　叙正五位下、悠紀
承平三年正月十三日　任右中将
承平四年正月七日　叙従四位下
承平四年正月九日　如旧為頭
承平五年二月二十三日　任参議、右中将如元
承平六年正月二十九日　兼伊予権守
承平八年正月七日　叙従四位上

天慶元年六月二十三日　叙従三位、任権中納言
天慶元年九月三日　兼左衛門督、為使別当
天慶二年十二月二十七日　兼中宮大夫
天慶五年三月二十九日　任大納言、中宮大夫如元
天慶七年四月二十二日　兼春宮大夫、止中宮大夫
天慶八年二月二十八日　兼按察使
天慶八年十一月二十五日　兼右大将
天慶九年正月七日　叙正三位
天慶九年四月二十八日　叙従二位、前坊大夫
天暦元年四月二十六日　任右大臣、右大将如元
天暦三年八月十四日　服解、父
天暦三年十二月二日　復任
天暦九年二月七日　叙正二位、辞右大将
天徳四年五月二日　出家
天徳四年五月四日　薨、五十三歳
号九条殿　坊城大臣

資業（藤原）内麿流　尊卑二―二〇二

参議有国七男　母播磨守橘仲遠女典侍従三位徳子
永延二年　誕生
長保五年　給勧学院学問料
長保五年十一月十九日　補文章得業生
長保五年　任備中権掾
寛弘二年十一月　対策
寛弘三年正月二十八日　任式部少丞
寛弘四年正月二十八日　任式部大丞
寛弘五年正月十一日　補蔵人
寛弘六年正月七日　叙従五位下
寛弘六年正月十八日　任筑後権守
寛弘六年九月　任刑部少輔
寛弘七年正月十六日　任大内記
寛弘八年二月一日　任右少弁
寛弘八年六月十三日　兼東宮学士
寛弘九年正月二十七日　兼備中介
長和二年正月七日　叙従五位上、弁

長和三年正月十日　補蔵人
長和四年二月十八日　兼左衛門権佐
長和四年二月二十五日　使宣旨
長和五年正月二十九日　止蔵人、為三条院判官代
長和五年二月八日　更補蔵人
長和六年正月七日　叙正五位下
寛仁元年八月三十日　兼文章博士
寛仁二年九月二十四日　辞博士
寛仁三年十二月二十一日　転左少弁
寛仁四年正月三十日　丹波守、去弁佐
寛仁四年二月五日　叙従四位上、坊労、越階
寛仁五年正月二十四日　兼勘解由長官
治安二年正月七日　叙正四位下、造宮行事
治安三年十月五日　兼式部大輔
万寿五年二月十九日　播磨守、止長官、大輔如元
長元七年正月　秩満
長暦三年正月二十六日　兼伊予守
長久四年正月　辞式部大輔

寛徳二年四月二十六日　叙従三位、造常寧殿功
永承元年四月十四日　任式部大輔
永承六年二月十六日　出家
延久二年八月二十四日　薨、八十三歳
号日野三位

資経（藤原）勧修寺流〈吉田〉尊卑二―七一
参議定経一男　母参議平親範女
養和元年　誕生
文治四年十月十九日　叙従五位下、上西門院
文治六年正月二十四日　任信濃守
建久四年八月二十五日　遷三河守、熊野神宝用途功
建久六年三月十二日　叙従五位上、祖父東大寺供養行事
建仁三年正月七日　叙正五位下
元久三年七月十一日　任中宮権大進
承元三年四月十四日　兼左衛門権佐（廷尉佐補任）
承元四年十一月二十五日　見新院殿上人（御脱屣記）

建暦二年五月二十九日　為防鴨河使
建暦二年七月二日　補内大臣（九条道家）家司（明月記）
建保二年十二月十五日　補蔵人
建保六年正月十三日　兼右少弁
建保六年二月十七日　辞蔵人佐
建保六年十一月二十六日　兼春宮大進
建保七年正月二十二日　転左少弁（弁官補任）
承久元年十一月十三日　転権右中弁、叙従四位下、去年日吉行幸行事
承久二年正月二十二日　転左中弁
承久二年三月一日　見左大臣（九条道家）家司、三位少将（九条教実）年預家司（玉蘂）
承久三年八月二十九日　補蔵人頭（弁官補任）（職事補任）
承久三年十一月十六日　叙従四位上
承久三年十二月一日　兼皇后宮亮
承久四年正月七日　叙正四位下、皇后宮入内
貞応元年四月十三日　転右大弁
貞応元年十一月三日　任参議、右大弁皇后宮亮如元
貞応元年十二月二十一日　転左大弁
貞応二年正月二十七日　兼近江権守
貞応二年二月一日　為造東大寺長官
貞応二年四月十日　止亮
貞応三年正月二十三日　叙従三位
元仁元年十月十六日　兼大宰大弐、止大弁長官権守
元仁二年十二月二十二日　辞参議
安貞二年三月二十日　叙正三位、安嘉門院御給
寛喜元年十月九日　辞大弐
寛喜三年二月十三日　服解、父
天福二年六月二十三日　出家
建長三年七月十五日　薨、七十一歳
号吉田大弐

資仲（藤原）小野宮流　尊卑二―一二
大納言資平二男　母春宮亮藤原知章女
治安元年　誕生

長元六年正月五日　叙爵、章子内親王御給
長元六年十月　任讃岐権守
長元九年二月二十七日　任侍従
長元九年十二月八日　任右少将
長元十年正月五日　叙従五位上、少将
長元十年正月二十三日　兼備中権介
長暦四年正月五日　叙正五位下、少将
長暦四年正月二十五日　遷右少弁
長久二年十二月九日　転左少弁
長久三年二月十六日　為氏院別当
長久五年正月十一日　補蔵人
寛徳二年正月十六日　止蔵人、譲位
永承二年正月十三日　更補蔵人
永承二年正月二十二日　為造興福寺長官
永承三年三月二日　叙従四位下、興福寺供養賞、左少弁如元
永承三年十二月七日　転右中弁
永承四年正月五日　叙従四位上、先朝行幸平野北野社行事賞
永承五年九月十七日　転権左中弁
永承六年正月二十七日　兼播磨介
永承七年二月二十六日　兼春宮権亮
天喜五年正月五日　叙正四位下、造宮行事
天喜五年二月三十日　兼近江権介
天喜六年四月二十五日　転左中弁
康平三年二月二十一日　兼美作権介
康平五年三月　為造興福寺長官
康平五年三月十二日　遷修理大夫、亮如元
治暦四年三月五日　復任
治暦四年四月十九日　止春宮権亮、受禅
治暦四年八月十二日　補蔵人頭
治暦四年十二月二十九日　任参議、修理大夫如元
治暦五年正月五日　叙従三位、先坊権亮
治暦五年正月二十七日　兼右兵衛督
治暦五年二月二十六日　大夫如元
延久元年五月十七日　為使別当

延久元年八月十六日　叙正三位、行幸院司賞
延久二年正月二十九日　兼播磨権守
延久二年四月　辞大夫
延久二年十二月二十六日　叙従二位、供養円明寺陽明門院院司
延久四年七月二十四日　遷兼左兵衛督
延久四年十二月二日　任権中納言
延久四年十二月八日　兼春宮権大夫
延久五年二月　辞別当
延久五年四月十七日　遷右衛門督
延久五年四月三十日　叙正二位、行幸院司賞
承保二年正月二十八日　遷左衛門督
承暦三年正月二十七日　辞左衛門督
承暦四年正月二十八日　罷所職、任大宰権帥
応徳元年四月　辞帥、出家
寛治元年十一月十二日　薨、六十七歳

資朝（藤原）内麿流〈日野〉尊卑二―二四五
権大納言俊光三男　母従二位藤原公寛女
正応三年　誕生
正和三年十一月十九日　補蔵人（職事補任）正五位下左衛門佐
文保元年二月五日　兼右少弁（職事補任）（弁官補任）
文保元年三月四日　止蔵人（職事補任）
文保元年十二月二十二日　転左少弁（弁官補任）
文保二年正月二十二日　叙従四位下（弁官補任）
文保二年五月二十八日　兼文章博士（弁官補任）
文保二年八月二十四日　為記録所寄人（弁官補任）
文保二年十月六日　叙従四位上、去弁（弁官補任）
文保二年十一月三日　更任権右中弁（弁官補任）文章博士如元
文保三年三月九日　転右中弁（弁官補任）
文保三年四月二十一日　為修理右宮城使（弁官補任）
元応元年八月五日　兼春宮亮（弁官補任）
元応二年三月二十四日　補蔵人頭（弁官補任）（職事補任）

去弁
元応二年十月二十二日　任左兵衛督（「花園院宸記」同二
十三日条）去亮
元亨元年四月六日　任参議、元蔵人頭、左兵衛督如元
元亨二年正月六日　叙正四位上
元亨二年正月二十六日　兼山城権守
元亨二年六月十七日　止文章博士
元亨三年正月五日　叙従三位
元亨三年正月十三日　為使別当
元亨三年十一月五日　辞別当
元亨三年十一月六日　下向関東勅使
元亨四年四月二十七日　任権中納言（後光明照院関白記）
正中二年八月　配流佐渡（鎌倉年代記裏書）
正慶元年六月二日　於配所斬首、四十三歳

資定（藤原）内麿流〈日野〉尊卑二―二三二
権中納言家光男　母播磨守藤原忠綱女
嘉禄三年九月二十一日　見給料（民経記）
寛喜三年正月三日　献策（民経記）秀才
寛喜三年正月六日　叙従五位下（民経記）（「明月記」
同七日条）
寛喜三年二月五日　任宮内少輔（「明月記」同六日条）
※民経記ハ宮内大輔ニ作ル
貞永二年正月二十四日　見宮内大輔（民経記）
仁治二年四月一日　見正五位下（平座小除目等部類）
仁治三年三月八日　任右衛門権佐、使宣（平戸記）
（廷尉佐補任）正五位下
仁治三年八月九日　兼中宮権大進（平戸記）（廷尉佐
補任）
寛元元年八月十日　兼東宮学士（妙光寺内府除目部
類）
寛元四年正月二十九日　為新帝殿上人（師光記）正五位下
右衛門権佐坊学士
寛元五年正月十九日　見摂政（近衛兼経）執事家司（葉
黄記）
宝治元年十一月十八日　見左大臣（鷹司兼平）奉行家司

（経俊卿記）
宝治二年正月二十三日　転左衛門権佐、補蔵人（検非違
使補任）（職事補任）
宝治二年八月八日　兼皇后宮大進（葉黄記）
建長三年　見防鴨河使（検非違使補任）
建長四年十二月四日　任右少弁、辞蔵人佐（弁官補任）
（職事補任）
建長六年正月十三日　転権右中弁（弁官補任）
正嘉元年十一月十九日　転右中弁（弁官補任）
正嘉二年正月十三日　叙従三位、止弁（弁官補任）（公
卿補任）（百錬抄）
正嘉二年十二月二十五日　出家（尊卑）
号西宮三位

資冬（藤原）内麿流〈日野〉尊卑二―二三六
権大納言俊光男
正応六年十二月二十二日　見左衛門佐（勘仲記）
永仁二年正月六日　叙正五位下（勘仲記）
永仁六年七月三日　見仙洞五位院司（継塵記）左衛
門佐
永仁六年八月三日　見左衛門佐中宮権大進能登守院
判官代（御幸始部類記）（伏見院庁
始記）
正安二年正月十日　見左衛門佐（勘仲記）
正安三年正月一日　見右衛門権佐（継塵記）
正安三年正月二十二日　補後伏見院判官代（御脱屣記）
正安三年二月八日　見後伏見院院司（継塵記）
正安三年十二月五日　見右衛門権佐（吉続記）
嘉元二年七月六日　見後深草院判官代（公衡公記）
嘉元三年十一月十六日　補蔵人（実躬卿記）（職事補任）正
五位下右衛門権佐
徳治二年七月二十九日　卒（職事補任）
策　左兵衛佐　春宮大進（尊卑）

資名（藤原）内麿流〈日野〉尊卑二―二三七
権大納言俊光二男　母従二位藤原公寛女

弘安十年　誕生
永仁四年二月七日　叙爵
永仁四年三月十三日　任左兵衛佐
永仁五年三月二十日　叙従五位上
永仁七年正月五日　叙正五位下
嘉元二年十二月二十九日　兼春宮権大進
徳治二年十二月二日　止佐
延慶二年二月十九日　任右衛門権佐、使宣旨
延慶二年三月二十三日　補蔵人
延慶三年四月七日　兼文章博士
延慶三年十二月二十一日　兼右少弁
延慶四年正月十五日　見広義門院判官代（公衡公記別記）
延慶四年正月十七日　去蔵人佐
延慶四年二月三日　叙正五位上
延慶四年三月三十日　兼越中権介
応長元年五月十日　辞文章博士
正和元年十月十二日　転左少弁、叙従四位下
正和二年八月七日　転権右中弁
正和二年九月六日　叙従四位上
正和三年正月二日　叙正四位下、朝覲院司賞
正和三年九月二十一日　転右中弁
正和三年十月二十一日　為修理右宮城使
正和三年十一月十九日　転左中弁
正和三年十二月二日　為修理左宮城使
正和四年二月二十一日　転右大弁、補蔵人頭
正和四年三月二十二日　叙正四位上
正和四年四月十日　転左大弁
正和四年四月十七日　為造東大寺長官
正和四年八月二十六日　任参議、弁長官如元
正和五年五月二十八日　叙従三位
文保元年三月二十七日　兼越中権守
文保元年四月六日　兼左兵衛督、為使別当、去弁
文保元年四月十六日　転右衛門督
文保元年十二月二十二日　任権中納言、督別当如元
文保二年四月二十二日　辞督別当

文保二年七月七日　辞納言、叙正三位
元応三年正月五日　叙従二位、院当年御給
元徳二年十月二十一日　叙正二位
元徳二年十一月七日　任治部卿
元弘元年十月二十八日　任按察使
正慶元年十月十五日　任権大納言
正慶二年五月十日　出家（尊卑）
建武五年五月二日　薨、五十二歳
後伏見院執権（洞院家廿巻部類）
花園院年預（洞院家廿巻部類）

資頼（藤原）勧修寺流〈葉室〉　尊卑二―一〇九
右衛門権佐宗方一男　母参議藤原光長女
建久五年　誕生
正治二年九月十四日　叙爵、八条院合爵
正治三年正月二十三日　叙従五位上、朝覲行幸、一品内親王給
正治三年正月二十九日　任土佐守
建仁二年正月五日　叙正五位下、祖父権大納言去建仁元年朝覲行幸院司賞譲
建仁四年正月十三日　止守
承元三年正月十三日　任春宮権大進
承元四年十一月二十五日　補蔵人、践祚日
承元四年十二月二十七日　任民部権少輔
建保二年十二月一日　任左少弁
建保六年正月十三日　転権右中弁、叙従四位下、平野大原野行幸行事
建保六年十一月二十六日　兼春宮亮
建保七年正月二十三日　転右中弁
承久元年九月七日　兼内蔵頭
承久二年正月二十二日　転右大弁
承久二年十二月十五日　叙従四位上、坊官
承久三年四月十七日　補蔵人頭
承久三年七月二十八日　止内蔵頭
承久三年八月二十九日　止蔵人頭
承久四年正月二十四日　解右大弁

嘉禄三年正月七日　叙正四位下
寛喜二年閏正月四日　還補蔵人頭
寛喜二年四月二十四日　兼中宮亮
寛喜三年四月十四日　兼修理大夫
寛喜四年正月三十日　任参議、修理大夫中宮亮如元
貞永元年十二月二日　叙従三位、院御給、御即位
貞永二年正月二十四日　兼美作権守
貞永二年四月一日　止中宮亮
文暦元年十二月二十一日　兼右兵衛督、為使別当
文暦二年八月三十日　任権中納言、転左兵衛督、使別当如元、止大夫
文暦二年九月九日　辞督別当
嘉禎元年十一月二十九日　叙正三位
嘉禎三年十月二十七日　叙従二位
嘉禎四年閏二月二十七日　辞納言、叙正二位
嘉禎四年三月十七日　本座
延応元年十一月六日　任按察使
仁治元年十二月十八日　遷大宰権帥

仁治二年十月十三日　還任権中納言、権帥如元
寛元二年六月十三日　転正、権帥如元
寛元四年正月　止帥
宝治二年十月二十九日　辞中納言
建長七年十月十八日　薨、六十二歳

時経（藤原）勧修寺流　尊卑二―八八
従三位宗経男　母祭主大中臣隆通女
弘安十年八月十一日　見新殿下（二条師忠）申次人（勘仲記）
弘安十年八月二十日　見兵部少輔（勘仲記）殿上人
弘安十一年正月十四日　見兵部少輔（公衡公記）
正応二年正月十三日　任左衛門権佐、使宣（勘仲記）
正応二年二月十四日　為防鴨河使（勘仲記）
正応二年三月一日　見院司（勘仲記）
正応三年六月八日　補蔵人（職事補任）正五位下中宮権大進、去佐
正応四年正月三十日　出家（職事補任）

春宮権大進（尊卑）

時継（平）高棟流桓武平氏　尊卑四―八

参議有親男

貞応元年　誕生
年月日　任中宮大進（尊卑）
嘉禎四年閏二月二十七日　補蔵人（職事補任）正五位下右衛門佐
仁治二年四月二十三日　任右衛門権佐、使宣（廷尉佐補任）蔵人如元、正五位下、前右衛門佐
仁治三年三月七日　任右少弁（平戸記）（弁官補任）（廷尉佐補任）去蔵人佐
仁治三年八月九日　兼中宮大進（平戸記）
寛元三年十月二十九日　転左少弁（平戸記）（弁官補任）
寛元四年正月二十八日　見関白（一条実経）年預家司、補上厩司、随身所別当（葉黄記）
寛元四年二月一日　補後嵯峨院判官代（公光卿記）
宝治元年五月九日　見後嵯峨院院司（葉黄記）
宝治元年十二月八日　転権右中弁、叙従四位下（経俊卿記）（弁官補任）
建長二年正月十三日　転右中弁（弁官補任）
建長三年正月二十二日　転左中弁（弁官補任）
建長四年十二月四日　補蔵人頭（弁官補任）（職事補任）去弁
建長四年十二月九日　任宮内卿（職事補任）
建長七年二月二日　任参議（公卿補任）正四位下、元蔵人頭宮内卿
正嘉元年十一月十日　叙正三位
文応元年十一月七日　兼近江権守
文応元年十一月十五日　叙従二位
文応二年正月四日　服解、父
弘長元年四月二十四日　復任
文永三年四月二十七日　叙正二位、蓮華王院供養、大宮院御給
文永六年五月一日　任権中納言

文永六年十一月二十八日　辞納言
文永六年十二月四日　本座
弘安十一年三月二十九日　見院伝奏（公衡公記）
正応二年十月十八日　任権大納言（勘仲記）院執権
正応三年正月十三日　辞納言
正応三年正月十五日　本座
正応三年二月十一日　出家
永仁二年七月十日　薨、七十三歳
後深草院執権（洞院家廿巻部類）

時枝（橘）　尊卑四―四六
修理大夫永継男
承和九年七月二十日　見右衛門少尉（続後紀）解兵仗、以逸勢近親也
承和十年正月十一日　叙従五位下（続後紀）
承和十年正月十二日　任甲斐守（続後紀）
嘉祥二年七月九日　任左衛門権佐（続後紀）従五位下
嘉祥三年十一月二十九日　任内匠頭（文実）
仁寿二年正月十五日　任土佐守（文実）

時忠（平）　高棟流桓武平氏　尊卑四―七
兵部権大輔時信一男
大治五年　誕生
久安二年三月十六日　為非蔵人
久安三年正月七日　補蔵人
久安三年四月十一日　任大学助
久安三年十一月十四日　任左兵衛権少尉（世紀）
久安三年十二月二十一日　任右衛門少尉（世紀）
久安三年十二月二十八日　任左衛門尉、下名
久安四年正月二十八日　使宣旨
久安五年四月一日　叙従五位下、一品聡子内親王合爵
保元二年九月九日　任兵部権大輔
保元三年十月十七日　見後白河院判官代（兵範記）
保元三年十一月二十六日　叙従五位上
平治元年閏五月二十五日　任刑部大輔
永暦元年四月三日　任右衛門権佐、使宣

永暦元年十月三日　兼右少弁
永暦二年四月一日　叙正五位下、前待賢門院大治五年
未給
応保元年九月十五日　解官
応保二年六月二十三日　配流出雲
永万元年九月十四日　召返
永万二年三月二十七日　復本位
永万二年四月六日　任左少弁
永万二年六月六日　任左衛門権佐、転右中弁
永万二年六月八日　使宣
永万二年六月十九日　補蔵人
永万二年七月十二日　為修理右宮城使
仁安元年八月二十七日　叙従四位下
仁安元年十一月三日　叙従四位上、東宮自東三条行啓土
御門亭賞
仁安元年十一月十六日　補蔵人頭
仁安二年正月五日　叙正四位下、臨時
仁安二年正月三十日　転右大弁
仁安二年二月十一日　任参議、兼右兵衛督、去弁
仁安二年十二月十三日　叙従三位、鳥羽院未給
仁安二年十二月十六日　止位記、依申請
仁安三年正月十一日　兼能登権守
仁安三年二月十七日　叙従三位
仁安三年七月三日　転右衛門督、為使別当
仁安三年八月四日　叙正三位、行幸院、院司賞
仁安三年八月十日　任権中納言
仁安三年八月十二日　督別当如元
嘉応元年十一月二十三日　見後白河院別当（平三五二一）
嘉応元年十二月二十八日　解見任、配流出雲
嘉応二年二月六日　召返
嘉応二年三月八日　復本位
承安元年四月二十一日　還任権中納言
承安二年二月十日　兼中宮権大夫
承安四年正月十一日　叙従二位、行幸院、建春門院未給
安元元年十二月十二日　兼右衛門督、為別当
安元二年十二月八日　辞別当

安元三年正月二十四日　転左衛門督
治承二年七月二十六日　転中宮大夫
治承三年正月七日　叙正二位
治承三年正月十九日　更為使別当
治承四年二月二十五日　為新院別当
治承五年四月二十八日　辞別当
治承五年五月二十八日　服解、母
治承五年七月二日　復任
養和元年十一月二十五日　止中宮大夫、依院号
寿永元年十月三日　転正
寿永元年十月七日　督如元
寿永二年正月二十二日　任権大納言
寿永二年八月十六日　解官
文治五年二月二十四日　薨、能登配所、六十歳

時範（平）　高棟流桓武平氏　尊卑四―六
尾張守定家一男　母越中守藤原家任女
天喜二年　誕生

治暦二年九月　登省（「兵範記」仁平四年三月二十五日条）
延久三年正月　任加賀掾（除目申文之抄）文章生
承保三年正月　任左衛門尉（「玉葉」安元元年十二月二十九日条）蔵人カ
承保三年三月十五日　見蔵人（宮寺縁事抄）
承保三年十月二十四日　見蔵人検非違使左衛門尉（助無智秘抄）
承保四年九月三十日　見蔵人左衛門尉（水左記）
承暦元年十二月一日　見左衛門少尉（水左記）蔵人カ
承暦三年七月十日　見兵部少輔（御産部類記）
永保元年八月四日　見兵部少輔（大記）
永保二年三月十三日　見越中守カ（大記）
永保三年頃　見越中守（「兵範記」保元二年八月二十一日条）
応徳三年十一月二十六日　見前越中守（大府記抜書）
寛治元年十一月二日　見前越中守（中右記部類紙背漢詩集）

寛治二年三月十三日　見勘解由次官（中右記部類紙背漢詩集）
寛治四年六月五日　補蔵人（職事補任）従五位上勘解由次官
寛治五年正月二十二日　兼中宮権大進（中右記）（師通記）
寛治五年四月二十七日　叙正五位下（師通記）
寛治八年六月十三日　任右少弁（時範記）（中右記）（弁官補任）蔵人如元、正五位下、元勘解由次官加賀権守
嘉保元年十二月十七日　兼右衛門権佐、使宣（中右記）（弁官補任）
嘉保三年四月二十一日　為防鴨河使（師通記）（弁官補任）
永長二年正月二十九日　転左衛門権佐、兼中宮大進（「中右記」同三十日条）（弁官補任）
承徳二年七月九日　任因幡守（中右記）（弁官補任）兼右少弁中宮大進、去蔵人佐
承徳二年十二月十七日　転左少弁（弁官補任）
康和元年十二月十四日　転右中弁（世紀）
康和二年正月五日　叙従四位下（弁官補任）
康和二年七月二十三日　叙従四位上（弁官補任）
康和三年十月二十八日カ　為修理右宮城使（弁官補任）
康和四年正月五日　叙正四位下（弁官補任）
康和四年六月二十三日　転権左中弁（弁官補任）
康和五年十一月一日　任近江守（中右記）元因幡守、相博
長治二年十二月十九日　近江守重任（中右記）
嘉承元年六月カ　辞中宮大進（「中右記」同二十二日条）
嘉承元年十二月五日　兼内蔵頭（弁官補任）
嘉承元年十二月二十七日　転右大弁（中右記）（永昌記）
嘉承二年四月二十六日　補関白家若君（藤原忠通）家司（殿暦）
嘉承二年七月　辞内蔵頭（「中右記」同二十二日条）
嘉承三年四月十四日　辞近江守（中右記）
天仁元年十月三日　辞右大弁（中右記）（殿暦）

天仁元年十月二十四日　出家（弁官補任）
天仁二年二月十日　卒（拾遺往生伝）（寺門高僧記）
五十六歳

時平（藤原）冬嗣流　尊卑一―四五
太政大臣基経一男　母人康親王女
貞観十三年　誕生
仁和二年正月二日　叙正五位下、元服日
仁和二年四月一日　任侍従（尊卑）
仁和三年正月七日　叙従四位下
仁和三年二月十七日　任右中将
仁和三年八月二十六日　補蔵人頭
仁和五年正月十六日　兼讃岐権守
寛平二年正月七日　叙従四位上
寛平二年正月　服解
寛平二年二月　復任
寛平二年十一月二十六日　叙従三位、越階
寛平三年三月十九日　任参議
寛平三年四月十一日　兼右衛門督
寛平四年二月二十一日　転左衛門督
寛平四年五月四日　為使別当
寛平五年二月十六日　任中納言
寛平五年二月二十二日　兼右大将、止別当
寛平五年四月二日　兼春宮大夫
寛平九年六月十九日　任大納言、転左大将
寛平九年七月三日　止春宮大夫、依受禅
寛平九年七月七日　為蔵人所別当
寛平九年七月十三日　叙正三位
昌泰二年二月十四日　任左大臣、左大将如元
昌泰四年正月七日　叙従二位
延喜七年正月七日　叙正二位
延喜九年四月四日　薨、三十九歳
延喜九年四月五日　贈正一位太政大臣
号本院大臣

時望（平）高棟流桓武平氏　尊卑四―四

中納言惟範一男　母人康親王女

元慶元年　誕生

寛平七年二月十七日　任周防権介

寛平九年七月十三日　叙従五位下、御即位陽成院御給

昌泰三年八月二十日　任左京亮

延喜四年二月二十六日　任民部少輔

延喜八年正月七日　叙従五位上

延喜八年八月二十八日　任大蔵少輔

延喜十年五月九日　任左衛門権佐

延喜十五年六月二十五日　転大蔵権大輔

延喜十六年三月二十八日　任権右少弁

延喜十七年正月七日　叙正五位下

延喜十八年正月十二日　転右少弁

延喜十八年三月二十八日　兼造東大寺講堂長官

延喜十九年正月二十八日　転左少弁

延喜二十一年正月七日　叙従四位下

延喜二十一年正月三十日　任修理大夫

延喜二十三年四月二十九日　兼春宮亮

延長二年二月一日　兼信濃権守

延長三年正月三十日　兼伊予守

延長五年二月九日　補蔵人頭

延長六年正月七日　叙従四位上

延長六年六月九日　任右大弁、修理大夫如元

延長八年正月二十九日　任参議、元蔵人頭、右大弁修理大夫如元

延長九年三月十三日　兼讃岐権守

承平三年十月二十四日　転左大弁

承平四年正月七日　叙正四位下

承平七年三月八日　任中納言、叙従三位、即位大弁労

承平八年二月二十五日　薨、六十二歳

時明（藤原）末茂流　尊卑二―三五九

大宰大弐佐忠男

天禄三年十月二十一日　見蔵人刑部少丞（親信卿記）

永延元年六月十日　見和泉守（小右記）
永祚二年九月十五日　見和泉守（小右記）
正暦初年頃　兼右衛門権佐ヵ（二中歴）
正暦二年九月十六日　補東三条院別当（「左経記」万寿三年正月十九日条）元皇太后宮進
長徳二年　見山城守（群載五三三頁）
長徳三年　見山城守（群載五三三頁）
長徳四年　卒ヵ（群載五三三頁）
上野介　大和守　正五位下（尊卑）

滋実（藤原）真作流　尊卑二―四三三
陸奥守興世男　母大中臣実阿女
元慶二年七月十日　見左馬大允（三実）
元慶二年十月十二日　見左馬権大允（三実）
元慶三年正月十一日　見左馬権大允（三実）正七位下
寛平元年九月　見左近将監（雑言奉和）
寛平三年十一月五日　見右兵衛佐（要略五四二頁）
寛平四年五月十六日　見蔵人右少将（菅家文草）
寛平六年十二月　使宣（勘例）右少将
昌泰元年十月二十日　見左少将（扶桑）
延喜元年　卒（尊卑）
延喜元年九月二十二日　見故奥州藤使君滋実（菅家後集）
従四位下（尊卑）

滋望（藤原）宇合流　尊卑二―五二六
参議忠文男
天慶五年六月十三日　見式部少丞（世紀）
天慶五年六月二十三日　見式部少丞（世紀）
天暦二年二月二十七日　見右衛門権佐、為防鴨河使（紀略）滋茂ニ作ル
天暦五年　辞陸奥守（「大成抄」第六）
天徳二年二月十七日　見常陸介（符宣抄二一五頁）任符請印
天徳四年十月九日　任木工頭（扶桑）元散位
従五位上　備後守（尊卑）

実（源）　嵯峨源氏　尊卑三―八

参議舒二男

元慶四年正月十一日　任左兵衛少尉（古今目録）

寛平三年　補蔵人（古今目録）

寛平六年正月七日　叙従五位下（古今目録）（勘例）

左兵衛尉

寛平八年十月十一日　見左衛門権佐（要略五二九頁）

寛平九年七月五日　任左少将、補蔵人（古今目録）（職事補任）

寛平九年七月十三日　叙従五位上（古今目録）

昌泰二年正月十一日　任信濃守（古今目録）

昌泰三年　卒（古今目録）

実家（藤原）　閑院流　尊卑一―一八二

右大臣公能二男　母中納言藤原俊忠女

久安元年　誕生

久安七年正月六日　叙爵、婉子内親王給

久寿三年四月六日　任侍従

保元元年九月十七日　任左少将

保元元年十一月二十八日　兼中宮権亮

保元二年正月二十四日　叙従五位上、兼讃岐権介、労

保元三年十二月十七日　叙正五位下、中宮御給

保元四年二月二十一日　転皇后宮権亮、宮転

平治二年正月六日　叙従四位下、労

永暦元年八月十四日　転中将

永暦二年正月二十三日　兼播磨介、中将労

永暦二年正月二十七日　叙従四位上、行幸院賞

長寛三年正月二日　叙正四位下、行幸院、皇后宮御給

長寛三年正月二十三日　兼伊予権守、亮労

永万二年八月二十七日　補蔵人頭

仁安元年十一月十六日　解却蔵人頭中将等、依不参五節

仁安二年二月十一日　還任右中将、還補蔵人頭、権亮如元

仁安二年十月二十五日　見後白河院別当（兵範記）

仁安三年二月十七日　叙従三位、右中将伊予権守等如元

嘉応二年正月十八日　兼但馬権守

嘉応三年四月七日　叙正三位、臨時
承安四年正月二十一日　任参議、右中将如元
承安四年四月二十六日　転左中将
承安五年正月二十二日　兼讃岐権守
治承三年正月十九日　任権中納言
治承三年十二月十二日　兼中宮権大夫
治承三年十二月十七日　兼右衛門督
養和元年九月二十五日　為使別当
養和元年十一月二十五日　止中宮権大夫、依院号
養和二年三月八日　叙従二位、臨時
寿永二年正月二十二日　転左衛門督
寿永三年正月六日　叙正二位
元暦元年九月十八日　辞別当
文治元年十二月二十四日　兼皇后宮権大夫
文治二年十二月十五日　任権大納言、権大夫無兼字
文治三年六月二十八日　止権大夫、依院号
建久元年七月十七日　転正
建久四年三月十六日　薨、四十九歳

実季（藤原）閑院流　尊卑一―一二〇
権中納言藤原公成男　母淡路守藤原定佐女
長元八年　誕生
永承元年八月十七日　叙爵（尊卑）東宮御給
永承六年正月二十日　任侍従（尊卑）
天喜六年正月六日　叙従五位上、侍従労
康平四年二月二十八日　任左少将（尊卑）
康平五年正月三十日　兼備前権介（尊卑）
康平七年正月五日　叙正五位下、少将
治暦二年正月五日　叙従四位下、少将
治暦四年十一月九日　任備中介
治暦四年十一月二十九日　叙従四位上、悠紀国司
治暦五年三月二十日　任左中将
延久元年六月十九日　補蔵人頭
延久元年十二月十七日　兼左京大夫
延久二年正月六日　叙正四位下、臨時
延久二年正月二十九日　兼美作権守

延久二年二月十七日　遷右中将、大夫如元
延久四年七月二十四日　遷右兵衛督
延久四年十二月二日　任参議
延久五年三月九日　為使別当
延久五年四月十四日　遷左兵衛督
延久五年四月三十日　叙従三位、行幸院司賞
延久五年八月二十一日　遭母喪
承保元年十月十四日　兼中宮権大夫
承保元年十一月十六日　兼近江権守
承保元年十一月十九日　叙正三位、悠紀
承保元年十二月二十六日　任権中納言、督別当如元
承保二年正月十九日　叙従二位、行幸日権大夫賞
承保二年正月二十八日　遷右衛門督
承保二年十二月八日　叙正二位（尊卑）春日行幸行事賞
承保四年二月二十九日　辞権大夫
承暦三年正月二十七日　遷左衛門督
承暦三年三月四日　辞別当（尊卑）
承暦四年八月十四日　任権大納言
承暦四年八月二十二日　兼春宮大夫
永保三年正月二十六日　転正
応徳二年十一月八日　止大夫、太子薨日
応徳二年十二月八日　兼按察使
寛治五年十二月二十四日　薨、五十七歳
号後閑院贈太相国

実基（藤原）閑院流〈徳大寺〉尊卑一―一七九
右大臣公継二男　母白拍子五条夜叉
建仁元年　誕生
建暦三年正月十三日　叙従五位下
建保元年十二月十四日　任侍従
建保二年正月三日　叙従五位上、朝覲行幸、修明門院御給
建保二年十月二十八日　任右少将
建保三年正月十三日　兼讃岐権介
建保四年正月五日　叙正五位下、修明門院御給
建保五年正月五日　叙従四位下、修明門院御給

建保五年正月二十八日　任左中将
建保六年正月五日　叙従四位上、修明門院当年御給
建保七年正月五日　叙正四位下、院御給
承久元年十二月十三日　叙従三位、左中将如元
承久三年正月十三日　兼遠江権守
承久三年十一月十六日　叙正三位、院御給
元仁元年十二月二十五日　任権中納言
嘉禄元年十一月十九日　兼左衛門督、補使別当
嘉禄元年十二月二十二日　叙従二位、臨時
嘉禄二年七月二十九日　兼中宮権大夫、立后
嘉禄三年正月三十日　服解、父、辞督別当
嘉禄三年三月二十七日　復任
嘉禄三年四月二十日　転大夫
安貞二年正月五日　叙正二位
寛喜元年四月十八日　止大夫、院号
寛喜三年四月二十六日　転正
嘉禎元年十月二日　任権大納言
延応元年十月二十八日　辞納言
延応二年三月九日　本座
仁治二年四月十七日　還任大納言
仁治二年十月十三日　兼右大将
寛元二年六月二十日　服解、母
寛元二年七月十日　復任
寛元四年二月一日　補後嵯峨院別当（御脱屣記）
寛元四年十二月二十四日　任内大臣、大将如元
宝治二年三月九日　辞大将
建長二年四月二十七日　辞内大臣
建長五年十一月二十四日　任太政大臣
建長六年正月五日　叙従一位
建長六年二月十一日　上表
文永二年九月十五日　出家
文永十年二月十四日　薨、七十三歳
号水本

実光（藤原）内麿流　尊卑二―二一八
右中弁有信一男　母参議藤原実政女

延久元年　誕生
応徳三年十一月二十五日　給勧学院学問料
寛治五年十二月二十九日　補文章得業生
寛治六年正月二十五日　任因幡少掾
嘉保二年十二月五日　献策
嘉保二年十二月二十四日　補院蔵人
嘉保三年正月二十三日　任縫殿権助（中右記）
承徳二年正月十二日　補蔵人（中右記）
承徳三年正月二十三日　任右衛門権少尉、使宣（世紀）
康和二年正月五日　叙従五位下、策
康和五年十一月一日　任勘解由次官
長治二年三月十六日　任右衛門権佐（中右記）（殿暦）
長治二年三月十八日　使宣（中右記）
長治三年正月五日　叙従五位上、策
嘉承元年十二月二十七日　任右少弁、佐如元
嘉承三年三月　為防鴨河使
天仁元年九月十七日　見摂政（藤原忠実）家司（殿暦）
天仁三年正月二十八日　転左衛門権佐、兼周防介
天永二年正月六日　叙正五位下、佐労
永久三年八月十三日　転左少弁
永久五年正月十九日　補蔵人、弁佐如元
保安元年十一月二十五日　兼近江守、止蔵人佐
保安二年三月　補勧学院別当
保安三年十二月二十三日　転右中弁
保安四年正月六日　叙従四位下
保安四年十一月十七日　叙従四位上、大嘗会国司
保安四年十二月二十日　転左中弁
保安五年正月　得替
天治二年十一月　叙正四位下、石清水行幸賞
大治二年十二月二十五日　為御侍読
大治五年十月五日　転右大弁
天承元年十二月二十二日　任参議
天承元年十二月二十四日　転左大弁、兼勘解由長官
天承二年正月二十二日　兼美作権守
長承三年正月五日　叙従三位、行幸松尾北野行事賞
長承三年正月二十二日　兼大宰大弐、止大弁長官

保延二年十一月四日　任権中納言、兼大宰権帥
保延五年正月　得替
保延五年正月七日　叙正三位、納言労、先年行幸稲荷祇園行事賞
保延六年正月六日　叙従二位、保安二年行幸春日行事賞
康治二年十一月　辞納言
康治二年十一月二十日　本座
康治三年十月二十三日　出家
久安三年五月二十一日　薨（尊卑）七十九歳
号日野帥　二代侍読鳥羽崇徳（尊卑）

実行（藤原）閑院流　尊卑一―一二五
権大納言公実二男　母美濃守藤原基貞女
承暦四年　誕生
寛治七年正月五日　叙爵、氏
寛治七年二月五日　任加賀権守
承徳二年正月二十七日　任左兵衛佐（尊卑）

康和二年正月五日　叙従五位上、労
康和二年正月二十八日　遷少納言
康和四年七月二十一日　叙正五位下、尊勝寺供養賞
康和六年正月六日　叙従四位下、労
天仁元年十二月二十日　叙従四位上、行幸院賞、別当
天仁二年正月二十二日　任権右中弁
天仁二年十二月二十二日　見白河院別当（平一七一四）
天永二年正月二十三日　補蔵人頭
天永二年二月十四日　叙正四位下、行幸春日社行事賞
永久三年四月二十四日　任参議
永久四年正月三十日　兼伊予権守
永久四年十二月二十二日　兼右兵衛督
元永二年正月七日　叙従三位
保安三年十二月十七日　任権中納言
保安三年十二月二十一日　転右衛門督、為使別当
大治三年正月五日　叙正三位
大治四年十月九日　転左衛門督
天承元年五月九日　辞別当

天承元年十二月二十二日　任権大納言
長承元年十二月二十五日　叙従二位、臨時、白川院御給
長承二年正月二十九日　兼按察使
長承三年正月五日　叙正二位、行幸院賞
保延二年二月十一日　見鳥羽院別当（平二三三九）
保延三年九月　見待賢門院別当（平二三七五）
久安五年七月二十八日　任右大臣
久安六年八月二十一日　任太政大臣、叙従一位
保元二年八月九日　上表
永暦元年正月三十日　出家
応保二年七月二十八日　薨、八十三歳
　号八条太政大臣

実綱（藤原）内麿流　尊卑二―二〇三
　従三位資業男　母備後守藤原師長女
長和二年正月　誕生（尊卑）
万寿□年　文章得業生（尊卑）
長元元年十月二十五日　対策（「小右記」同二十六日条）
長元二年正月　任大学助（除目申文之抄）文章得業生労
長元四年二月十七日　補蔵人（小右記）大学助秀才
長元五年十一月二十三日　見蔵人左衛門尉（小右記）
年月日　叙従五位下（尊卑）
年月日　任宮内大輔（尊卑）
長暦元年八月十七日　兼東宮学士（尊卑）
長暦四年正月　任右衛門権佐、使宣（尊卑）学士如元
長久元年十一月十日　見左（右）衛門権佐（春記）
年月日　叙従五位上（尊卑）
寛徳二年四月五日　叙正五位下（尊卑）
寛徳三年二月二十日　補蔵人（職事補任）正五位下右衛門権佐
永承元年十月　任大学頭（尊卑）
永承二年六月　任但馬守（「群載」二三七頁）
永承二年十二月七日　還任大学頭（「群載」二三七頁）
永承四年正月　叙従四位下（尊卑）

永承五年正月　叙正四位下（尊卑）
永承五年三月十五日　見但馬守（春記）
永承六年　兼文章博士（尊卑）
天喜六年正月　任美作守（「続文粋」一〇〇頁）
康平三年七月五日　見大学頭（定家朝臣記）
康平五年正月二十日　見大学頭（定家朝臣記）
康平五年　兼式部権大輔（尊卑）
康平六年正月　兼式部大輔（「続文粋」一〇〇頁）
治暦元年八月二日　見美作守（改元部類）
治暦三年二月　兼伊予守（「続文粋」一〇〇頁）
延久四年四月十五日　見正四位下式部大輔伊予守（「続文粋」一三四頁）
承保三年正月　任備中守（「続文粋」一〇〇頁）
承暦三年四月二十八日　見正四位下式部大輔備中守（大記）
承暦四年五月二十八日　見備中守（水左記）
永保三年三月二十三日　卒（尊卑）（纂要）七十一歳

実衡（藤原）閑院流〈西園寺〉尊卑一―一五五
左大臣公衡男　母権大納言藤原経任女
正応三年　誕生
正応四年正月六日　叙従五位下、中宮当年御給
正応五年八月十四日　叙従五位上
永仁二年正月六日　叙正五位下、東二条院当年御給
永仁三年三月四日　任侍従
永仁四年正月五日　叙従四位下、中宮当年御給
永仁五年三月二十日　任右中将
永仁五年閏十月十三日　叙従四位上、行幸前太政大臣北山第賞譲
永仁六年九月二十五日　転左中将
永仁六年十月十日　叙正四位下、新院御給、御即位叙位次
嘉元二年正月七日　叙従三位、一院当年御給、左中将如元
嘉元四年三月三十日　兼美作権守
延慶二年二月十九日　任権中納言

延慶二年六月十二日　叙正三位
延慶二年九月一日　兼左衛門督、為使別当
延慶二年十一月二十三日　叙従二位
延慶二年十一月三十日　止別当、督如元
延慶三年九月四日　止督
応長元年閏六月九日　叙正二位
正和四年三月十三日　転正
正和四年九月二十五日　服解、父
正和四年十一月二十五日　復任
正和五年九月十二日　任権大納言
元応元年八月七日　兼中宮大夫、冊命日
元亨二年八月十一日　転正、中宮大夫如元
元亨三年正月十三日　兼右大将
元亨四年四月二十七日　任内大臣（後光明照院関白記）
嘉暦元年十月　上表
嘉暦元年十一月十八日　薨、三十七歳

実材（藤原）閑院流〈西園寺〉尊卑一―一七六

太政大臣公経五男　母舞女
延応元年　誕生
建長六年七月二十九日　見前相国室家准后藤原貞子職事（経俊卿記）左中将
建長六年十二月七日　叙従三位、左中将如元
康元二年正月六日　叙正三位
正嘉二年正月十三日　任参議、左中将如元
正嘉二年五月十四日　兼右兵衛督、為使別当
正嘉二年十一月一日　任権中納言
正元元年四月十七日　辞督別当
正元元年　叙従二位カ
弘長二年三月二十九日　叙正二位、朝覲行幸、大宮院御給
文永二年十月五日　転正
文永三年十月二十四日　辞納言
文永四年二月九日　薨、三十九歳

実資（藤原）小野宮流　尊卑二―四

参議斉敏四男　母播磨守藤原尹文女

天徳元年　誕生
安和二年二月二十二日　叙従五位下、元服日
安和二年六月二十五日　任侍従
天禄二年三月二十日　任右兵衛佐
天禄四年七月二十六日　任右少将
天延二年正月七日　叙従五位上、佐労
天延二年正月二十日　兼近江権介
貞元二年正月七日　叙正五位下、少将労
天元二年正月二十九日　兼伊予権介
天元三年正月七日　叙従四位下、少将労
天元三年七月二十五日　叙従四位上、臨時
天元四年二月十四日　補蔵人頭
天元五年正月　兼備後介
天元五年三月十一日　兼中宮亮、立后日
永観元年十二月十三日　転左中将、亮如元
永観二年二月一日　兼美濃権守
永観二年八月二十七日　新帝蔵人頭
寛和元年十二月二十四日　兼中宮大夫、中将如元
寛和二年六月二十三日　止頭、禅譲日
寛和二年七月二十二日　叙正四位下、臨時
永延元年十一月十一日　補蔵人頭
永延二年八月二十九日　兼近江権守
永延三年二月二十三日　任参議、元蔵人頭
永祚二年正月二十九日　兼美作権守
永祚二年八月三十日　叙従三位
正暦二年九月二十三日　兼左兵衛督
長徳元年四月二十五日　為使別当
長徳元年八月二十八日　任権中納言、兼右衛門督
長徳元年九月五日　別当如元
長徳元年九月二十八日　兼太皇太后宮大夫
長徳二年七月二十日　転正、督大夫等如元
長徳二年七月二十一日　別当如元
長徳二年九月十九日　辞督別当
長徳五年正月七日　叙正三位、中納言労

長保元年十二月七日　止大夫、依宮崩也
長保二年十月二十一日　叙従二位、造宮行事賞
長保三年八月二十五日　任権大納言、兼右大将
長保五年二月二十六日　叙正二位、石清水賀茂行幸行事賞
寛弘四年正月二十八日　兼按察使
寛弘六年三月四日　転正、右大将如元
寛弘九年　止按察使
治安元年七月二十五日　任右大臣
治安元年七月二十八日　右大将如元
治安元年八月二十九日　兼皇太弟傅
長元九年四月十七日　止傅、践祚
長元十年正月五日　叙従一位
長久四年十一月二日　辞右大将
寛徳三年正月十八日　薨、先出家、九十歳
号後小野宮　賢人右府

実持（藤原）閑院流〈清水谷〉尊卑一―一四八
権中納言公定一男　母権大納言藤原成親女

文治五年　誕生
建久九年二月二十六日　叙爵、女御琮子給
建仁三年三月二日　任侍従
建永二年正月十三日　兼土佐権介
承久元年十二月十三日　任右少将
承久三年正月五日　叙従五位上、府労
貞応二年正月六日　叙正五位下、皇后御給
貞応二年正月二十七日　兼備中権介
元仁二年二月五日　叙従四位下、府労
元仁二年二月二十三日　還任少将
寛喜二年正月五日　叙従四位上
寛喜二年正月二十四日　転左中将
寛喜三年正月二十九日　兼播磨権介
貞永元年十二月二日　叙正四位下
文暦元年十二月二十一日　叙従三位、任皇后宮権大夫、元左中将
嘉禎二年六月九日　任参議
嘉禎二年六月十三日　皇后宮権大夫如元

嘉禎三年正月五日　叙正三位
嘉禎三年正月二十四日　兼備中権守
嘉禎三年正月二十九日　兼左中将
嘉禎四年閏二月二十七日　止権大夫
嘉禎四年七月二十日　任権中納言
暦仁二年正月五日　叙従二位
仁治元年十月二十日　転正
仁治元年十月二十四日　兼右衛門督、為使別当
仁治二年七月十七日　叙正二位
仁治二年九月二十四日　止督別当、依山門訴也
仁治二年十月十三日　任権大納言
仁治三年三月七日　辞納言
寛元元年四月二十一日　本座
建長五年九月十二日　出家
建長八年五月八日　薨、六十五歳

実親（平）　高棟流桓武平氏　尊卑四―六
右大弁時範一男　母春宮亮平経章女
寛治元年　誕生
康和三年八月二十三日　補文章生
康和四年四月　補蔵人所雑色
康和五年正月八日　補蔵人
長治二年正月二十七日　任左近将監
長治二年四月十日　叙爵、中宮御給
嘉承元年六月二十九日　任中宮少進
嘉承元年七月二十九日　補関白（藤原忠実）家司（殿暦）
（中右記）
嘉承三年四月十四日　兼紀伊守
天永二年十二月　兼勘解由次官
永久二年十月一日　止少進、本宮崩
永久三年正月　得替
保安二年四月六日　兼中宮権大進
保安二年六月二十六日　任右衛門権佐、止次官
保安三年正月七日　叙従五位上、簡一
保安四年九月十九日　補蔵人
保安四年十二月二十日　任右少弁

天治元年十一月二十七日　止権大進、為待賢門院判官代
天治二年十二月十五日　転左少弁
大治二年正月五日　叙正五位下、佐労
大治二年正月十九日　兼淡路守、止蔵人佐
天承元年十二月二十五日　転左中弁
天承二年正月七日　叙従四位下、弁労
長承二年正月五日　叙従四位上、治国
長承三年正月七日　叙正四位下、先年平野行幸行事賞
長承三年二月二十七日　転右大弁
長承三年閏十二月三十日　辞淡路守
長承四年四月九日　転左大弁（中右記）
保延二年正月二十二日　兼勘解由長官
保延二年十一月四日　任参議、左大弁長官等如元
保延三年正月三十日　兼備前権守
保延四年四月二十二日　服解、母
保延四年六月十四日　復任
永治元年十二月二日　兼大宰大弐、去大弁
永治二年正月五日　叙従三位
康治三年正月二十四日　辞大弐
久安元年十一月　辞参議
久安四年二月十日　出家（世紀）
久安四年十一月二十四日　薨、六十二歳

実世（藤原）閑院流〈洞院〉尊卑一－一七〇
　太政大臣公賢男　母家女房
延慶元年　誕生
正和二年九月六日　叙爵
正和三年九月二十一日　叙従五位上
正和六年正月五日　叙正五位下
文保二年正月二十二日　任侍従
文保二年十一月二十一日　叙従四位下
元亨二年正月二日　叙従四位上
元亨二年六月十七日　任右少将
嘉暦二年七月二十三日　止四位位記、補蔵人
嘉暦二年八月一日　任弾正少弼、去少将、蔵人如元
嘉暦二年十一月十五日　任権左中弁、蔵人少弼如元

嘉暦三年正月五日　叙正五位上
嘉暦三年六月十三日　叙従四位下
嘉暦三年九月二十三日　叙従四位上
嘉暦三年十一月二十七日　任参議、元権左中弁
嘉暦四年正月七日　叙正四位下
嘉暦四年二月十二日　兼右大弁
元徳元年九月二十六日　叙正四位上
元徳元年十一月九日　叙従三位
元徳二年正月十三日　兼美作権守、為造東大寺長官
元徳二年三月一日　転左大弁
元徳二年三月二十二日　任権中納言
元徳二年三月二十七日　叙正三位、父内大臣延暦寺講堂供養行事賞
元徳二年七月十七日　兼右衛門督
元徳二年十月五日　転左衛門督
元徳二年十二月十四日　為使別当
元弘元年八月二十五日　出対武家、依公家御事也
元弘三年五月十七日　詔為本職
元弘三年九月二十三日　兼修理大夫
元弘四年正月二十三日　兼春宮権大夫
建武元年十月九日　止修理大夫
建武元年十二月十七日　兼大学頭
建武三年三月二日　叙正二位、勲功賞
建武三年五月二十五日　兼尾張守、止権大夫
建武三年十二月　解官
延文三年八月十九日　薨、五十一歳
於南朝任左大臣右大将（尊卑）

実宣　（藤原）　閑院流〈滋野井〉　尊卑一―一二七
参議公時男　母権大納言藤原経房女
治承元年　誕生
治承五年正月五日　叙爵、女御琮子去年給
文治四年十月十四日　任侍従
建久三年正月二十七日　兼美濃権介
建久五年正月五日　叙従五位上、簡一
建久六年正月五日　叙正五位下、六条院仁安三年大

嘗会御給
建久六年四月七日　任左少将
建久七年正月二十八日　兼美作権介
建久八年正月五日　叙従四位下
正治二年正月二十二日　叙従四位上、八条院建久九年大嘗
会御給
正治三年正月二十九日　兼播磨介
建仁二年十一月十九日　叙正四位下、春宮御給
建仁三年正月十三日　転中将
元久二年正月二十九日　兼備前権介
建永二年二月十六日　補蔵人頭
承元元年十月二十九日　任参議、左中将如元
承元二年正月二十日　兼但馬権守
承元二年十二月九日　叙従三位
承元四年七月二十一日　叙正三位
建暦元年九月八日　兼右兵衛督、為使別当
建暦元年十月十二日　任権中納言
建暦二年正月十三日　辞督別当ヵ
建暦三年正月六日　叙従二位、修明門院御給
建保五年正月二十八日　叙正二位、臨時
建保七年三月四日　転正
承久二年四月六日　兼左衛門督
承久二年九月十五日　復任、母
貞応元年十一月十五日　辞督
元仁元年十二月二十五日　任権大納言
嘉禄元年七月六日　辞納言
嘉禄二年三月六日　本座
嘉禄三年十月四日　還任権大納言
安貞二年十一月九日　辞納言
安貞二年十一月二十二日　薨、五十二歳

実前（藤原）閑院流〈滋野井〉　尊卑一―一二七
中納言冬季男　母参議藤原公敦女
弘安元年　誕生
弘安九年正月九日　叙従五位下、室町院当年御給
弘安十一年正月七日　叙従五位上、臨時

正応二年正月五日　叙正五位下、大嘗会叙位、皇后宮
御給
正応二年四月二十九日　任侍従
正応四年三月二十五日　叙従四位下、東二条院当年御給、
侍従如元
正応五年十月二十八日　復任、母
正応六年正月五日　叙従四位上
正応六年正月十二日　兼越前介
永仁四年正月七日　叙正四位下
永仁五年十月一日　任右少将
永仁六年三月二十四日　兼美作介
永仁六年十二月五日　転右中将
乾元二年五月二十八日　復任、父
嘉元二年六月二日　補蔵人頭
嘉元二年十一月二日　任参議、右中将如元
嘉元三年正月二十二日　兼阿波権守
徳治三年九月十七日　辞参議
文保二年四月十四日　還任参議
文保二年四月十五日　兼右兵衛督、為使別当
文保二年八月二十八日　賜去正和三年十月二十一日従三
位位記
文保二年十一月九日　兼近江権守、大嘗会国司
文保二年十一月二十一日　叙正三位、大嘗会国司賞
文保三年三月九日　任権中納言、止督別当
元応元年六月十四日　辞納言
元応元年閏七月五日　叙従二位
嘉暦二年三月　薨、五十歳

実定（藤原）閑院流　尊卑一―一七九
右大臣公能一男　母中納言藤原俊忠女
保延五年　誕生
永治元年十二月二十六日　叙従五位下、無品禎子内親王給
久安二年正月七日　叙従五位上、前待賢門院御給
久安五年四月九日　任左兵衛佐
久安七年正月二日　叙正五位下、朝覲行幸賞、暲子内
親王給

仁平二年正月二十八日　任左少将
仁平三年正月二十一日　兼伊予権介
仁平四年正月五日　叙従四位下、府労
久寿二年正月六日　叙従四位上、前待賢門院未給
久寿二年十一月二十二日　叙正四位下、春宮御給
保元元年九月十七日　転左中将
保元元年十月二十七日　兼中宮権亮
保元元年十一月三日　叙従三位、中宮立后後始入内賞、
左中将如元
保元二年正月二十四日　兼但馬権守
保元三年二月三日　兼皇后宮権大夫
保元三年二月九日　叙正三位、皇后宮御入内賞
保元三年二月二十一日　任権中納言、皇后宮権大夫如元
保元三年八月一日　転大夫
保元四年二月十三日　止大夫、院号
平治元年五月二十八日　見後白河院別当（平二九七九）
永暦元年正月二十一日　兼右衛門督
永暦元年二月二十八日　為使別当
永暦元年七月二十四日　辞督別当
永暦元年八月十一日　転正
永暦二年八月十一日　服解、父
応保二年八月十七日　叙従二位、行幸故右大臣大炊御門
第賞
長寛二年閏十月二十三日　任権大納言
永万元年八月十七日　辞納言、叙正二位
永万元年十月一日　本座
永万二年正月十八日　任皇后宮大夫
嘉応二年七月二十六日　辞大夫
安元三年三月五日　還任大納言
治承元年十二月二十七日　兼左大将
寿永元年七月　見上西門院別当（平四〇四〇）
寿永二年四月五日　任内大臣
寿永二年四月九日　左大将如元
寿永二年十一月二十一日　被任替
寿永三年正月二十二日　還任内大臣、左大将如元
文治二年十月二十九日　転右大臣、左大将如元

文治二年十一月　辞大将
文治五年七月十日　転左大臣
建久元年七月十七日　辞大臣
建久二年六月二十日　出家
建久二年閏十二月十六日　薨、五十三歳
　号後徳大寺

実冬（藤原）閑院流〈滋野井〉尊卑一—一二七
　中納言公光一男　母権大納言藤原実有女
寛元元年　誕生
寛元三年正月五日　叙爵、臨時
宝治元年九月二十七日　叙従五位上、安嘉門院当年御給
宝治元年十二月十二日　任侍従
建長元年八月六日　任左少将
建長二年四月九日　叙正五位下、室町院当年御給
建長三年正月二十二日　兼美濃介
建長四年正月五日　叙従四位下
建長四年正月十三日　還任左少将

建長七年正月五日　叙従四位上、室町院当年御給
建長七年十一月十日　遭父喪
建長八年二月二十六日　復任
康元元年十二月十三日　転左中将
康元二年正月二十二日　兼近江介
正嘉二年正月五日　叙正四位下
文応元年十一月七日　止介、依大嘗会国司也
文永八年四月七日　遷右中将、補蔵人頭
文永十年十二月八日　任参議、中将如元
文永十一年正月二十日　兼但馬権守
文永十一年四月五日　叙従三位
文永十一年十月三日　兼右兵衛督、去中将
建治元年十月八日　転左兵衛督
建治三年正月五日　叙正三位、新院当年御給
建治三年正月二十九日　遷右衛門督、為使別当
建治三年九月十三日　任権中納言、督別当如元
弘安元年四月十七日　叙従二位
弘安元年十二月二十五日　辞別当

弘安六年正月五日　叙正二位
弘安七年正月十六日　辞督
弘安九年正月十三日　辞納言
弘安九年正月十七日　本座
弘安十年正月十三日　還任中納言
正応元年七月十一日　任権大納言
正応元年十月二十七日　辞納言
正応元年十一月八日　本座
正応二年十一月二十一日　出家
乾元二年六月二日　薨（要記）六十一歳

実藤（藤原）閑院流〈室町〉尊卑一―一七六
太政大臣公経四男　母舞女
安貞元年　誕生
年月日　叙爵
嘉禎二年二月三十日　任侍従
嘉禎二年七月二十日　叙従五位上
嘉禎三年正月五日　叙正五位下、皇后宮御給
嘉禎三年正月二十九日　任左少将
嘉禎四年正月二十二日　転左中将、兼相模権介
嘉禎四年二月十一日　叙従四位下、閑院遷宮賞
嘉禎四年四月十八日　叙従四位上、臨時
嘉禎四年十一月十六日　叙正四位下
暦仁二年正月五日　叙従三位、従一位藤子給、左中将如元
仁治元年　叙正三位、兼但馬権守
仁治二年六月七日　叙従二位
仁治二年十月十三日　任権中納言
仁治三年八月九日　兼中宮権大夫、册命日
寛元元年八月七日　辞権大夫
寛元元年八月十日　兼春宮権大夫、立坊日
寛元元年十月二十五日　兼左衛門督
寛元二年八月二十九日　服解、父
寛元二年十一月二十五日　復任
寛元二年十二月八日　辞権大夫
建長二年四月九日　為使別当

建長二年五月十七日　転正、督別当如元
建長二年十月十四日　叙正二位、朝覲行幸、女院御給
建長三年正月二十二日　任権大納言
正元元年十一月二十五日　辞納言
文永元年四月六日　配流
文永三年六月十九日　召返
永仁六年八月二十二日　出家
永仁六年十月十三日　薨、七十二歳

実能（藤原）　閑院流　尊卑一―一七七

権大納言公実四男　母但馬守藤原隆方女従二位光子

永長元年　誕生
康和六年正月六日　叙爵、春宮御給
嘉承三年正月二十三日　任侍従
天仁二年正月十六日　補蔵人、侍従労
天仁三年正月五日　叙従五位上、簡一、侍従
天永二年正月二十三日　兼美作守、去蔵人
永久三年正月五日　叙正五位下、院御給

永久三年八月十三日　任左少将、守如元
永久五年正月五日　叙従四位下、府労
永久六年正月二十六日　兼中宮権亮、左少将守如元
元永元年十二月十七日　叙従四位上、造最勝寺賞
元永元年十二月二十八日　遷加賀守、元美作守
元永二年十一月二十七日　転左中将、権亮守等如元
元永三年二月二日　叙正四位下、行幸院、宮司賞、中宮権亮
元永三年二月十四日　遷右中将、兼加賀守
保安二年二月二十九日　叙従三位、行幸院三条殿賞、中宮御給、中将如元、止権亮
保安三年正月二十三日　兼近江介
保安三年十二月十七日　任権中納言
保安三年十二月二十一日　兼左兵衛督
大治四年正月七日　叙正三位、中納言労八年
天承二年正月二十二日　遷右衛門督
長承四年三月十三日　為使別当
保延二年正月二十七日　叙従二位、故春宮大夫公実卿坊官

賞

保延二年二月十一日　見鳥羽院別当（平一一三三九）
保延二年三月二十三日　叙正二位、鳥羽御堂供養行事賞
保延二年十一月四日　転左衛門督
保延二年十二月九日　任権大納言
保延五年十二月十六日　兼右大将
保延六年三月二十七日　兼春宮大夫
永治元年十二月七日　止大夫、依受禅也
久安五年七月二十八日　転正
久安六年八月二十一日　任内大臣
久安六年八月二十二日　大将如元
仁平四年八月十八日　転左大将
久寿二年九月二十三日　兼東宮傅
久寿三年二月二十六日　辞大将
保元元年九月十三日　転左大臣
保元元年九月十七日　傅如元
保元二年正月二十四日　叙従一位、臨時
保元二年七月十五日　出家
保元二年九月二日　薨、六十二歳
　号徳大寺左大臣

実有（藤原）閑院流〈一条〉尊卑一―一五九
　太政大臣公経二男　母権少僧都範雅女
元久元年　誕生
建保二年三月二十八日　叙爵
建保三年正月十三日　任侍従
建保四年正月五日　叙従五位上、臨時
建保七年正月二十二日　任左少将、兼讃岐権介
承久二年正月二十二日　兼上野権介
承久三年正月五日　叙正五位下、春宮御給
承久三年十一月二十九日　叙従四位下、臨時
承久三年十二月一日　兼皇后宮権亮
承久四年正月十二日　叙従四位上、宮入内賞
承久四年正月二十四日　転左中将
貞応元年十一月二十二日　叙正四位下
貞応三年八月四日　止亮、院号

元仁二年正月五日　叙従三位、安嘉門院御給
元仁二年正月七日　左中将如元
嘉禄二年正月二十三日　兼周防権守
嘉禄三年四月二十日　叙正三位
寛喜三年四月二十六日　任参議、左中将如元
寛喜三年四月二十九日　兼右衛門督、為使別当、兼中宮権大夫
寛喜四年正月五日　叙従二位、臨時
寛喜四年正月三十日　任権中納言
寛喜四年二月七日　督別当権大夫等如元
貞永元年五月十三日　辞別当
貞永元年六月二十九日　辞督
貞永二年四月一日　止権大夫
文暦二年六月十七日　叙正二位
嘉禎四年二月二十四日　任権大納言
仁治二年十一月十日　兼左大将
仁治二年十一月十一日　為左馬寮御監
仁治三年四月九日　辞両職
寛元二年八月二十九日　服解、父
寛元四年七月十五日　遭母喪
正元二年二月十五日　出家
文応元年四月十七日　薨、五十八歳

実雄（藤原）閑院流〈山階〉尊卑一―一六一
太政大臣公経三男　母権中納言平親宗女
建保五年　誕生
嘉禄三年二月一日　叙爵
嘉禄三年四月二十日　任侍従
安貞三年正月三十日　叙従五位上
寛喜元年四月十八日　任左少将
寛喜二年正月二十四日　兼備後介
寛喜三年正月五日　叙正五位下
貞永二年正月六日　叙従四位下
文暦元年十二月二十一日　任左中弁、少将如元
文暦二年正月二十三日　兼加賀権介
文暦二年正月二十八日　叙従四位上

文暦二年閏六月十一日　為修理左宮城使
嘉禎二年二月三十日　転左中将、補蔵人頭、去弁
嘉禎二年五月六日　叙正四位下
嘉禎二年十二月十八日　叙従三位、左中将如元
嘉禎三年正月二十四日　兼土佐権守
嘉禎三年十二月二十五日　任参議、左中将土佐権守如元
嘉禎四年三月七日　兼右衛門督、為使別当
嘉禎四年三月二十九日　叙正三位、春日行幸行事賞
嘉禎四年七月二十日　任権中納言、督別当如元
嘉禎四年八月二十八日　辞別当
暦仁二年正月二十四日　辞督、兼皇后宮権大夫
延応元年十一月　止大夫、依院号也
仁治元年十月二十四日　叙従二位
仁治三年三月七日　任権大納言
仁治四年二月二日　叙正二位、臨時
寛元二年八月二十九日　服解、父
寛元二年十一月二十五日　復任
正嘉元年十一月二十六日　任内大臣
正嘉二年十一月一日　転右大臣、兼東宮傅
弘長元年三月二十七日　転左大臣
弘長二年正月五日　叙従一位
弘長三年三月二十日　上表
文永十年八月四日　出家
文永十年八月十六日　薨、五十七歳
　号山階左大臣

実頼（藤原）小野宮流　尊卑二―一
　太政大臣忠平一男　母宇多天皇皇女源順子
昌泰三年　誕生
延喜十五年正月二十一日　叙従五位下
延喜十六年三月二十八日　任阿波権守
延喜十七年五月二十四日　任右衛門佐
延喜十九年正月二十八日　右少将
延喜二十年九月二十一日　兼備中権介
延喜二十一年正月七日　叙従五位上
延喜二十一年正月三十日　兼備前介

延喜二十二年正月三十日　兼近江介
延長四年正月七日　叙正五位下
延長四年二月二十五日　補蔵人
延長五年正月十二日　兼紀伊権守
延長六年正月七日　叙従四位下
延長六年六月九日　任右中将
延長七年正月二十九日　兼播磨守
延長八年九月二十五日　補蔵人頭
延長九年三月十三日　任参議、右中将播磨守如元
承平元年十二月十七日　兼讃岐守
承平二年十一月十六日　叙従四位上
承平三年五月二十七日　兼右衛門督、為使別当
承平四年十二月二十一日　任中納言、叙従三位、督別当如元
承平五年二月二十三日　転左衛門督カ
天慶元年六月二十三日　兼右大将、去別当
天慶元年十二月十四日　兼按察使
天慶二年八月二十七日　任大納言
天慶六年正月七日　叙正三位
天慶七年四月九日　任右大臣、右大将如元
天慶八年十一月二十五日　転左大将
天慶九年正月七日　叙従二位
天慶九年五月四日　為蔵人所別当
天暦元年四月二十六日　転左大臣、左大将如元
天暦三年八月十四日　服解、父
天暦三年十二月二日　復任
天暦四年七月二十三日　兼皇太子傅
天暦八年五月十五日　叙正二位
天暦十一年三月　辞大将
応和四年正月七日　叙従一位
康保四年六月二十二日　為関白
康保四年十二月十三日　任太政大臣
安和二年八月十三日　改関白為摂政
天禄元年五月十八日　薨、七十一歳
贈正一位、諡号清慎公、号小野宮

守平（在原）平城天皇皇孫　尊卑四―九〇

阿保親王男　母伊登内親王

天長三年　賜姓在原朝臣（「三実」元慶四年五月二十八日条）
斉衡四年正月七日　叙従五位下（文実）
天安二年四月二日　任大膳大夫（文実）
天安二年十一月二十五日　任大膳大夫（三実）
貞観二年十一月十六日　叙従五位上（三実）
貞観九年二月十一日　任右衛門権佐（三実）元大膳大夫
貞観十年正月七日　叙正五位下（三実）右衛門権佐
貞観十四年二月二十九日　任民部大輔（三実）散位正五位下
貞観十六年正月十五日　任信濃守（三実）元従四位下相模守
貞観十九年正月三日　叙従四位上（三実）
元慶八年二月五日　見左京大夫（三実）従四位上
仁和二年八月十四日　見左京大夫（三実）従四位上

秋津（文室）天武天皇皇孫　尊卑四―一一〇

従四位下三諸大原四男

延暦六年　誕生
弘仁元年九月　任右兵衛大尉
年月日　任右近将監
弘仁五年十二月　補蔵人
弘仁七年十月二日　叙従五位下
弘仁七年十月　任左近将監
弘仁八年五月　任甲斐守
弘仁九年八月十九日　任武蔵介
弘仁十三年十月二十五日　任木工頭
弘仁十三年十二月十九日　任甲斐守
天長元年正月七日　叙従五位上
天長元年正月十一日　任右兵衛権佐
天長二年七月八日　任左中将
天長二年七月九日　叙正五位下
天長三年正月二十一日　兼因幡守
天長三年八月　叙従四位下

天長四年六月　補蔵人頭
天長七年正月十三日　任参議
天長七年八月四日　兼右大弁、中将如元
天長八年正月七日　叙従四位上
天長九年正月二十一日　兼武蔵守
天長九年十一月十日　転左大弁、中将守等如元
天長十年二月三十日　兼春宮大夫、弁将守等如元
承和元年正月二十七日　為使別当
承和元年七月二日　去大弁
承和二年四月十六日　為右中将（続後紀）春宮大夫武蔵守如元
承和二年七月　止中将
承和二年七月二十日　兼右衛門督、春宮大夫如元
承和七年正月二十五日　兼丹波守
承和七年正月三十日　兼丹後守（続後紀）春宮大夫右衛門督如元
承和八年十一月二十日　叙正四位下（続後紀）
承和九年七月　左降出雲権守
承和十年三月二日　卒（続後紀）五十七歳

重光（源）醍醐源氏　尊卑三—四四八
代明親王一男　母右大臣藤原定方女

延長元年　誕生
承平八年正月七日　叙従四位下
天慶五年十二月十三日　任侍従
天暦四年正月三十日　兼信濃権守
天暦七年四月二十九日　任右中将
天暦八年三月十四日　兼伊予守
天暦九年十一月二十二日　叙従四位上、朔旦
天徳二年閏七月二十八日　転左中将
天徳三年七月十七日　兼播磨守
応和元年七月三日　兼左京大夫
応和四年正月二十七日　兼備中権守
応和四年三月二十七日　任参議
康保元年七月二十九日　兼備中権守、兼宮内卿、止大夫
康保二年五月十一日　兼伊勢権守

康保四年十月十一日　叙正四位下、御即位次
康保五年六月十四日　兼右兵衛督
安和元年十一月十四日　兼播磨権守
安和元年十一月二十三日　叙従三位、去卿、主基
天禄三年閏二月二十九日　兼大蔵卿
天禄四年三月二十八日　兼右衛門督、兼伊予権守
天延二年二月十七日　為使別当
天延三年正月二十六日　転左衛門督、使別当如元
貞元二年四月二十四日　任中納言
貞元二年四月二十五日　督別当如元
天元五年正月七日　叙正三位
正暦二年九月七日　任権大納言
正暦三年八月二十八日　辞納言
長徳四年七月十日　薨、七十六歳

重通（藤原）頼宗流　尊卑一―二七五

権大納言宗通五男　母正三位顕季女

康和元年　誕生
天永元年十二月十三日　叙爵、善子内親王未給
永久二年正月二十二日　任備中守、院分、判官代
永久二年二月十一日　叙従五位上、行幸院賞
永久五年正月十九日　任左兵衛佐
元永元年四月三日　任左少将
元永三年二月十四日　転右少将、守如元
保安元年六月　見白河院別当（平四九七五）
保安元年十二月十四日　復任、父
保安三年正月六日　叙正五位下
保安三年正月二十三日　得替
保安四年正月七日　叙従四位下、院御給
保安四年正月二十二日　転右中将
大治五年二月二十一日　兼中宮権亮
大治五年四月三日　叙従四位上、中宮還入内賞
天承二年正月二日　叙正四位下、院御給
長承二年正月二十九日　補蔵人頭
長承三年二月二十二日　任参議、元蔵人頭中宮権亮、右中将如元

長承四年正月二十八日　兼播磨権守
保延五年十月二十六日　叙従三位、成勝寺供養行幸賞、中宮御給
保延六年三月　兼讃岐権守
永治元年十二月二日　任権中納言、兼中宮権大夫、兼左兵衛督
永治元年十二月二十七日　為皇太后宮権大夫
康治元年十一月十四日　叙正三位、父故宗通卿松尾稲荷行幸行事賞
天養二年正月四日　叙従二位、朝覲行幸賞、宮分
久安三年十二月二十二日　為使別当
久安四年七月十七日　叙正二位、摂政法性寺供養行事賞
久安五年七月二十八日　転正、左兵衛督別当皇太后宮権大夫等如元
久安六年二月　止権大夫
久安六年六月二十二日　兼中宮大夫、立后日
久安六年八月三十日　転右衛門督
久安六年九月二十日　服解
久安六年十一月三十日　復任
仁平二年正月二十八日　転左衛門督
仁平二年二月十二日　辞別当
久寿三年正月二十七日　辞督、兼按察使
保元元年九月十三日　任権大納言
保元元年九月十七日　中宮大夫按察使如元
保元元年十月二十七日　為皇后宮大夫、依本宮居上也
保元元年十二月九日　為淳和院別当
保元三年二月三日　為皇太后宮大夫
保元三年八月十七日　補後白河院別当（兵範記）
保元四年二月二十一日　為中宮大夫
永暦元年八月十一日　転正、中宮大夫按察使如元
永暦二年三月二十五日　出家
永暦二年六月五日　薨、六十三歳

重方（藤原）勧修寺流　尊卑二―九七
美作守顕能三男　母下総守源遠仲女
天治元年　誕生

康治元年六月十二日　補蔵人（世紀）木工助
康治元年十月十日　任右近将監（世紀）蔵人
康治二年四月九日　叙従五位下（世紀）元蔵人右近将監
久安六年十二月二十二日　任宮内少輔（世紀）元散位
仁平二年三月八日　叙従五位上（兵範記）
久寿二年十月二十六日　補女御藤原忻子家司（兵範記）宮内少輔
保元元年十月二十七日　兼中宮権大進（兵範記）（山槐記）宮内少輔
保元二年十月二十二日　叙正五位下（兵範記）
保元四年二月二十一日　改中宮為皇后
永暦元年五月五日　見後白河院判官代（平三〇九三）
宮内権大輔皇后宮権大進
永暦二年四月十三日　見宮内大輔（仙洞御移徙部類記）
院判官代皇后宮権大進
応保元年九月十五日　補蔵人（山槐記）（職事補任）正五位下皇后宮権大進
応保三年正月十八日　見蔵人皇后宮権大進（勘例）
永万元年六月二十五日　新帝蔵人（山槐記）（職事補任）正五位下木工頭
永万元年六月二十九日　補二条院判官代（山槐記）
仁安元年八月二十七日　任左衛門権佐（山槐記）辞蔵人木工頭
仁安二年正月三十日　任右少弁（弁官補任）辞左衛門権佐
嘉応元年十一月十九日　見後白河院判官代（平三五二一）
嘉応二年正月十八日　転権右中弁（弁官補任）
嘉応二年三月二十四日　叙従四位下（弁官補任）
嘉応二年四月二十三日　補摂政家若君（藤原基通）家司（玉葉）
承安元年四月二十七日　叙従四位上（弁官補任）
承安二年二月二十三日　転右中弁（弁官補任）
承安三年正月五日　叙正四位下（弁官補任）
承安四年二月二十三日　見院近習（玉葉）
安元元年十二月八日　転左中弁（玉葉）（弁官補任）

安元二年正月二十九日　兼紀伊権守（玉葉）
治承三年十月九日　転右大弁（弁官補任）
治承四年正月二十七日　兼阿波権守（玉葉）
養和元年八月二十九日　出家（弁官補任）五十八歳

重隆（藤原）勧修寺流　尊卑二―一一二
参議為房三男　母美濃守源頼国女
承保三年　誕生
康和三年正月十四日　補蔵人（中右記目録）元院蔵人
康和四年二月十九日　見大学助（中右記）蔵人
康和五年六月九日　為宗仁親王侍者（中右記）（世紀）
康和五年十一月一日　任右衛門少尉（世紀）蔵人、元大学助
康和五年十一月十七日　使宣（中右記）（世紀）
康和六年正月六日　叙従五位下（大記）
康和六年正月二十八日　任因幡権守カ
長治元年二月二十六日　候院北面（大記）
長治元年五月二十一日　見因幡権守（類聚歌合）

嘉承二年十二月五日　任皇后宮権大進（中右記）元従五位下勘解由次官
天仁三年五月十九日　見右衛門権佐（殿暦）
天永二年四月十七日　見皇后宮大進（殿暦）
天永二年四月二十七日　解却所職（長秋記）依闕石清水臨時祭舞人
永久六年正月二十六日　任中宮大進（中右記）正五位下右衛門権佐
元永元年閏九月一日　卒（中右記）四十三歳
称二条金吾

淑人（紀）　尊卑四―二〇九
中納言長谷雄二男
延喜九年正月十一日　任左近将監（古今目録）
延喜九年閏八月二十三日　補蔵人（古今目録）
延喜十一年正月十三日　兼備前権大掾（古今目録）
延喜十三年正月七日　叙従五位下（古今目録）
延喜二十一年八月十九日　任右兵衛佐（古今目録）

延長三年正月七日　叙従五位上（古今目録）
延長三年六月九日　任左衛門権佐（古今目録）
延長三年六月十六日　使宣（尊卑）
承平五年正月二十三日　任河内守（古今目録）
承平六年正月七日　叙従四位下（尊卑）依搦捕海賊也
承平六年五月二十六日　任伊予守、兼左衛門権佐（古今目録）依追捕南海道使
天慶六年二月二十六日　任丹波守（古今目録）
天暦二年正月三十日　任河内守（古今目録）
天暦四年三月二十日　見河内守（平一〇八三）

俊

（源）嵯峨源氏　尊卑三―六
右大弁唱二男　母信濃守橘善基女
延喜十七年九月十一日　為非蔵人（蔵人補任）左兵衛少尉
延喜二十二年二月十七日　補蔵人（蔵人補任）左衛門少尉
延長三年十一月二十日　見左衛門尉（「要略」一六八頁）
延長四年三月六日　見蔵人（「西宮記」巻二）
承平八年三月　任右衛門権佐（勘例）
天慶二年六月七日　為武蔵国密告使長官（世紀）右衛門権佐
天慶三年正月九日　追官位（貞信公記抄）
天慶四年十二月　恩赦（「世紀」天慶五年閏三月一日条）
天慶五年三月二十九日　任左衛門権佐（「世紀」同年閏三月二十日条）
天慶五年閏三月二十日　授本階従五位上（世紀）
天慶五年四月二日　補侍従（世紀）
天慶六年十二月十七日　見権右少弁（「別符宣」八頁）
天慶八年正月五日　見権右少弁（貞信公記抄）
天慶九年四月二十六日　補蔵人（職事補任）右少弁左衛門権佐
天慶九年八月七日　見従五位上右少弁左衛門権佐（「要略」六六七頁）
天暦三年十一月十二日　見右少弁（「別符宣」一八頁）
天暦五年正月三十日　任右中弁（「要略」八六頁）元従四位下山城守

天暦七年正月二日　見春宮亮（九条殿記）
天暦七年二月二十三日　見右中弁（吏部王記）
天暦八年八月七日　見左中弁（勘例）※三月十四日転任ヵ
天徳元年四月二十二日　見貫主（西宮記）
天徳二年十一月二十七日　見近江守（紀略）
天徳三年正月　得替ヵ（「符宣抄」二一五頁）

俊憲（藤原）貞嗣流　尊卑二—四八六
少納言通憲一男　母近江守高階重仲女
保安三年　誕生
保延六年五月二十四日　給勧学院学問料
康治元年七月二十四日　補文章得業生
康治二年正月二十七日　任能登少掾（世紀）
康治三年二月二十六日　献策
天養元年十二月十八日　任大学権助
久安二年十二月二十一日　任式部少丞（世紀）元大学助
久安三年正月七日　補蔵人
久安四年正月五日　叙従五位下、策（伏見宮本本朝世紀）
仁平三年閏十二月二十三日　任刑部大輔
仁平四年正月五日　叙従五位上、策
久寿二年十一月二十七日　兼東宮学士（兵範記）
保元元年九月十七日　任右少弁
保元二年正月二十四日　兼美濃権介
保元二年三月二十六日　叙正五位下、臨時
保元二年四月二十六日　兼右衛門権佐、使宣
保元二年八月二十一日　転左少弁
保元二年十月二十三日　補蔵人（兵範記）
保元三年二月二十一日　転権右中弁
保元三年五月六日　叙従四位下、春日行幸
保元三年八月十日　転右中弁、補蔵人頭、叙従四位上、鳥羽御堂供養賞
保元三年八月十七日　補後白河院別当（兵範記）
保元三年十一月二十六日　転権左中弁
保元三年十二月十七日　叙正四位下、学士、御即位

保元四年四月六日　　任参議
平治元年十一月十日　　兼近江権守
平治元年十一月二十二日　叙従三位
平治元年十二月十日　　解官
平治元年十二月二十二日　配流越後国
平治元年十二月三十日　　出家
平治二年正月　　改配流阿波国
永暦元年二月　　召返
仁安二年四月十日　　薨（山槐記）四十六歳

俊顕（藤原）勧修寺流〈吉田〉尊卑二―八三
　刑部卿経世男　母太政大臣藤原信嗣女
元応二年正月二十日　　見勘解由次官（経塵記）
元応三年正月十四日　　見左衛門権佐（経塵記）
元応三年二月二十二日　見左衛門権佐（改元定記）
元亨三年八月十四日　　見春宮亮（鎌二八四八六）
正中三年三月二十四日　出家（尊卑）依有坊御事
明徳二年六月二十一日　卒（尊卑）

延尉佐　従四位上（尊卑）

俊光（藤原）内麿流〈日野〉尊卑二―二三七
　権中納言資宣男　母賀茂神主能継女
文応元年　　誕生
文永九年六月八日　　叙爵
文永九年七月十一日　任宮内権大輔
文永十年十一月八日　叙従五位上
建治二年五月二十六日　兼春宮権大進
建治三年正月二十九日　叙正五位下
弘安六年三月二十八日　遷右衛門権佐、使宣
弘安九年十一月十一日　見邦治親王家司（実躬卿記）
弘安十年正月十三日　兼文章博士
弘安十年十二月十日　補蔵人
弘安十一年二月十日　兼越中介、去博士
弘安十一年八月三十日　兼中宮大進
正応二年四月二十五日　兼春宮大進、去中宮大進
正応二年十月十八日　兼右少弁

正応二年十二月十五日　辞蔵人佐
正応三年正月五日　叙正五位上
正応三年六月八日　転左少弁
正応三年十一月二十一日　転右中弁
正応三年十一月二十七日　叙従四位下
正応四年正月三日　叙従四位上（実躬卿記）後深草院
院司
正応四年四月十一日　為修理右宮城使
正応四年七月二十九日　転左中弁、叙正四位下
正応五年六月三十日　復任、父
正応六年六月二十四日　補蔵人頭
永仁元年十二月十三日　転右大弁
永仁二年三月二十七日　転左大弁
永仁二年四月十三日　為造東大寺長官
永仁二年四月三十日　叙正四位上
永仁三年六月二十三日　任参議、弁長官中宮亮如元
永仁三年十二月九日　叙従三位
永仁四年四月十三日　止亮
永仁四年八月二十一日　兼修理大夫
永仁五年正月二十九日　叙正三位
永仁五年十月十六日　任権中納言、修理大夫如元
永仁七年正月十三日　止大夫
正安元年六月六日　兼右兵衛督、為使別当
正安元年九月三十日　叙従二位
正安二年　転右衛門督
正安二年五月二十九日　辞別当
正安二年九月十日　止督
正安三年正月二十一日　補後伏見院別当（御脱屣記）
正安三年十月二十四日　辞納言
正安四年三月八日　本座
嘉元二年八月十日　服解、母
延慶二年四月十四日　叙正二位
延慶三年三月十日　被止出仕
延慶三年四月八日　勅免
正和三年十月一日　見治部卿（公衡公記）
正和四年十月二十八日　任大宰権帥、元治部卿

正和四年十二月十五日　止帥
正和五年閏十月十九日　任按察使
文保元年六月二十一日　任権大納言
文保元年十二月二十二日　辞納言
文保二年正月十七日　本座
元亨三年六月十六日　任兵部卿
正中二年六月　下向関東
嘉暦元年五月十五日　薨、六十七歳
後伏見院執権（洞院家廿巻部類）

俊実（源）醍醐源氏　尊卑三―四七二
権中納言隆俊一男　母但馬守源行任女
永承元年　誕生
康平二年正月五日　叙従五位下、氏
康平三年十一月十六日　任因幡権守
康平四年十二月　任刑部権大輔
康平五年正月三十日　遷左衛門佐
康平七年正月六日　叙従五位上、佐
康平七年三月四日　任右少将
康平八年三月二十九日　兼美作介
治暦三年正月五日　叙正五位下、少将
治暦四年七月二十一日　叙従四位下、御即位
延久三年十二月二十六日　叙従四位上、上東門院去年御給
延久六年正月二十八日　叙正四位下、父隆俊卿譲、造八省
行事賞
承保二年正月二十八日　任左馬頭
承保二年十二月十五日　補蔵人頭
承保四年正月二十九日　兼讃岐権守
承暦三年十一月　遷右兵衛督
承暦四年正月二十八日　任参議、右兵衛督如元
承暦四年十一月三日　叙従三位、自左大臣堀河亭入御内
裏賞、左大臣譲
永保三年　兼太皇太后宮権大夫
応徳三年十一月二十日　為使別当
寛治元年十一月十日　兼近江権守
寛治元年十一月十八日　叙正三位、大嘗会

寛治三年正月二十八日　転左兵衛督
寛治五年正月　任権中納言、権大夫督別当等如元
寛治七年正月五日　叙従二位、大原野行幸行事追賞
嘉保二年十二月　転右衛門督
嘉保三年十月　辞督別当権大夫等
康和元年十二月　兼治部卿
康和二年五月十六日　叙正二位、日吉行幸行事賞
康和二年七月十七日　転正
嘉承元年十二月二十七日　任権大納言
天永二年正月二十三日　辞納言
元永二年六月八日　薨（中右記）七十四歳

俊信（藤原）内麿流　尊卑二―一九四
式部大輔正家二男　母美濃守藤原良任女
天喜三年　誕生
永保三年二月十三日　見蔵人（師通記）
永保三年二月二十五日　見蔵人（水左記）
寛治二年三月十五日　見因幡権守（「群載」三五九頁）
寛治五年正月六日　叙従五位上（叙位尻付抄）策労
永長元年七月四日　見大内記（師通記）
永長元年十二月十四日　見大内記（師通記）
永長二年正月五日　叙正五位下（中右記）
永長二年正月三十日　兼安芸権介（中右記）
承徳二年七月十二日　任右衛門権佐（中右記）
康和元年十二月十四日　兼右少弁（弁官補任）
康和二年十二月　兼文章博士（弁官補任）
康和三年二月　兼周防介（弁官補任）
康和五年八月十七日　兼東宮学士（世紀）
長治二年二月一日　卒（中右記）五十一歳、右少弁右衛門権佐東宮学士文章博士

俊長（藤原）勧修寺流〈甘露寺〉尊卑二―七三
権中納言隆長男　母信増法印女
嘉暦元年十二月二十一日　任左衛門権佐（継塵記）
右京大夫　従四位下（尊卑）

俊定（藤原）勧修寺流〈坊城〉尊卑二―七七

中納言経俊男　母侍従平業光女

建長四年　誕生
建長八年正月六日　叙爵
正元元年十一月二十一日　叙従五位上
正元元年十二月十六日　任右衛門佐
文応二年正月五日　叙正五位下、左大弁藤原朝臣去建長五年法勝寺阿弥陀堂供養行事賞譲
弘長元年八月二十日　兼中宮権大進
弘長四年正月十七日　兼豊前権介
文永五年九月一日　兼春宮権大進
文永十一年正月　止権大進、依受禅也
文永十一年九月十日　補蔵人
建治元年十一月五日　兼春宮大進
建治二年十二月二十日　止大進、依重服也
建治二年十二月二十九日　復任、父
弘安六年三月二十八日　任右少弁、去蔵人佐
弘安六年七月二十日　叙正五位上
弘安六年十二月三十日　転左少弁
弘安七年正月十六日　転権右中弁
弘安七年五月六日　叙従四位下
弘安七年七月二十六日　兼春宮亮
弘安八年三月一日　叙従四位上
弘安八年三月六日　叙正四位下、院御給
弘安八年四月十日　転右中弁
弘安九年正月十三日　為修理右宮城使
弘安九年二月二十五日　転左中弁
弘安十年正月二日　為修理左宮城使
弘安十年正月十三日　叙正四位上、朝覲行幸、院司賞
弘安十年十二月十日　兼紀伊権守、補蔵人頭
正応元年七月十一日　転右大弁
正応元年十月二十七日　任参議、更兼右大弁
正応元年十一月八日　転左大弁
正応元年十二月二十五日　叙従三位
　為造東大寺長官

正応三年六月八日　兼右衛門督、為使別当、止長官
大弁
正応三年十月二十七日　叙正三位
正応三年十一月二十一日　任権中納言
正応三年十一月二十七日　転左衛門督
正応四年二月　辞督別当
正応四年十二月二十一日　叙従二位
正応六年正月五日　叙正二位
永仁三年十二月二十九日　辞納言
嘉元元年十月二十三日　被仰院執権
徳治二年九月一日　任権大納言
徳治二年十一月一日　辞納言
徳治三年八月二十八日　出家、依先帝御事也
延慶三年十二月四日　薨、五十九歳
号坊城大納言入道

俊房（源）村上源氏　尊卑三―四八六
右大臣師房一男　母摂政藤原道長女尊子

長元八年　誕生
寛徳三年二月三日　叙従五位上、元服日
寛徳三年二月十一日　任侍従
永承元年九月二十三日　任左少将
永承元年十一月十三日　叙正五位下、大嘗会、馨子内親王
御給
永承二年正月二十八日　兼近江権介
永承二年十二月十三日　転左権中将
永承三年正月六日　叙従四位下、中将労
永承三年十二月七日　叙従四位上、上東門院御給
永承四年正月五日　叙正四位下、祐子内親王給
永承五年十月十三日　叙従三位、上東門院行幸賞、父卿
譲、左中将如元
永承六年二月十三日　叙正三位、皇后宮初入御内裏賞
永承七年二月二十六日　兼近江権守
天喜二年二月二十二日　叙従二位、左大臣譲
天喜五年二月三十日　任参議、左中将近江権守等如元
康平四年十二月八日　任権中納言

康平七年十月十三日　叙正二位、父卿譲、行幸東北院賞
治暦元年十月十一日　兼右衛門督
治暦三年五月十二日　為使別当
治暦四年十二月二十九日　転左衛門督
延久元年五月二日　辞別当
承保元年十二月二十六日　任権大納言
承暦元年閏十二月五日　兼太皇太后宮大夫
承暦四年八月一日　転正
永保元年十二月十七日　兼按察使
永保二年十二月九日　任右大臣
永保三年正月二十六日　転左大臣
寛治七年十二月二十七日　兼左大将
寛治八年正月五日　叙従一位
寛治八年三月　辞大将
保安二年二月二十六日　出家
保安二年十一月十二日　薨、八十七歳
号堀川左大臣

俊明（源）醍醐源氏　尊卑三－四七三

権大納言隆国三男　母参議源経頼女

寛徳元年　誕生
天喜元年四月二十日　叙従五位下、皇后宮臨時御給
天喜五年二月三十日　任侍従
康平四年正月五日　叙従五位上、殿上一
康平四年二月二十八日　任加賀守、侍従如元
康平四年十二月八日　兼左少将
康平六年四月三十日　遷右少将
康平七年正月六日　叙正五位下、少将
治暦二年正月五日　叙従四位下、少将加賀守等如元
治暦四年十一月二十一日　叙従四位上、大嘗会、上東門院御給
治暦五年二月二十六日　遷左少将
延久二年四月十四日　兼皇后宮亮
延久三年正月　兼播磨介
延久四年四月二十六日　叙正四位下、上東門院御給
承保元年十二月二十六日　転左中将、補蔵人頭

承保二年六月十三日　任参議
承保二年十二月十五日　兼侍従
承保三年正月二十二日　兼周防権守
承保三年七月十四日　叙従三位、為加賀時造宮賞
承保四年正月十一日　叙正三位、行幸東三条第賞
承保四年二月二十六日　叙従二位、日吉行幸行事賞
承保四年二月二十九日　兼中宮権大夫
承暦三年正月二十七日　兼右衛門督、止侍従
承暦三年三月十四日　為使別当
承暦五年正月二十六日　兼備中権守
永保二年正月二十一日　任権中納言、督別当権大夫等如元
永保三年正月六日　叙正二位
永保三年二月一日　転中宮大夫
応徳元年九月　止大夫
応徳元年十一月　辞別当
寛治二年八月二十九日　兼治部卿
寛治二年十二月二十八日　辞督
寛治三年三月六日　兼太皇太后宮大夫

寛治八年六月　遷民部卿
承徳元年十二月　任権大納言、民部卿大夫如元
康和二年七月十七日　転正、卿大夫等如元
長治二年十二月　兼按察使
天仁元年十月十四日　辞按察使
天仁二年十二月二十二日　見白河院別当（平一七一四）
永久二年十二月二日　薨、七十一歳

春岡（藤原）魚名流　尊卑二―二六九
参議藤嗣男
承和七年正月七日　叙従五位下（続後紀）
承和八年四月五日　任常陸介（続後紀）
承和十三年二月十一日　任宮内少輔（続後紀）従五位下
承和十三年七月二十七日　任右衛門権佐（続後紀）
承和十四年二月十一日　任少納言（続後紀）
嘉祥二年五月十二日　見少納言（続後紀）
嘉祥二年七月九日　任右衛門権佐（続後紀）
嘉祥三年三月十七日　見右衛門権佐（続後紀）

嘉祥三年四月十七日　叙従五位上（文実）
嘉祥三年四月二十一日　見右衛門権佐（文実）
嘉祥三年八月五日　任左衛門権佐（文実）
仁寿二年正月十五日　任大宰少弐（文実）
貞観四年正月七日　叙正五位下（三実）散位
貞観四年二月十一日　任越中守（三実）
貞観五年二月十日　遷大和権守（三実）
蔵　大和守（尊卑）

春枝（紀）　尊卑四―一九六
美濃守善峯男
斉衡三年正月七日　叙従五位下（文実）
斉衡三年正月十二日　任左馬助（文実）
斉衡三年九月二十七日　任木工助（文実）左馬助如元
斉衡四年正月十四日　任左衛門権佐（文実）左馬助木工助如元
天安二年二月五日　任木工頭（文実）左衛門権佐如元
天安二年八月二十七日　見木工頭左衛門権佐（三実）

貞観三年三月十四日　見左衛門権佐（三実）
貞観四年正月七日　叙従五位上（三実）木工頭左衛門権佐
貞観四年三月四日　見木工頭左衛門権佐（三実）
貞観七年四月一日　見木工頭（三実）
貞観七年六月二十六日　見木工頭左衛門権佐（三実）
貞観九年二月十一日　任因幡権介（三実）
貞観十一年九月七日　見従五位上左衛門権佐因幡権介（三実）
貞観十三年　卒（尊卑）

春仁（藤原）　内麿流ヵ　尊卑一―三九ヵ
従五位下有全男ヵ
昌泰元年十月二十一日　見備前介（扶桑）
延喜初年頃　見左衛門権佐（二中歴）

春風（小野）　家系未詳
仁寿四年十一月二日　任右衛門少尉（古今目録）

天安二年九月一日　任右近将監（古今目録）
貞観六年正月十六日　任武蔵介（古今目録）
貞観十二年正月二十五日　叙従五位下、任対馬守（三実）
貞観十二年三月二十七日　兼肥前権介（三実）
元慶二年六月八日　任鎮守府将軍、兼相模介（古今目録）
元慶六年正月七日　叙従五位上（三実）鎮守府将軍相模介
仁和三年五月十三日　任大膳大夫（三実）散位
仁和三年六月十三日　任摂津権守（古今目録）
仁和四年三月　任左衛門権佐（古今目録）
寛平二年正月二十八日　任右少将（古今目録）
寛平二年閏九月二十日　任陸奥権守（古今目録）
寛平三年正月三十日　任讃岐権守（古今目録）
昌泰元年　叙正五位下（古今目録）

諸氏（藤原）乙麿流　尊卑二―四九五
越中権守道長男

承和元年正月七日　叙従五位下（続後紀）
承和五年十一月二十日　任右衛門権佐（続後紀）
承和八年四月五日　任但馬守（続後紀）従五位下
従五位上（尊卑）

如道（藤原）乙麿流　尊卑二―四九七
皇后宮亮秀貞男　母御春氏
寛平元年九月　見蔭子藤原如道（雑言奉和）
寛平六年十二月二十五日　任大炊権助（勘例）右衛門尉如元
昌泰元年八月　見右衛門権佐（二中歴）
昌泰元年十月二十三日　見右衛門権佐（扶桑）
蔵　正五位下　左京亮　右少弁　廷尉（尊卑）

昇（源）嵯峨源氏　尊卑三―一〇
左大臣融二男
貞観元年　誕生
貞観十七年正月七日　叙従五位下（三実）
元慶三年十一月二十五日　叙従五位上（三実）散位

元慶五年十一月十五日　任土佐権守
元慶八年五月二十九日　任右馬助（三実）元土佐権守
元慶九年二月二十日　任左兵衛佐（三実）元右馬助
仁和二年二月二十一日　任左衛門権佐（三実）元左兵衛佐
仁和三年六月二十五日　見左衛門権佐（三実）
仁和四年二月十日　任近江介
仁和四年十一月二十五日　叙正五位下
寛平二年　兼侍従
寛平三年四月十一日　任右中弁
寛平四年正月九日　補蔵人（職事補任）
寛平四年正月二十三日　兼美濃権守
寛平五年正月二十一日　叙従四位下
寛平五年二月十六日　兼木工頭
寛平五年二月二十二日　補蔵人頭、転左中弁、木工頭権守等如元
寛平六年十二月十五日　兼侍従
寛平七年十月二十六日　任参議、左中弁侍従等如元
寛平八年二月十六日　止左中弁
寛平八年三月十五日　兼勘解由長官
寛平九年正月十三日　兼伊予権守
寛平九年六月十九日　兼右兵衛督
寛平九年七月十三日　叙従四位上
寛平九年九月　止督
延喜三年正月十一日　兼讃岐守
延喜四年正月七日　叙正四位下
延喜八年二月二十三日　任中納言、叙従三位
延喜九年四月二十二日　兼民部卿
延喜十四年八月二十五日　任大納言、卿如元
延喜十六年三月八日　叙正三位、法皇御賀院別当
延喜十八年六月二十九日　薨、六十歳
号河原大納言

唱（源）　嵯峨源氏　尊卑三―六

大納言定男
貞観十九年正月三日　叙従五位下（三実）
仁和二年二月二十一日　任中務少輔（三実）元従五位下侍

従

寛平六年八月十一日　見左衛門権佐（「要略」五三二頁）

寛平八年正月二十六日　任右少弁（勘例）

寛平九年　見右中弁（「小右記」長和元年八月十四日条）

従四位下　右大弁（尊卑）

信順（高階）　尊卑四―一一二

従二位式部大輔成忠男

貞元三年十月　任大和掾（除目申文之抄）文章得業生

天元五年四月二十八日　献策（「紀略」同年五月一日条）

寛和二年　為学士侍読（二中歴）

正暦元年八月二十日　任左（右ヵ）少弁（二中歴）

正暦三年十月十四日　見右少弁右衛門権佐東宮学士周防権守（「要略」五三〇頁）

正暦四年十一月十五日　補蔵人（職事補任）正五位下右少弁※「小右記」同年三月二十九日

条・五月四日条等ニハ左少弁ト見ユ

正暦六年正月七日　叙従四位下（「勘仲記」弘安十一年正月五日条）叙留

長徳元年七月二十四日　見右衛門権佐（小右記）

長徳元年九月　辞右衛門権佐（「勘仲記」弘安十一年正月五日条）

長徳元年　転右中弁（弁官補任）

長徳二年四月二十四日　左降伊豆権守（小右記）元右中弁

長徳二年　転権左中弁（弁官補任）

長徳四年十月二十三日　転左中弁（弁官補任）

長保三年六月二十八日　出家（弁官補任）

長保三年六月二十九日　卒（権記）

信清（藤原）　道隆流〈坊門〉　尊卑一―三三三

正三位修理大夫信隆一男　母大蔵卿藤原通基女

平治元年　誕生

長寛元年四月十一日　叙爵、上西門院康治二年御給

嘉応三年四月七日　任侍従
承安五年正月五日　叙従五位上、上西門院当年御給
安元二年正月三十日　兼出雲介
治承三年正月五日　叙正五位下、上西門院当年御給
文治三年三月一日　任右少将
文治四年正月二十三日　兼伊予権介
文治五年正月五日　叙従四位下、府労
建久三年正月五日　叙従四位上、七条院当年御給
建久四年正月二十八日　兼備前権介
建久四年四月十四日　叙正四位下、後白河院治承元年御給
建久四年十二月九日　遷右馬頭、去少将
建久六年七月十六日　辞頭
建久八年正月三十日　任右兵衛督
建久八年二月五日　叙従三位、右兵衛督如元
建久九年十一月九日　任参議
建久九年十一月十四日　転左兵衛督
建久十年三月二十三日　兼伊予権守
正治元年六月二十三日　兼右衛門督
正治元年十一月二十七日　叙正三位、行幸院司賞
正治二年四月一日　任権中納言、右衛門督如元
正治二年六月二十五日　為使別当
正治三年正月六日　叙従二位、建久七年行幸七条院賞
建仁元年　辞別当ヵ
建仁三年正月十三日　任権大納言
建仁四年正月五日　叙正二位
建仁四年正月十三日　辞納言
元久元年三月二十日　本座
建暦元年九月二十日　還任権大納言
建暦元年十月四日　任内大臣
建暦二年六月二十日　上表
建保三年二月十八日　出家
建保四年三月十四日　薨（百錬抄）五十八歳
号大秦内府

信盛（藤原）内麿流　尊卑二―一九八
従三位勘解由長官盛経一男　母河内守小槻広房女
建久四年　誕生
承元二年七月十日　補文章生、去五月二十九日方略宣旨
承元二年六月二十六日　献策
承元二年十月二十九日　任大膳亮
建暦二年七月十日　叙爵、去亮
建保二年正月五日　叙従五位上、七条院御給
建保四年三月二十八日　任中宮権大進
承久二年正月六日　叙正五位下
承久四年三月二十五日　止権大進
貞応二年四月二十日　補蔵人
貞応二年四月二十七日　兼宮内少輔
嘉禄二年正月二十七日　遷右衛門権佐、蔵人如元
嘉禄二年十一月四日　転左衛門権佐
安貞二年正月五日　叙正五位上、策労
寛喜元年十月二十日　補関白家姫君（九条道家女竴子）家司（玉蘂）
寛喜三年正月二十九日　兼出羽権介（民経記）
寛喜三年三月二十五日　遷右少弁（民経記）去蔵人佐
寛喜三年四月二十九日　転左少弁
寛喜三年七月三日　見関白（九条道家）家司（民経記）
寛喜四年正月三十日　兼文章博士
貞永二年正月二十八日　転権右中弁
貞永二年二月十八日　賜博士兼字
貞永二年四月八日　叙従四位下
天福元年十二月二十二日　辞博士
文暦元年十二月二十一日　転右中弁
文暦二年正月二十八日　叙従四位上
文暦二年閏七月十一日　為修理右宮城使
嘉禎二年二月三十日　転左中弁
嘉禎三年正月五日　叙正四位下
嘉禎三年正月二十四日　転右大弁
嘉禎四年正月二十二日　兼遠江権守
嘉禎四年閏二月二十七日　転左大弁

嘉禎四年三月七日　兼内蔵頭
嘉禎四年四月十八日　辞弁、補蔵人頭、内蔵頭如元
暦仁二年正月二十四日　止権守
延応元年十月二十八日　任参議
延応二年正月二十二日　兼伊予権守
仁治元年十一月十二日　叙従三位
寛元元年十二月五日　叙正三位、八幡賀茂行幸行事賞
寛元三年正月十三日　兼越中権守
宝治二年十二月七日　兼勘解由長官
建長二年正月十三日　兼伊予権守
建長三年正月五日　叙従二位
建長六年八月五日　兼大宰大弐（経俊卿記）
建長七年十二月十三日　叙正二位
正嘉元年十一月十九日　辞参議
文永七年八月　薨、七十八歳

信頼（藤原）　道隆流　尊卑一―三一六
従三位大蔵卿忠隆三男　母権中納言藤原顕頼女

天承元年　誕生
康治三年正月六日　叙従五位下、皇后宮御給
久安二年二月一日　叙従五位上、小六条行幸賞、暲子
内親王給
久安四年正月二十八日　任土佐守
久安六年七月二十八日　任武蔵守
仁平元年九月二十八日　叙正五位下、院当年御給
仁平二年正月二十八日　兼右兵衛佐
久寿二年正月六日　叙従四位下、右兵衛佐労
久寿二年正月二十八日　武蔵守重任
保元二年三月二十六日　兼右中将、武蔵守如元
保元二年四月二十六日　叙従四位上、父忠隆卿造園城寺賞
保元二年八月二十三日　叙正四位下、父忠隆卿三井寺造功
賞、去武蔵守
保元二年九月十九日　転左中将
保元二年十月二十七日　補蔵人頭
保元三年二月三日　兼皇后宮権亮
保元三年二月九日　叙正四位上、皇后宮立后後入内賞

保元三年二月二十一日　任参議、左中将皇后宮権亮如元
保元三年五月六日　叙従三位、陸奥守雅隆造宮賞
保元三年五月二十一日　兼左兵衛督
保元三年八月一日　転皇后宮権大夫
保元三年八月十日　任権中納言、叙正三位、父忠隆卿八幡造宮賞、皇后宮権大夫左兵衛督如元
保元三年十一月八日　為使別当
保元三年十一月二十六日　転右衛門督
保元四年二月十三日　止権大夫、院号
保元四年二月二十一日　兼中宮権大夫
保元四年三月　辞別当
平治元年五月二十八日　見後白河院別当（平二九七九）
平治元年十二月二十六日　被下追討宣旨
平治元年十二月二十七日　伏誅、二十七歳

真興（藤原）武智麿流　尊卑二―四二二
右兵衛督良尚男　母伊予権守藤原秋緒女

寛平二年八月五日　見蔭子藤原真興（「群載」四三一頁）
昌泰四年正月二十五日　見左衛門権佐（扶桑）
延喜八年三月五日　見左衛門権佐（「群載」二五六頁）
延喜十九年九月二十日　見陸奥守（西宮記）
延喜二十二年　見陸奥守（「大成抄」巻四）（魚魯）
従四位上　延佐（尊卑）

真臣（伴）
従五位下名鳥九男
延暦三年　誕生
弘仁十四年　叙従五位下（「類史」卒伝）
年月日　任左馬助（「類史」卒伝）
年月日　遷右兵衛権佐、兼尾張守（「類史」卒伝）
天長五年正月七日　叙従五位上（「類史」卒伝）
天長□年　任右少弁、兼左衛門権佐（「類史」卒伝）

天長七年正月七日　叙正五位下（「類史」卒伝）
天長八年十月六日　叙従四位下（「類史」卒伝）
天長九年五月二十四日　見右兵衛督、卒（類史）四十九歳

親雅（藤原）勧修寺流　尊卑二―一一八
参議親隆三男　母出羽守平知信女

久安元年　誕生
保元三年五月六日　叙従五位下、任長門守
長寛三年正月二十三日　得替
応保二年八月二十二日　叙従五位上、父卿稲荷祇園両社行幸行事賞譲
仁安二年八月一日　任木工頭
仁安三年八月四日　叙正五位下、朝覲行幸、院司賞
承安四年九月九日　見後白河院判官代（平四八七六）
安元三年正月二十八日　任右衛門権佐
治承元年九月　遭母喪
治承三年十一月二十七日　補関白（近衛基通）厩別当（玉葉）
寿永元年八月十四日　兼皇后宮大進、亮子内親王立后日
寿永元年十二月七日　転左衛門権佐
寿永元年十二月十日　補蔵人
寿永二年八月二十日　新帝蔵人
寿永三年二月十六日　見摂政（藤原基通）政所別当（平四一三〇）
文治二年十月十一日　賜豊前国（玉葉）
文治二年十二月十五日　任左少弁、蔵人左権佐大進如元
文治三年六月二十八日　止大進、依院号也
文治四年十月十四日　転右中弁、為氏院別当
文治四年十一月二十八日　為造興福寺長官
文治四年十二月　見摂政（九条兼実）政所別当（鎌三五七）
文治四年十二月三十日　叙従四位下
文治五年四月十三日　為修理右宮城使
文治五年七月十日　転左中弁（弁官補任）
文治五年十一月一日　叙従四位上、春日行幸行事賞
文治五年十一月十五日　補摂政（九条兼実）女任子家司（玉葉）

建久元年八月十三日　為修理左宮城使
建久元年十月二十六日　叙正四位下、臨時
建久元年十月二十七日　転右大弁、長官別当等如元
建久三年三月　見後白河院別当（鎌五八四）
建久四年正月二十八日　叙従三位、任大蔵卿、元右大弁
建久六年二月二日　兼長門権守
建久十年正月七日　叙正三位（「明月記」同九日条）六条院承安四年御給
正治二年四月一日　任参議、元大蔵卿
正治三年正月二十九日　兼丹波権守
建仁元年八月十九日　辞参議
建仁二年閏十月二十四日　任大宰大弐
承元二年四月七日　任皇太后宮大夫（「明月記」同八日条）
承元三年八月十二日　止大夫、后崩
承元四年九月十六日　出家
承元四年九月二十三日　薨、六十六歳
号五条宰相

親継（平）高棟流桓武平氏　尊卑四―八
参議惟忠一男
安貞三年正月五日　叙爵
寛喜二年閏正月四日　任薩摩守
寛喜二年九月五日　任伊勢守
文暦二年六月十七日　任若狭守
嘉禎二年二月三十日　任皇后宮少進
嘉禎三年四月二十一日　叙従五位上、皇后宮当年御給
延応元年八月十九日　任斎宮寮頭
仁治三年正月五日　叙正五位下
寛元二年正月二十三日　任左衛門佐
寛元二年七月十六日　兼丹波守
宝治三年三月十一日　辞佐
建長四年十二月四日　任左衛門権佐、使宣
建長五年正月十三日　為防鴨河使（検非違使補任）
建長八年正月　見大宮院別当（鎌七九五八）
正嘉元年十一月九日　叙従四位下、任内蔵頭、去佐

正嘉二年十一月六日　叙従四位上
正元元年四月十七日　叙正四位下
弘長二年十二月十六日　叙従三位、元内蔵頭
文永二年　薨ヵ

親賢（平）高棟流桓武平氏　尊卑四―八
兵部少輔親世男
延慶四年三月二十五日　見勘解由次官（公衡公記別記）
延慶四年四月十四日　見勘解由次官（公衡公記別記）五位殿上人
正和二年以降　任左衛門権佐ヵ
正和四年二月二十一日　補蔵人（職事補任）元左衛門権佐
正和四年三月二十三日　任民部少輔
年月日　改名親守
宮内卿　従四位上（尊卑）

親時（平）高棟流桓武平氏　尊卑四―八
権大納言経親男

弘安七年　誕生
正応元年十一月二十一日　叙爵、東二条院御給、于時惟親
正応五年三月二十九日　叙従五位上、于時経望
正応五年四月十三日　任春宮権大進
永仁二年正月六日　叙正五位下
永仁五年四月十日　任兵部権大輔、去権大進
正安二年三月六日　兼備中介
正安二年閏七月十四日　止権大輔
正安二年十一月一日　任尾張守、于時親時
正安三年三月十四日　去守
正安三年八月二十四日　任春宮権大進
徳治三年二月七日　転大進
徳治三年八月二十六日　止大進、依受禅也
徳治三年十二月十日　任右衛門権佐、使宣
徳治三年十二月二十二日　補蔵人
延慶二年二月十九日　転左衛門権佐
延慶三年十二月九日　兼左少弁（花園院宸記）
延慶四年正月十七日　叙従四位下、去蔵人佐

応長二年二月十三日　叙従四位上
正和元年十月十二日　転権右中弁
正和二年正月十六日　叙正四位下
正和二年八月七日　転右中弁
正和二年九月二十日　為修理右宮城使
正和三年九月二十一日　転左中弁
正和三年十月二十一日　為修理左宮城使
正和三年十一月十九日　転右大弁
正和四年正月六日　叙正四位上
正和四年二月二十一日　転左大弁
正和四年三月二十二日　為造東大寺長官
正和四年四月十日　任参議
正和四年八月二十六日　更兼右大弁
正和五年正月五日　叙従三位
正和五年正月十三日　兼備中権守
文保元年二月五日　任権中納言
文保元年四月十六日　辞納言
文保二年正月五日　叙正三位
元応三年正月五日　叙従二位
元徳二年十月二十一日　叙正二位
正慶元年十二月二十六日　任権大納言
元弘三年五月十七日　詔命止職、為前権中納言
暦応二年十一月十一日　出家
暦応二年十一月十五日　薨、五十六歳

親俊（藤原）勧修寺流　尊卑二―一〇七

権中納言顕俊二男　母権中納言藤原実守女　本名成俊

承元元年　誕生
承元四年正月六日　叙従五位下、氏
建保六年十二月九日　任淡路守
承久三年八月二十九日　遷備後守
承久三年十一月十九日　叙従五位上
承久三年十二月一日　兼皇后宮権大進
貞応二年正月二十七日　任右衛門権佐、使宣
貞応三年四月七日　叙正五位下
貞応三年八月四日　止権大進、依院号也

嘉禄元年四月二十六日　補蔵人、止守
嘉禄元年十二月二十二日　任左少弁、蔵人佐如元
嘉禄二年正月二十三日　転左衛門権佐
嘉禄二年正月二十七日　為防鴨河使
嘉禄二年十月　為勧学院別当
嘉禄二年十一月三日　辞蔵人佐（職事補任）
嘉禄三年十月四日　転右中弁、叙従四位下
安貞二年二月七日　為修理右宮城使
安貞二年三月二十日　叙従四位上、臨時
安貞二年十二月　止氏院別当
寛喜元年九月二十一日　復任、父
寛喜三年三月二十五日　転左中弁
寛喜三年四月二十九日　転右大弁
貞永元年十二月二日　叙正四位下、鷹司院御給
貞永元年十二月十五日　補蔵人頭
文暦元年十二月二十一日　任参議
文暦二年正月二十三日　兼美濃権守
嘉禎元年十月八日　叙従三位
嘉禎三年正月十四日　見左大臣（近衛兼経）執権（葉黄記）
嘉禎四年正月五日　叙正三位
嘉禎四年八月二十八日　兼左兵衛督、為使別当
暦仁二年正月二十四日　任権中納言、転右衛門督、使別当如元
延応元年八月二十八日　辞督別当
仁治元年十月二十四日　叙従二位
仁治二年二月一日　辞納言
宝治二年正月六日　叙正二位、臨時
建長四年十二月八日　出家
正嘉二年二月七日　薨、五十三歳（尊卑）

親信（平）高棟流桓武平氏　尊卑四―五
伊勢守直材男　母越後守藤原定高女
天慶八年　誕生
康保四年　為東宮雑色
安和二年八月　為内雑色、践祚

天禄二年九月二十六日　補文章生
天禄三年正月二十六日　補蔵人
天禄四年正月二十九日　任左衛門少尉
天禄四年四月十一日　遷右衛門少尉
天延二年二月二日　為検非違使
天延三年正月七日　叙従五位下、蔵人
天延三年正月二十六日　任筑後権守
貞元二年正月二十日　任阿波守
貞元二年八月二日　叙従五位上、造宮功
永観二年十月二十日　任右衛門権佐
永観二年十一月　使宣
永観三年二月　為防鴨河使
寛和元年九月十四日　任近江権介、受領、防鴨河使如元
寛和元年十一月　叙正五位下、悠紀国司
寛和二年十一月十八日　叙従四位下、悠紀国司
永延二年十月四日　辞
永延三年正月二十八日　叙従四位上、造勢多橋功
正暦三年六月一日　任越前守（洞院家廿巻部類）
長保元年閏三月五日　任修理大夫
長保元年九月　任皇太后宮権亮
長保二年十月十一日　叙正四位下、造宮賞
長保三年七月十三日　任山城守
長保三年十月十日　叙従三位、東三条院御賀、院司賞
長保五年十一月五日　叙正三位、造宮賞
寛弘二年正月二十七日　任備中権守
寛弘四年正月二十日　叙従二位、造宮賞
寛弘七年二月十六日　任大宰大弐
長和四年十月二十八日　任参議
長和五年七月十日　辞参議
長和六年六月十日　出家
長和六年六月十二日　薨、七十三歳

親宗（平）高棟流桓武平氏　尊卑四—七
兵部権大輔時信三男　母大膳大夫藤原家範女
天養元年　誕生
永暦元年九月二十七日　補蔵人、元一院判官代

永暦元年十月二十二日　叙従五位下
永万二年四月六日　任兵部権少輔
仁安二年正月二十八日　叙従五位上、朝覲行幸、院司
仁安二年二月七日　兼伯耆守
仁安三年三月二十日　兼皇太后宮権大進
仁安三年八月四日　叙正五位下、朝覲行幸、皇太后宮御給
仁安三年九月四日　辞兵部権少輔
仁安四年正月二十一日　停伯耆守
仁安四年三月十六日　任勘解由次官
嘉応元年十一月二十三日　見後白河院判官代（平三五二一）
嘉応二年正月二十六日　任讃岐守、次官如元
嘉応二年七月二十六日　補蔵人、止守
承安二年二月二十三日　任右少弁、元勘解由次官、蔵人如元
承安三年八月十八日　兼右衛門権佐、使宣
安元元年十二月八日　転権右中弁、叙従四位下
治承二年正月五日　叙従四位上、臨時
治承三年十月九日　転右中弁
治承三年十月二十一日　為修理右宮城使
治承三年十一月十七日　解却
養和元年九月二十三日　任左中弁、元前右中弁
養和元年十二月二日　見後白河院別当（平四〇一二）
養和元年十二月四日　転右大弁、補蔵人頭
養和二年三月八日　叙正四位下、承安二年稲荷祇園行幸行事賞
寿永二年正月二十二日　任参議、右大弁如元
寿永二年十一月二十八日　解却両職
寿永三年三月二十七日　叙従三位
元暦元年九月十八日　還任参議
元暦二年正月二十日　兼讃岐権守
文治元年十二月二十九日　解官
文治三年正月二十三日　還任参議
文治三年五月四日　兼左大弁
文治四年正月二十三日　兼丹波権守
文治五年正月五日　叙正三位

文治五年七月十日　任権中納言
建久三年三月　見後白河院別当（鎌五八四）
建久五年正月六日　叙従二位
建久九年十月　見七条院別当（鎌一〇〇八）
建久十年正月五日　叙正二位、臨時
正治元年六月二十二日　転正
正治元年七月二十五日　薨（明月記）五十六歳

親長（平）高棟流桓武平氏　尊卑四―七
中納言親宗二男　本名親季
安元二年二月十八日　叙爵、新院嘉応二年御給、名字親季
寿永二年八月十六日　任越中守
寿永二年十一月二十八日　解官
寿永三年三月十七日　還任
文治元年十二月二十九日　止守
文治六年正月二十四日　任上総介、改名親長
建久四年八月二十五日　任治部権大輔

建久五年正月六日　叙正五位下、七条院
建久十年三月二十四日　任右衛門権佐、使宣（「明月記」同二十五日条）
正治元年九月二十三日　復任、父
建仁元年八月十九日　転左衛門権佐
建仁四年正月二十九日　見後鳥羽院別当（鎌一四二一）
元久元年　解官
建暦元年九月八日　任木工頭
建暦二年正月七日　叙従四位下
建暦二年正月九日　止位記
建保四年七月十三日　停木工頭（仁和寺日次記）
承久元年九月二十日　任中宮大進
承久三年八月九日　補蔵人（職事補任）
貞応元年四月十三日　任右少弁
貞応元年十二月二十一日　転左少弁
貞応三年二月二十九日　叙従四位下
元仁元年十月十六日　転権右中弁
元仁元年十二月二十日　見北白川院院司（岡屋関白記）

嘉禄元年七月六日　転右中弁
嘉禄元年十二月二十二日　転左中弁
嘉禄二年正月五日　叙従四位上（「明月記」同六日条）
嘉禄二年正月二十七日　為修理左宮城使（「明月記」同二十八日条）
嘉禄三年正月五日　叙正四位下（「明月記」同六日条）
嘉禄三年十月四日　補蔵人頭（弁官補任）止弁
嘉禄三年十月二十一日　任治部卿（民経記）
寛喜元年六月二十日　見鷹司院院司（民経記）
寛喜元年十月二十日　見関白女（九条竴子）家司（玉蘂）
寛喜二年閏正月四日　叙従三位、元蔵人頭、治部卿如元
寛喜二年八月二十一日　補北白川院年預（明月記）
寛喜四年正月十日　叙正三位、朝覲
天福元年五月二十四日　出家

親朝（藤原）勧修寺流　尊卑二―一〇八
　権中納言親俊二男　母日吉祢宜祝部成茂女
嘉禎二年　誕生

年月日　任掃部権助
嘉禎四年正月五日　叙爵
仁治三年三月十五日　叙従五位上、臨時
仁治四年九月二日　任左兵衛佐
寛元三年五月八日　兼周防守（平戸記）
宝治三年正月五日　叙正五位下、佐労
康元二年正月二十九日　兼中宮権大進
正元元年五月十九日　復任（経俊卿記）左兵衛佐
正元二年四月三日　見左兵衛佐（妙槐記）
文応元年四月十九日　見後嵯峨院院司（妙槐記）
弘長三年十月二十六日　任左衛門権佐、使宣
弘長三年十二月二十四日　為防鴨河使
文永二年閏四月二十五日　補蔵人
文永三年十二月十五日　兼皇后宮大進
文永五年八月二十五日　遷春宮大進
文永五年十二月二日　任右少弁、蔵人権佐如元
文永六年三月二日　辞蔵人佐
文永六年三月二十七日　辞大進、叙正五位上

文永六年五月一日　転左少弁
文永七年正月二十一日　転右中弁、叙従四位下
文永七年三月十五日　叙従四位上、春日行幸賞、頓宮行事
文永七年三月三十日　為修理右宮城使
文永八年正月五日　叙正四位下
文永八年二月一日　兼美作権介
文永八年十一月二十九日　転左中弁
文永八年十二月九日　為修理左宮城使
文永九年十二月　賜伊勢国
文永十一年四月五日　転右大弁
文永十一年七月二十五日　遷内蔵頭、補蔵人頭
建治元年十月八日　遷右兵衛督
建治元年十二月二十二日　任参議
建治二年正月二十三日　兼出雲権守
建治二年十二月二十日　叙従三位
弘安元年十一月十八日　叙正三位
弘安元年十二月二十五日　兼左兵衛督、為使別当

弘安二年五月七日　止別当、依八幡訴也
弘安二年八月二十五日　還補別当
弘安四年三月二十六日　兼備前権守
弘安四年十二月二十三日　薨、四十六歳

親定（源）村上源氏〈土御門〉尊卑三―五一一
太政大臣定実二男　母権大納言平時継女
文永四年　誕生
文永四年正月五日　叙爵
文永八年正月五日　叙従五位上
文永十一年二月二十日　任侍従
建治二年正月二十三日　任右少将
建治三年正月七日　叙正五位下
建治三年正月二十九日　兼備後権介
弘安元年七月十七日　叙従四位下、兼春宮権亮、少将如元
弘安二年三月二日　転中将
弘安四年正月五日　叙従四位上

弘安六年三月二十八日　兼上野権介
弘安六年十月二十日　叙正四位下
弘安十年十月二十八日　止権亮、依受禅也
正応三年正月五日　叙従三位
正応三年正月七日　右中将如元
正応四年正月七日　叙正三位
永仁二年十二月二十四日　任参議
永仁三年六月二十三日　兼左衛門督、為使別当
永仁三年十二月二十九日　任権中納言、督別当如元
永仁四年正月五日　叙従二位
永仁四年三月九日　辞督別当
永仁五年十一月十四日　叙正二位
永仁六年六月二十三日　辞納言
嘉元三年正月二十二日　任権大納言
嘉元三年十二月三十日　辞納言
嘉元四年三月三十日　服解、父
正和四年七月一日　薨、四十九歳

親房（藤原）勧修寺流　尊卑二―一一八
参議親雅二男　母大膳大夫平信業女
文治二年十月十一日　叙従五位下、任豊前守、親雅朝
臣可修造閑院申沙汰給之
文治二年十二月十五日　遷筑前守
建久四年四月十四日　遷上総介
建久五年正月三十日　叙従五位上、上西門院文治四未給
建久九年正月二十日　遷下野守
正治二年三月六日　兼中宮権大進
建仁元年八月十九日　任右衛門権佐、使宣（三長記）
建仁二年十一月二十二日　叙正五位下
元久元年四月十二日　転左衛門権佐
元久二年三月九日　為防鴨河使
元久二年七月十一日　転兼中宮大進
元久三年二月十四日　別当未補間庁務（三長記）
承元元年十一月三日　補蔵人
承元三年四月十四日　任右少弁（猪隈関白記）辞蔵人佐
承元四年五月二十三日　服解、父

承元四年十二月十二日　止弁
建暦元年十月二十九日　叙従四位下
建暦二年八月二十五日　見内大臣（九条道家）家司（玉蘂）
建保二年正月五日　叙従四位上、中宮建暦四未給
建保四年正月五日　叙正四位下
建保六年十二月九日　任右京大夫
承久二年正月五日　見左大臣（九条道家）年預家司（玉
蘂）
寛喜元年十月二十日　補関白姫君（九条竴子）家司（玉
蘂）
寛喜二年閏正月四日　補蔵人頭
寛喜二年二月十六日　兼中宮亮（明月記）立后日
寛喜二年三月十四日　叙従三位
寛喜三年正月二十九日　兼備前権守
文暦二年正月二十三日　任大蔵卿
文暦二年八月三十日　任参議、大蔵卿如元
嘉禎元年十一月七日　兼丹波権守
嘉禎元年十一月十九日　叙正三位
嘉禎二年二月三十日　辞参議、叙従二位、大蔵卿丹波権
守如元
嘉禎三年十二月二十五日　辞卿
嘉禎四年五月八日　出家

親房（源）村上源氏〈北畠〉尊卑三―五一七
権大納言師重男　母左少将隆重女
永仁元年　誕生
永仁元年六月二十四日　叙従五位下
永仁二年正月六日　叙従五位上
永仁五年二月十八日　叙正五位下、賜去正月二十九日位
記宣下
永仁六年五月二十三日　叙従四位下
正安二年正月五日　叙従四位上、新院御給
正安二年閏七月十四日　任兵部権大輔
乾元二年正月二十日　任左少将
嘉元元年十二月十七日　叙正四位下
嘉元元年十二月三十日　転右中将

嘉元三年十一月十八日　任権左少弁
徳治元年十二月二十二日　転左少弁
徳治二年十一月一日　辞弁、任弾正大弼
延慶元年十一月八日　叙従三位、弾正大弼如元
延慶三年三月九日　叙正三位
延慶三年十二月十七日　任参議、弾正大弼如元
延慶四年正月十七日　兼左中将
延慶四年三月三十日　止弼、兼備前権守
応長元年七月二十日　兼左兵衛督、為使別当
応長元年十二月二十一日　任権中納言、督別当如元
応長二年三月十五日　止督別当
正和元年八月十日　叙従二位
正和四年四月十七日　辞納言、重服
正和五年正月五日　叙正二位
文保二年十二月十日　還任権中納言
元応元年八月五日　転正
元応二年十月二十一日　補淳和院別当
元亨二年正月十三日　遭父入道師重卿喪
元亨二年三月六日　除服出仕宣下
元亨二年四月五日　兼右衛門督、為使別当
元亨三年正月十三日　任権大納言、淳和院別当如元
元亨三年五月　補奨学院別当
元亨三年六月十五日　兼按察使
元亨四年四月二十七日　転正（後光明照院関白記）
正中二年正月七日　補内教坊別当
正中三年二月九日　辞按察使
元徳二年九月十七日　出家
文和三年四月十七日　薨（常楽記）六十二歳
　南朝准大臣従一位　号北畠准后

親隆（藤原）勧修寺流　尊卑二―一一七
　参議為房七男　母法橋隆尊女
康和元年　誕生
永久二年正月二十二日　任大膳亮、大蔵卿為房二合
保安四年正月二十八日　補蔵人、摂政家勾当
保安四年四月五日　任右衛門少尉

保安四年十一月十七日　叙従五位下、大嘗会叙位
天治二年三月二十八日　任上総介、申請修理斎院并調進女
　房装束等功
天治二年四月七日　任斎院長官
大治五年十月一日　叙従五位上、行幸院賞
長承元年十二月二十五日　任信濃守
長承二年十月二十六日　兼勘解由次官
長承三年八月二十七日　見院判官代（長秋記）
長承四年正月五日　叙正五位下、待賢門院当年御給
保延五年正月二十四日　任左衛門権佐、使宣、元勘解由次
　官信濃守
康治元年六月十八日　為防鴨河使
康治元年十二月十三日　見鳥羽院別当（平二四九一）
久安二年十二月二十四日　任民部権大輔、去佐（世紀）
久安三年十二月二十一日　任尾張守、叙従四位下、一院康
　治二年御給
久安四年十月十三日　叙従四位上、治国
久安五年三月二十日　叙正四位下、延勝寺供養行幸賞、
　一院御給
仁平元年十二月三十日　重任尾張守
久寿二年九月二十三日　兼春宮亮
久寿二年十二月二十九日　秩満（為親記）
久寿三年三月六日　任伊予守
保元三年五月六日　叙従三位、春宮亮如元
保元三年八月十一日　止亮、依受禅也
保元三年十二月十七日　叙正三位、御即位叙位、坊亮
永暦元年二月二十三日　見美福門院別当（平三〇五二）
応保元年九月十五日　任参議
応保二年正月二十七日　兼近江権守、後日被止召名
応保三年正月二十四日　兼近江権守
長寛元年八月二十二日　出家
永万元年八月二十三日　薨（顕広王記）六十七歳
　号四条

随時（平）仁明平氏　尊卑四―三九
　式部卿本康親王孫　右馬頭雅望三男　母中納言藤原山陰

女

寛平二年　誕生

延喜十七年正月二十九日　任美濃権大掾、内竪頭労

延喜十八年正月　任治部少丞、内竪別当

延喜二十一年正月　任式部少丞

延喜二十三年正月　転式部大丞

延長二年正月七日　叙従五位下、宇多院御給

延長二年二月一日　任遠江守

延長七年正月七日　叙従五位上、治国

延長七年正月二十九日　任備中介

承平四年閏正月二十九日　任美濃権守

承平八年正月　為防鴨河使

天慶元年十二月十四日　任左衛門権佐

天慶二年正月七日　叙正五位下

天慶二年二月一日　兼丹波守

天慶五年四月六日　見防鴨河使長官左衛門権佐丹波守（世紀）

天慶五年四月二十五日　叙従四位下、佐労

天慶五年十二月　停権佐

天慶六年四月　左衛門権佐見任カ（「権記」寛弘四年四月五日条）

天慶七年正月二十二日　兼春宮権亮

天慶八年十月十四日　兼修理大夫、亮如元

天暦元年四月二十六日　補蔵人頭

天暦元年四月二十八日　叙正四位下、先坊亮

天暦元年七月十七日　兼内蔵頭

天暦二年正月三十日　任参議、修理大夫如元

天暦三年正月二十四日　兼伊予守

天暦四年正月二十日　兼大宰大弐、止修理大夫

天暦七年十二月十八日　卒、六十四歳

数道（橘）

世系等不詳

承和九年八月十一日　任右衛門権佐（続後紀）従五位下

是忠（源）光孝源氏　尊卑三―三六三
光孝天皇第一源氏　母式部卿仲野親王女班子女王
天安元年　誕生
貞観十二年二月十四日　賜姓源朝臣（三実）
貞観十八年正月七日　叙従五位下
貞観十九年正月三日　叙従五位上
貞観十九年正月十五日　任侍従
元慶七年正月十一日　任左衛門佐
元慶八年四月十三日　更賜姓源朝臣（三実）
元慶八年五月二十九日　叙正四位下
元慶八年六月九日　任参議
元慶九年正月十六日　兼近江守
仁和三年五月　兼按察使
仁和三年十一月十七日　叙従三位
寛平二年九月二十日　兼左衛門督
寛平三年三月十九日　任中納言、左衛門督如元
寛平三年七月二十三日　為使別当
寛平三年十二月二十九日　改為親王、叙三品

寛平五年五月二十二日　見大宰帥（紀略）
延喜四年　為大学別当（西宮記）式部卿
延喜二十年六月十四日　出家（貞信公記）一品式部卿
延喜二十二年十一月二十二日　薨（紀略）六十六歳
号南院宮　南院親王

成国（藤原）末茂流　尊卑二―三五八
伊予介連永男
延長七年四月八日　見蔵人（「西宮記」巻三）
延長八年十一月　新帝蔵人（「西宮記」巻六）
延長九年四月二十日　見右衛門尉（醍醐寺雑事記）
承平二年正月四日　見右衛門尉（九条殿記）蔵人カ
天慶三年四月六日　任斎院長官（貞信公記抄）
天慶五年四月十五日　見摂津守斎院長官（世紀）
天慶七年二月二十一日　任播磨介（「世紀」天慶八年十月十五日条）受領
天慶八年七月十四日　見播磨介（貞信公記抄）
天慶八年十月十五日　辞播磨介（世紀）従五位上

天暦元年六月二十九日　見右衛門権佐（「要略」五二八頁）
防鴨河使斎院長官
天暦元年八月一日　見右衛門権佐（紀略）
天暦八年四月二十日　卒（勅撰作者部類）

成親（藤原）末茂流　尊卑二―三六八
中納言家成三男　母中納言藤原経忠女
保延四年　誕生
永治二年正月五日　叙従五位下、無品叡子内親王当年御給
天養元年十二月十八日　任越後守
天養二年正月四日　叙従五位上、行幸院賞
久安二年十二月二十九日　遷讃岐守
久安六年正月六日　叙正五位下、家成卿稲荷祇園行幸行事
仁平二年正月二十八日　任侍従
久寿二年正月二十八日　遷越後守、造鳥羽御堂功
久寿三年四月六日　任左少将、越後守如元
保元二年正月二十四日　叙従四位下、造金剛心院賞
保元二年十月二十二日　叙従四位上、造春興殿功
保元三年十一月二十六日　転右中将
保元四年正月三日　叙正四位下、行幸院、信頼卿譲
保元四年二月三日　重任越後守
平治元年十二月二十七日　解官、依信頼卿縁座也
永暦二年四月一日　還任右中将
応保元年九月二十八日　解官
永万二年正月十二日　任左中将
永万二年六月六日　補蔵人頭
仁安元年八月二十七日　任参議、叙従三位、左中将如元
仁安元年十二月二十三日　叙正三位
仁安二年正月三十日　兼越前権守
仁安二年二月十一日　任権中納言
嘉応元年六月十七日　見後白河院院司（兵範記）
嘉応元年十二月二十四日　解却見任、配流備中国、依天台大衆訴也
嘉応元年十二月二十八日　召返

嘉応元年十二月三十日　復本位、即還任
嘉応二年正月五日　兼右兵衛督、為使別当
嘉応二年二月六日　解却三職、天台訴
嘉応二年四月二十一日　還任、督別当如元
嘉応二年七月二十六日　遷兼右衛門督
嘉応二年十二月三十日　転左衛門督
承安二年二月二十五日　見後白河院別当（平三五九三）
承安二年七月二十一日　叙従二位、上皇遷御三条殿賞、造
進院御所三条烏丸
承安三年四月十三日　叙正二位、八幡賀茂行幸行事賞、
上卿
安元元年十一月二十八日　任権大納言
安元三年六月二日　配流備前国
安元三年七月十三日　薨、四十歳

成長（藤原）勧修寺流　尊卑二―六七
参議定長三男　母正三位兵部卿平信範女
養和元年　誕生

文治四年三月二十二日　任大膳亮
文治六年正月二十四日　任備後守、叙従五位下
建久元年十二月　見後白河院判官代（鎌五〇一）
建久六年十二月十五日　復任、父
建仁二年正月五日　叙従五位上、宣陽門
建永二年正月五日　叙正五位下、鳥羽院永治二大嘗会
建永二年六月九日　見後鳥羽院判官代（明月記）
承元二年八月八日　任皇后宮権大進
承元三年正月十七日　転大進
承元三年四月十四日　兼右衛門権佐、使宣
承元三年四月二十五日　補春華門院判官代（猪隈関白記）
承元四年十一月二十五日　見新院殿上人（御脱屣記）
建暦二年二月二十五日　見院司（玉蘂）
建保二年十二月三十日　補蔵人
建保三年七月十二日　遷刑部少輔、止佐
建保五年正月十八日　止蔵人（職事補任）
建保六年正月十三日　任木工頭
建保七年正月二十三日　還補蔵人

承久元年十一月十三日　任右少弁（弁官補任）
承久二年正月二十二日　転権右中弁（弁官補任）去蔵人
承久三年正月五日　叙従四位下、臨時
承久四年正月二十九日　叙従四位上
貞応元年四月十三日　転右中弁
貞応元年十二月二十一日　転左中弁
貞応二年二月一日　叙正四位下
元仁元年十二月十六日　転右大弁
嘉禄元年十二月二十二日　叙従三位、去弁
天福元年五月十五日　出家
天福元年七月三日　薨、五十三歳

成輔（平）　高棟流桓武平氏　尊卑四―一〇

権中納言惟輔男

正応四年　誕生
延慶四年正月二十六日　見春宮権大進（公衡公記別記）
延慶四年三月二十五日　見春宮権大進（公衡公記別記）
正和四年五月二十七日　見右衛門権佐（公衡公記）
正和四年六月七日　見右衛門権佐（公衡公記）
文保元年三月四日　補蔵人（職事補任）正五位下左衛門権佐
文保元年四月八日　見左衛門権佐（花園院宸記）
文保二年二月十一日　任兵部少輔（「公敏卿記」同十二日条）元民部少輔
文保二年三月二十六日　新帝蔵人（職事補任）正五位下兵部権少輔
文保二年三月二十七日　見花園院判官代（継塵記）
文保三年三月九日　任右少弁（弁官補任）（職事補任）去蔵人権少輔
元応二年三月二十四日　転右中弁（弁官補任）
元応二年四月十二日　為修理右宮城使、叙従四位下（弁官補任）
元応三年正月五日　叙従四位上（弁官補任）
元亨元年四月六日　転左中弁（弁官補任）
元亨元年六月六日　為修理左宮城使（弁官補任）
元亨元年十二月二十九日　兼備中介（鎌二七九三四）

元亨二年正月九日　為記録所寄人（弁官補任）
元亨四年四月十七日　叙正四位下（弁官補任）
元亨四年四月二十七日　補蔵人頭、任中宮亮（花園院宸記）（弁官補任）去弁
元亨四年十月二十九日　辞頭亮（「花園院宸記」同三十日条）
嘉暦二年三月二十四日　還補蔵人頭、任治部卿（職事補任）
嘉暦二年七月十六日　任参議、治部卿如元
嘉暦二年八月十四日　兼弾正大弼
嘉暦三年正月五日　叙従三位
嘉暦三年三月十六日　兼丹波権守
嘉暦四年正月十三日　止弼
元徳元年九月二十六日　止卿
元徳二年正月五日　叙正三位
元徳二年二月七日　喪父、不復任
元徳二年二月十一日　辞参議
正慶元年五月二十二日　於伊豆国早川宿梟首、四十二歳

成隆（藤原）勧修寺流〈葉室〉尊卑二―一一一
権大納言頼藤二男
正応二年　誕生
永仁三年六月二十三日　叙爵
永仁四年十月二十四日　叙従五位上
正安二年正月五日　叙正五位下
嘉元三年正月二十二日　任三河守
延慶二年十一月十九日　任民部大輔
延慶四年正月十七日　任左衛門権佐、使宣
延慶四年二月三日　為防鴨河使
正和元年十月十二日　補蔵人（花園院宸記）民部大輔、去権佐
正和三年十一月十九日　任右少弁
正和四年二月二十一日　転左少弁
正和四年十月二十八日　叙従四位下
正和五年正月五日　叙従四位上
正和五年七月二十二日　転権右中弁

正和五年十一月二十四日　叙正四位下
文保元年二月五日　転右中弁
文保元年四月六日　為修理右宮城使
文保元年六月一日　転左中弁
文保元年六月二十一日　叙正四位上
文保二年二月二十七日　補花園院判官代（継塵記）
文保二年四月十四日　為修理左宮城使
文保三年三月九日　任宮内卿、補蔵人頭
元応元年八月七日　兼中宮亮
元応元年八月二十五日　止卿
元応二年三月二十四日　任参議
元応二年五月二十三日　叙従三位
元応二年八月二十七日　辞参議
元応二年十一月十七日　本座
元徳二年正月十三日　叙正三位
元徳二年　薨、四十二歳

斉信（藤原）為光流　尊卑一―三九四

太政大臣為光二男　母左少将藤原敦敏女
康保四年　誕生
天元四年正月七日　叙従五位下、冷泉院御給
永観二年九月二十三日　任侍従
永観二年十月十日　叙従五位上、父卿譲
寛和元年十二月二十四日　任右兵衛佐
寛和二年正月二十八日　任左少将
寛和二年七月二十二日　叙正五位下、恵子女王給
寛和二年八月二十三日　兼播磨介
寛和二年十一月二十八日　叙従四位下、兄誠信譲之、少将如元
永延元年九月四日　任左京大夫
永延三年三月四日　任右中将
永祚二年正月二十九日　任美作守
永祚二年七月一日　任左中将
正暦二年四月二十六日　叙従四位上、中将労
正暦五年八月二十八日　補蔵人頭

正暦六年正月　兼備中権守
長徳元年九月二十八日　兼播磨権守
長徳二年四月二十四日　任参議、左中将如元
長徳五年正月七日　叙正四位下（尊卑）
長保元年閏三月二十九日　兼勘解由長官
長保二年正月二十四日　兼伊予守
長保二年二月二十七日　兼中宮権大夫
長保二年十月二十一日　叙従三位、造宮行事賞
長保三年八月二十五日　任権中納言、権大夫如元
長保三年十月三日　兼右衛門督
長保三年十月十日　叙正三位、御賀
長保三年十二月十日　為使別当
長保四年二月三十日　転中宮大夫、元権大夫
寛弘元年十月二十一日　叙従二位、松尾平野行幸行事賞
寛弘三年六月二十八日　止別当
寛弘五年十月十六日　叙正二位、行幸中宮御給
寛弘六年三月四日　任権大納言、大夫如元
寛弘八年六月十三日　兼春宮大夫
長和五年正月十六日　兼按察使
長和五年正月二十九日　止春宮大夫、受禅
寛仁二年十月十六日　兼中宮大夫
寛仁四年十一月二十九日　転正
万寿五年二月十九日　兼民部卿
長元八年三月二十三日　薨、六十九歳

斉敏（藤原）小野宮流　尊卑二―四

摂政太政大臣実頼三男　母左大臣藤原時平女

延長六年　誕生
天慶七年二月二十八日　叙従五位下、陽成院延喜八年御給
天慶九年二月七日　任侍従
天暦四年正月三十日　任左兵衛権佐
天暦五年正月七日　叙従五位上
天暦七年正月七日　叙正五位下、中宮御給
天暦八年三月十四日　兼美濃権介
天暦九年二月十七日　補蔵人
天暦九年十一月二十二日　叙従四位下、朔旦

天暦十年三月二十四日　任右近権中将
天徳二年正月三十日　兼美濃権守
天徳三年正月二十六日　辞中将
康保三年九月十七日　任春宮権亮、冷泉院、元散位
康保四年十月七日　任参議、兼春宮亮、兼国如元
康保四年十月十一日　叙正四位下、前坊亮
康保五年正月十三日　兼伊予守
康保五年六月十四日　兼治部卿
安和二年十一月十一日　兼左兵衛督、去卿
安和三年正月二十八日　兼右衛門督、為使別当
天禄元年五月十八日　服解
天禄元年七月五日　復任
天禄四年正月八日　叙従三位
天禄四年正月二十八日　兼伊予守
天禄四年二月十四日　薨、四十六歳

清貫（藤原）　武智麿流　尊卑一―四一五
参議保則四男　母右中将在原業平女

貞観九年　誕生
仁和四年二月十日　任讃岐権大掾
寛平五年五月十六日　任中判事
寛平八年正月二十六日　任兵部少丞
寛平九年七月七日　補蔵人
寛平九年七月二十六日　任式部少丞
昌泰元年十一月二十一日　叙従五位下、蔵人、臨時
昌泰二年正月二十一日　任美濃介
昌泰二年三月七日　任兵部少輔
昌泰二年三月二十八日　補蔵人
昌泰三年二月二十日　兼相模権介
昌泰三年八月二十日　任式部権少補
延喜二年九月十五日　任右少弁
延喜四年正月七日　叙従五位上
延喜五年十月十五日　兼右衛門権佐
延喜六年三月二十五日　転左少弁
延喜七年正月七日　叙正五位下（弁官補任）
延喜八年正月十二日　転右中弁、兼春宮亮（弁官補任）

延喜八年八月二十八日　転左中弁
延喜九年正月七日　叙従四位下
延喜九年五月十一日　補蔵人頭
延喜十年正月十三日　任参議
延喜十年二月十五日　兼右大弁、春宮亮如元
延喜十一年正月十三日　兼讃岐権守
延喜十一年二月十五日　転左大弁
延喜十一年四月二十八日　兼式部大輔、去亮
延喜十二年正月七日　叙従四位上
延喜十三年正月二十八日　任権中納言、叙従三位
延喜十四年八月二十五日　転正
延喜十四年十月十四日　兼按察使
延喜十五年六月二十五日　兼右衛門督
延喜十九年九月十三日　転左衛門督
延喜二十年九月二十一日　兼民部卿
延喜二十一年正月七日　叙正三位
延喜二十一年正月三十日　任大納言、民部卿如元
延喜二十一年三月十三日　兼皇太子傅

延喜二十三年三月二十一日　止傅、皇太子薨
延長八年六月二十六日　薨、六十四歳

清行（安倍）

大納言安仁男
天長二年　誕生
承和三年春　補文章生（古今目録）
天安三年正月二十八日　見大内記（三実）正六位上
貞観二年十一月十六日　叙従五位下（三実）大内記
貞観六年正月十六日　任大宰少弐（三実）元従五位下勘解由次官
貞観十年二月十七日　復任大宰少弐（三実）
貞観十二年三月　任鋳銭長官（古今目録）
貞観十三年正月二十九日　任周防守（古今目録）
貞観十六年正月七日　叙従五位上（古今目録）
貞観十八年二月十五日　任左衛門権佐（古今目録）
元慶二年二月十五日　任右少弁（三実）元従五位上右衛門権佐

元慶二年十二月　補蔵人（古今目録）
元慶三年八月　任伊予守（古今目録）
元慶四年正月　任播磨守（古今目録）
元慶五年七月　任左少弁（古今目録）
元慶七年正月七日　叙正五位下（三実）
元慶八年五月二十六日　転右中弁（三実）
仁和二年正月十六日　任陸奥守（三実）（扶桑）元右中弁
仁和二年九月四日　叙従四位下（三実）
寛平六年正月十五日　任讃岐守（古今目録）
寛平七年八月　叙従四位上（古今目録）
昌泰三年　卒（古今目録）

清盛（平）高望流桓武平氏　尊卑四―三四
　刑部卿忠盛一男
元永元年　誕生
大治四年正月六日　叙従五位下、斎院御給、元院非蔵
　人
大治四年正月二十四日　任左兵衛佐
大治六年正月五日　叙従五位上、労
長承四年正月五日　叙正五位下
保延元年八月二十一日　叙従四位下、父忠盛搦進海賊賞、
　兵衛佐如元
保延二年四月七日　任中務大輔
保延三年正月三十日　兼肥後守、造進熊野本宮賞
保延六年十一月十四日　叙従四位上、中宮自小六条行啓三
　条殿賞
久安二年二月一日　叙正四位下、朝覲行幸賞、院御給
久安二年二月二日　兼安芸守
保元元年七月十一日　任播磨守、元安芸守、勲功
保元三年八月十日　任大宰大弐
平治元年五月二十八日　見後白河院別当（平二九七九）
永暦元年六月二十日　叙正三位、元正四位下、大弐如
　元、行幸六波羅賞
永暦元年八月十一日　任参議、大弐如元
永暦元年九月二日　兼右衛門督
永暦元年十二月三十日　辞大弐

永暦二年正月二十三日　兼近江権守、為使別当
応保元年九月十三日　任権中納言、督別当如元
応保二年四月七日　兼皇太后宮大夫
応保二年八月二十日　叙従二位、稲荷祇園行幸行事賞
応保二年九月　辞督別当
長寛三年正月二十三日　兼兵部卿
長寛三年八月十七日　任権大納言、兵部卿皇太后宮権大夫如元
永万二年六月六日　叙正二位、臨時
仁安元年十月十日　兼春宮大夫
仁安元年十一月十一日　任内大臣
仁安二年二月十一日　任太政大臣、叙従一位
仁安二年五月十七日　上表
仁安三年二月十一日　出家
治承四年六月十日　准三后宣旨
養和元年閏二月四日　薨、六十四歳
号六波羅入道太政大臣　平相国

清長（藤原）勧修寺流　尊卑二―六六
参議定長男　母安芸守藤原能盛女
承安元年　誕生
年月日　叙従五位下
寿永二年八月十六日　任河内守
元暦元年十月六日　任淡路守
元暦二年六月二十九日　更任河内守
文治三年正月五日　叙従五位上、院養和元年御給
文治三年十月十七日　見後白河院判官代（鎌二七六）
文治五年七月十日　兼勘解由次官
建久元年七月十八日　叙正五位下
建久六年十二月十五日　復任
建久八年十二月十七日　補蔵人
正治二年四月一日　任右（左カ）衛門権佐
建仁元年八月十九日　任右少弁（三長記）（弁官補任）止蔵人佐
建仁二年十月十九日　見後鳥羽院判官代（仙洞御移徙部類記）

元久元年四月十二日　転権右中弁
元久元年十一月十四日　叙従四位下、八幡賀茂行幸行事賞
元久三年四月三日　転右中弁
建永元年十月二十日　転左中弁
建永元年十月二十三日　叙従四位上
承元二年四月二十三日　見関白近衛家実政所別当（鎌一七三七）
承元二年七月九日　転右大弁
承元二年十二月九日　叙正四位下
承元三年正月十三日　補蔵人頭、去弁
承元三年正月十七日　任中宮亮
承元三年十二月二十日　見院司（仙洞御移徙部類記）
承元四年三月十九日　止亮、院号
承元四年六月十七日　任左京大夫
承元四年十二月十七日　叙従三位、元蔵人頭、左京大夫如元
建暦三年正月十三日　兼能登権守
建保二年十一月十日　出家
建保二年十二月　薨、四十四歳

清澄（藤原）宇合流　尊卑二―五三七
大蔵少輔八釣男
天長四年正月二十一日　叙従五位下（「類史」一七頁）
天長七年二月二十五日　見右衛門権佐（「要略」六三三頁）
天長十年十一月十八日　叙正五位下（続後紀）元従五位下
大膳大夫　備中守（尊卑）

清瀬（藤原）
世系不詳
貞観五年十二月十八日　見大蔵少輔（「要略」二〇六頁）
元慶元年四月二十六日　見備中介（三実）従五位下
元慶元年十一月二十一日　叙従五位上（三実）美濃介
元慶六年六月二十六日　見左衛門権佐（三実）

盛隆（藤原）勧修寺流　尊卑二―一一五
権中納言顕時男　母右京大夫藤原信輔女　改時光復本名

久安六年十二月二十二日　任修理亮（世紀）正六位上
仁平元年正月二十七日　見六位蔵人（宇槐記）
仁平四年正月二十三日　任甲斐守（兵範記）
保元二年十月二十二日　叙従五位上（兵範記）
永暦二年二月二十六日　見後白河院判官代（平三一三八）
永暦二年七月二十日　見甲斐守（山槐記）
応保二年正月二十七日　去任カ（山槐記）
仁安元年十月十日　任木工頭（山槐記除目部類）正五位下、止丹波守
仁安二年正月十九日　見木工頭（仙洞御移徙部類記）
仁安二年八月一日　任右衛門権佐、使宣（兵範記）
嘉応元年十一月二十三日　見後白河院判官代（平三五二一）
嘉応二年三月十九日　見右衛門権佐（玉葉）
嘉応二年七月二十六日　転左衛門権佐カ
承安元年五月二十日　見左衛門権佐（玉葉）
承安三年八月十八日　停左衛門権佐（玉葉）
治承三年十一月十八日　任春宮権大進（玉葉）于時時光
治承四年三月四日　任刑部少輔（「玉葉」同五日条）

（山槐記除目部類）正五位下、元春宮権大進
文治四年七月十四日　盛隆日来病脳籠居（玉葉）
文治五年正月十八日　叙正四位下（山槐記除目部類）修理権大夫

善男（伴）

参議国道五男

弘仁二年　誕生
承和八年二月　任大内記、元校書殿
承和九年正月　補蔵人
承和九年八月十一日　任式部大丞
承和十年正月二十三日　叙従五位下、臨時
承和十年二月十日　任讃岐権介
承和十一年二月八日　任右少弁
承和十四年正月七日　叙従五位上
承和十四年正月十日　補蔵人頭
承和十四年正月十二日　転右中弁

承和十五年正月七日　叙従四位下、越一階
承和十五年二月二日　任参議、元蔵人頭右中弁
承和十五年二月十四日　兼右大弁
承和十五年二月　為河内和泉班田使
嘉祥二年正月　兼下野守
嘉祥二年二月二十七日　兼右衛門督、弁如元
嘉祥二年六月十四日　為使別当
嘉祥二年九月二十六日　兼式部大輔、止弁
嘉祥三年四月十六日　叙従四位上
嘉祥三年四月　兼皇太后宮大夫
嘉祥四年正月十一日　兼美作守、兼官如元
仁寿二年五月　停別当
仁寿二年九月　兼式部大輔
仁寿三年正月七日　叙正四位下
仁寿三年四月　兼中宮大夫、大輔如元
仁寿四年正月十六日　兼讃岐守、大夫大輔如元
斉衡二年正月七日　叙従三位
天安二年四月十八日　叙正三位
天安三年正月十三日　兼伊予権守
貞観元年十二月十八日　兼民部卿、大夫如元
貞観二年正月十六日　任中納言、皇后宮大夫民部卿如元
貞観六年正月十六日　任大納言、皇后宮大夫民部卿如元
貞観八年閏三月十日　放火応天門
貞観八年九月二十三日　配流伊豆国
貞観十年　薨、六十歳
号伴大納言

宗経（藤原）勧修寺流　尊卑二―八八
従三位兵部卿経賢男　初名俊兼
貞応三年十月十六日　叙爵、于時俊兼
寛喜三年三月二十五日　任民部大輔
嘉禎二年三月四日　叙従五位上
嘉禎四年四月二十日　叙正五位下、辞大輔
仁治三年十月三日　任中宮権大進
宝治二年四月八日　任中宮大進、元前権大進
宝治二年十一月二日　任宮内大輔

建長三年三月十六日　任右衛門権佐、使宣（検非違使補任）
建長四年十二月四日　補蔵人、去佐
建長四年十二月九日　任兵部権大輔
康元元年十二月十三日　叙従四位下
康元二年正月二十二日　任宮内卿
正嘉元年十一月十日　叙従四位上
正嘉三年□月六日　叙正四位下
正元元年閏十月十五日　任左京大夫
弘長三年正月二十八日　兼因幡権守
文永元年十二月二十一日　叙従三位、去大夫
文永九年十月九日　出家（尊卑）

宗光（藤原）内麿流　尊卑二—二一九
右中弁有信二男　母参議藤原実政女
延久二年　誕生
承徳元年十二月二十九日　見文章生（中右記）
承徳二年二月三日　献策（中右記）
承徳二年十二月十六日　見正六位上越後掾（「大成抄」第八）同年遷図書権助
承徳三年正月二十三日　任式部少丞（世紀）元図書権助
長治元年四月　見式部大丞（扶桑古文集）
長治二年正月十六日　補蔵人（中右記）（永昌記）式部丞
長治三年正月五日　叙従五位下（中右記）
永久三年九月九日　見尾張権守（殿暦）
元永二年正月　任大内記（「大成抄」第五）
元永二年八月十四日　見大内記（長秋記）
保安二年正月　兼阿波介（「大成抄」第五）
大治元年正月二十二日　見大内記（長秋記）
大治四年正月二十六日　兼木工権頭（中右記）
天承二年正月二十六日　任右衛門権佐（中右記）正五位下、元大内記木工頭
長承二年五月六日　転左衛門権佐（中右記）
保延二年正月六日　叙従四位下（廷尉佐補任）
永治二年正月五日　叙従四位上（世紀）
康治二年十一月二十二日　卒（世紀）式部大輔、七十四歳

宗善（藤原）真楯流　尊卑一―三三
山城守永貞四男
延暦十四年　誕生
天長十年三月六日　叙従五位下（続後紀）
承和四年　任長門守（「文実」卒伝）
承和十年六月二十八日　任大監物（続後紀）従五位下
承和十一年　任美作守（「文実」卒伝）
仁寿二年二月十五日　任左衛門権佐（文実）従五位下
仁寿二年二月二十一日　為検非違使（文実）
斉衡二年正月七日　叙従五位上（文実）
斉衡二年正月十五日　任尾張守（文実）
天安二年四月十六日　卒去之由言上（文実）従五位上尾張守

宗忠（藤原）頼宗流　尊卑一―二五一
権大納言宗俊一男　母式部大輔藤原実綱女
康平五年　誕生
承保元年十一月二十三日　叙従五位下（尊卑）
承暦二年正月二十日　任侍従（尊卑）
永保二年正月五日　叙従五位上（尊卑）殿上一
永保三年正月二十一日　任右少将（尊卑）
応徳三年正月五日　叙正五位下（尊卑）労
応徳四年正月　兼美作介
寛治元年八月　遷左少将
寛治二年正月五日　叙従四位下（尊卑）労、止少将
寛治二年六月　任侍従
寛治四年正月五日　叙従四位上（尊卑）
寛治六年正月五日　叙正四位下（中右記）
寛治六年正月　兼讃岐介
寛治八年六月十三日　任右中弁（中右記）
嘉保三年四月二十一日　為修理左宮城使（中右記）
永長二年四月二十九日　兼内蔵頭（「中右記」同三十日条）
永長二年六月二十五日　復任（弁官補任）
承徳二年正月二十七日　転左中弁（弁官補任）
承徳二年十二月十七日　転右大弁、補蔵人頭

承徳二年十二月二十九日　為造興福寺長官
康和元年十二月十四日　任参議、大弁長官如元
康和二年正月　兼備前権守
康和二年五月二十二日　叙従三位、春日行幸行事賞
康和四年正月五日　叙正三位、行幸春日行事賞
康和六年正月二十八日　兼伊予権守、大弁労
嘉承元年十二月二十七日　任権中納言
嘉承二年正月二十六日　叙従二位（中右記）
天仁二年九月六日　叙正二位、太上皇御幸摂政第賞
天仁二年十二月二十二日　見白河院別当（平一七一四）
天永四年三月三十日　兼左兵衛督、為使別当
永久四年五月一日　辞督別当
保安元年六月　見白河院別当（平四九七五）
保安三年十二月十七日　任権大納言
大治五年二月二十一日　兼中宮大夫
天承元年十二月二十二日　任内大臣
保延二年十二月九日　転右大臣
保延四年正月五日　叙従一位
保延四年二月二十六日　出家
保延七年四月二十日　薨、八十歳
号中御門右大臣

宗通（藤原）頼宗流　尊卑一―二六九
右大臣俊家男　母備前守源兼長女
延久三年　誕生
永保元年十一月二十八日　童殿上（尊卑）
応徳元年八月二十一日　叙爵（尊卑）
応徳元年八月二十五日　任侍従（尊卑）
応徳三年十一月二十日　任右少将（尊卑）
応徳四年正月五日　叙従五位上（尊卑）
寛治元年十一月十八日　叙正五位下（世紀）院御給、大嘗会
寛治二年正月十九日　叙従四位下、行幸院司賞
寛治二年八月七日　叙従四位上（尊卑）行幸院賞
寛治三年正月五日　叙正四位下（尊卑）院御給
寛治三年正月二十八日　転左中将（尊卑）

寛治六年正月　兼伊予介
寛治六年四月十日　補蔵人頭（職事補任）
寛治八年六月十三日　任参議、中将如元
嘉保二年正月二日　叙従三位、行幸本院日、本院別当賞
嘉保二年正月　兼備後権守
嘉保二年四月十五日　叙正三位（尊卑）石清水賀茂行幸行事賞
承徳二年正月二十七日　任権中納言（尊卑）
康和二年正月二日　叙従二位、院行幸賞
康和二年七月二十四日　兼右衛門督、為使別当（尊卑）
康和三年正月二日　叙正二位、行幸院司賞
長治元年十二月　辞別当
天仁元年十月十四日　辞督、兼按察使
天仁二年十二月二十二日　見白河院別当（平一七一四）
天永二年正月二十三日　任権大納言、按察使如元
永久三年八月十三日　兼民部卿
永久六年正月二十六日　兼中宮大夫
保安元年七月二十二日　薨、五十歳
号坊門

宗能（藤原）頼宗流　尊卑一―二五一

右大臣宗忠一男　母美濃守藤原行房女

応徳元年　誕生
永長二年正月五日　叙爵、中宮御給、本名宗隆
康和二年十二月　任越前守※権守カ
康和四年正月二十三日　任左兵衛佐
康和五年正月六日　叙従五位上、簡一
康和五年十二月二十三日　叙正五位下、東宮行啓高陽院賞
長治二年正月十六日　補蔵人
長治三年三月十一日　任右少将
嘉承二年正月十六日　兼近江権介
嘉承二年七月十九日　止蔵人、天皇晏駕
嘉承二年十月十三日　新帝蔵人
嘉承二年十一月二十九日　叙従四位下、御即位
天仁元年十一月二十日　叙従四位上、大嘗会国司

永久二年正月二十二日　兼備中権介
元永三年正月二十八日　兼近江介
保安三年正月二十三日　転右中将
保安四年正月二十八日　兼近江権介
保安四年十一月十七日　叙正四位下、大嘗会国司
大治三年正月二十四日　兼備前介
大治五年十月五日　補蔵人頭
天承元年十二月二十二日　任参議、中将如元
天承二年正月五日　叙従三位、内大臣譲、春日行幸行
事賞
天承二年正月二十五日　兼丹波権守
長承二年九月二十一日　兼中宮権大夫
長承三年二月二十二日　任権中納言、中宮権大夫如元
長承四年三月十四日　兼右兵衛督
保延二年七月二十日　服解
保延二年十一月四日　転左兵衛督
保延三年十二月十六日　転右衛門督、為使別当ヵ
保延五年正月五日　叙正三位、中納言労六年

保延五年十月二十六日　叙従二位、成勝寺供養行幸賞、中
宮御給
保延六年十一月三十日　辞督別当
保延七年四月二十日　服解、父
永治元年九月二十五日　復任
永治元年十二月二日　転中宮大夫
永治元年十二月二十七日　改任皇太后宮大夫、依本宮転也
康治二年正月三日　叙正二位、朝覲行幸賞、大夫
久安五年七月二十八日　任権大納言
久安五年八月二日　皇太后宮大夫如元
久安六年二月二十七日　止大夫、依院号也
久寿二年九月二十三日　兼春宮大夫
保元元年九月十三日　転正
保元三年八月十一日　止大夫、依践祚也
応保元年九月十三日　任内大臣
長寛二年閏十月十三日　上表
仁安三年六月十二日　出家
嘉応二年二月十一日　薨、八十歳

号中御門内大臣

宗方（藤原）勧修寺流〈葉室〉尊卑二―一〇九

権大納言宗頼男　母参議藤原惟方女

建久二年二月四日　見中宮権大進（玉葉）

建久五年九月二十二日　叙正五位下（愚昧記）（仲資王記）

建久六年十一月十八日　見中宮（九条任子）職事（三長記）

建久六年十二月八日　任右衛門権佐カ（「三長記」同七日条）

建久七年十一月二十二日　見関白（九条兼実）別当（鎌八八五）右衛門権佐中宮権大進

建久九年正月十一日　見右衛門権佐（明月記）（三長記）正五位下

建久九年四月　見後鳥羽院別当（鎌九七七）右衛門権佐中宮権大進

建久九年四月二十一日　見右衛門権佐中宮権大進（仙洞御移徙部類記）

宗頼（藤原）勧修寺流〈葉室〉尊卑二―一〇九

権大納言光頼四男　母参議藤原親隆女　成頼卿為子

久寿元年　誕生

長寛二年十月二十六日　叙爵、八条院合爵

仁安二年八月一日　任三河守

仁安三年十一月二十日　叙従五位上、大嘗会、新院御給

仁安四年正月十一日　遷伯耆守

嘉応三年正月六日　叙正五位下、春日行幸行事賞、成頼卿譲

承安二年正月二十六日　得替

承安二年二月十日　任中宮権大進、册命日

承安二年四月二十三日　兼勘解由次官

承安四年九月九日　見後白河院判官代（平四八七六）

治承四年正月二十四日　転大進

養和元年十一月二十五日　止大進、依院号也

養和二年三月八日　叙従四位下、去次官

寿永二年正月五日　叙従四位上、臨時

元暦二年正月二十四日　叙正四位下、治国賞

文治元年十二月二十九日　任大蔵卿
文治二年三月十六日　補摂政（九条兼実）年預（玉葉）
文治三年正月二十三日　兼備中権守
文治五年七月十日　補蔵人頭
建久元年四月二十六日　兼中宮亮、册命日
建久四年正月二十九日　兼右大弁
建久五年正月三十日　兼越前権守、亮労
建久六年七月十六日　叙従三位、右大弁中宮亮越前権守
如元
建久六年十一月十二日　去亮
建久六年十二月九日　任参議、転左大弁、兼勘解由長
官（弁官補任）権守如元
建久七年二月一日　為造東大寺長官
建久九年正月三十日　兼讃岐権守
建久九年十二月九日　任権中納言
建久十年正月五日　叙正三位、臨時
正治元年六月二十二日　兼左衛門督、為使別当
正治元年十一月二十七日　叙従二位、行幸院、院別当
正治元年十二月十六日　為守成親王勅別当
正治二年正月二十二日　辞督別当
正治二年四月一日　兼大宰権帥
正治二年四月十五日　兼春宮権大夫
建仁元年三月十一日　辞権帥
建仁二年正月二十七日　叙正二位
建仁二年七月二十三日　任権大納言
建仁三年正月二十一日　出家
建仁三年正月二十九日　薨、五十歳

宗隆（藤原）勧修寺流　尊卑二—九九
権中納言長方一男　母少納言藤原通憲女
仁安元年　誕生
嘉応二年十二月五日　叙爵、皇后宮嘉応元年未給
承安四年正月二十四日　任甲斐守
治承二年正月二十八日　任備後守、元甲斐守
治承三年十二月十二日　任甲斐守
治承五年三月二十六日　叙従五位上、長方譲、平治元年大

嘗会国司賞
寿永二年八月十六日　任淡路守
寿永三年正月六日　叙正五位下、八条院承安元年未給
文治元年十二月十五日　補蔵人、任勘解由次官
文治五年七月十日　任右少弁
文治五年九月十六日　任左衛門権佐、蔵人弁官如元
文治五年九月十七日　使宣
文治六年正月二十四日　辞蔵人佐
建久元年十月二十七日　転左少弁（弁官補任）
建久二年二月　服解、父
建久二年五月二日　復任（弁官補任）
建久三年三月　見後白河院別当（鎌五八四）
建久三年四月二十一日　見甲斐知行国主（心記）
建久五年九月十七日　転権右中弁、叙従四位下
建久六年四月七日　叙従四位上、稲荷祇園行幸賞
建久六年五月二十九日　除籍、依不仕也
建久六年十一月十二日　転右中弁
建久六年十二月九日　転左中弁
建久七年二月一日　為修理左宮城使
建久七年十二月五日　為氏院別当
建久七年十一月二十二日　見関白（九条兼実）別当（鎌八八五）
建久八年二月　見関白（近衛基通）別当（鎌九〇一）
建久九年正月二十五日　補左大将（近衛家実）家司（猪隈関白記）
建久九年正月三十日　補蔵人頭
建久九年二月二十六日　叙正四位下、臨時
建久九年四月　見後鳥羽院別当（鎌九七七）
建久九年十二月九日　任参議、転左大弁
建久十年三月二十三日　兼勘解由長官、兼備後権守
正治二年正月五日　叙従三位、大弁労
建仁元年八月十九日　任権中納言
建仁二年十一月十九日　叙正三位
元久二年三月二十八日　薨（明月記）四十歳
号梅小路中納言

泰憲（藤原）勧修寺流　尊卑二―一二二

春宮亮泰通二男　母紀伊守源致時女従三位隆子

寛弘四年　誕生

年月日　補東宮蔵人

寛仁三年正月二十三日　任典薬助、春宮御給

長元三年正月二十六日　任左近将監

長元三年三月八日　叙従五位下、春宮御給

長元四年三月　任春宮権大進

長元四年十一月二十八日　任中務少輔

長元七年正月六日　叙従五位上、春宮御給

長元七年六月二十九日　叙正五位下、去正月行幸上東門院、
判官代賞

長元八年三月四日　遷春宮権大進

長元九年六月二十七日　任民部権少輔、先坊大進

長元十年正月二十三日　兼阿波守、先坊大進

長元十年三月一日　兼中宮権大進

長暦三年八月　止大進、本宮崩

長暦四年六月八日　任左衛門権佐（春記）止阿波守

長暦四年六月十四日　使宣（春記）

長久二年正月十二日　補蔵人

長久二年十一月九日　兼右少弁

長久三年四月二日　為防鴨河使

長久五年正月二十四日　兼民部権大輔

寛徳二年正月十六日　新帝蔵人

寛徳三年二月十一日　任近江守、大輔弁等如元

永承三年十二月七日　転左少弁

永承四年十二月　延任近江守、二ケ年

永承五年九月十七日　転右中弁、兼官如元

永承五年十一月十三日　叙従四位下、朔旦

永承五年十一月二十五日　叙従四位上、後朱雀院行幸上東門
院判官代追賞

永承七年十二月十四日　叙正四位下、悠紀国司追賞

天喜二年二月　止守

天喜四年二月三日　兼因幡権守

天喜五年二月三十日　任播磨守、右中弁如元

天喜六年四月二十五日　転権左中弁
康平五年三月十二日　転左中弁
康平五年六月十九日　為造興福寺長官
康平六年二月二十七日　補蔵人頭
康平七年十月二十六日　兼近江権介
治暦元年十二月八日　任参議、転左大弁
治暦二年二月八日　兼播磨権守
治暦二年六月二十七日　叙従三位
治暦二年十二月八日　兼勘解由長官
治暦三年正月五日　叙正三位、後朱雀院坊官賞
延久二年十一月二十八日　叙従二位、平野北野行幸行事賞
延久三年正月二十八日　兼近江権守
延久三年十一月十八日　兼太皇太后宮権大夫
延久四年十二月二日　任権中納言
延久五年七月二十七日　叙正二位、大弁時造大極殿行事賞
承保二年十二月十五日　兼太皇太后宮権大夫
承暦四年八月十四日　辞納言
承暦四年八月二十二日　任民部卿
承暦五年正月四日　薨、七十五歳

知綱（藤原）良世流　尊卑二—一四九
肥後守義綱男　母摂津守藤原範永女
康平四年九月二十一日　見蔵人左兵衛尉（定家朝臣記）
承保四年九月二日　見勘解由次官（水左記）
永保元年三月十九日　見勘解由次官（師記）
永保元年十一月二十八日　還補中宮職事（大記）
応徳三年十一月二十六日　見院判官代（譲位践祚部類）※同名別人の可能性あり
寛治二年正月十九日　叙正五位下（中右記）摂政家司
寛治二年十二月十四日　見太皇太后宮大進（任槐大饗部類記）
寛治五年正月十九日　見右衛門権佐（江記）
寛治八年四月十四日　見右衛門権佐（江記）
寛治八年夏　卒ヵ（「中右記」同年七月十三日条）

致忠（藤原）武智麿流　尊卑二—四二三
大納言元方男　母摂津介藤原賀備能女
天暦二年六月十二日　見学生（貞信公記抄）
天暦二年六月十三日　文章生試（「符宣抄」二六一頁）
天暦十一年正月十四日　見蔵人（九条殿記）
天徳三年二月六日　見備後守（「符宣抄」二一五頁）任符請印
康保初年頃　見右衛門権佐（二中歴）
永観三年三月二十七日　見致忠朝臣（小右記）
永延二年六月十四日　見右馬権頭（小右記）
長保元年十二月二十八日　配流佐渡国（小右記）
従四位下　右京大夫（尊卑）

中興（平）高棟流桓武平氏　尊卑四—四
右大弁季長一男
昌泰元年十二月八日　補蔵人（古今目録）
昌泰三年二月十五日　補文章生（古今目録）
昌泰三年八月　任少内記（古今目録）
昌泰三年八月二十日　任大内記（古今目録）
延喜三年正月十一日　兼近江権少掾（古今目録）
延喜四年正月七日　叙従五位下（古今目録）
延喜四年正月二十五日　任遠江守（古今目録）
延喜五年七月一日　見遠江守（西宮記）
延喜十年正月十三日　任讃岐守（古今目録）
延喜十五年正月七日　叙従五位上（古今目録）
延喜十五年正月十二日　任近江守（古今目録）※大和物語には近江介と見える
延喜十五年閏二月　昇殿（古今目録）
延喜十九年正月十八日　任左衛門権佐（古今目録）
延喜二十二年正月三十日　任美濃権守（古今目録）

仲兼（平）高棟流桓武平氏　尊卑四—一〇
兵部卿時仲男　母筑後守惟宗行貞女
宝治二年　誕生
正嘉元年五月七日　叙爵
正元元年十二月三十日　任民部大輔

文応二年正月五日　叙従五位上
弘長三年正月六日　叙正五位下
文永十一年三月二十六日　見民部大輔（後宇多院御即位記）
文永十一年十二月二十日　任甲斐守
建治二年正月二十三日　遷勘解由次官、元民部大輔
建治三年五月十四日　任左衛門権佐、使宣
建治三年九月十三日　為防鴨河使
建治四年二月八日　去守
弘安三年六月二十七日　補蔵人
弘安三年七月十一日　遷兵部権大輔、元権佐
弘安六年六月十日　見近衛殿家司（勘仲記）
弘安六年七月二十日　見甲斐国務（勘仲記）
弘安八年三月六日　任右少弁、元蔵人
弘安九年七月十一日　叙正五位上
弘安十年十二月十日　転左少弁、叙従四位下（伏見院宸記）（実躬卿記）
正応元年十月二十七日　転権右中弁
正応元年十一月八日　叙従四位上
正応二年正月十三日　転左中弁、叙正四位下
正応二年二月二十四日　為修理左宮城使
正応二年十月十八日　転右大弁
正応二年十月二十七日　叙正四位上
正応三年二月八日　転左大弁
正応三年二月十八日　為造東大寺長官
正応三年九月二十一日　兼中宮亮
正応三年十一月二十一日　補蔵人頭
正応五年二月五日　任参議、中宮亮如元
正応五年五月十五日　叙従三位
正応五年十二月二十五日　止亮
正応五年十二月三十日　辞参議
正応六年正月二十四日　本座
永仁二年七月二日　叙正三位
永仁三年正月二十八日　大宰大弐
永仁七年四月十二日　叙従二位
正安二年十二月十二日　止大弐
乾元二年四月十六日　任権中納言

乾元二年五月十八日　辞納言
嘉元三年三月二日　出家、五十八歳

仲兼（源）
世系等不詳
延長中頃　見右衛門権佐（二中歴）

仲高（平）高棟流桓武平氏　尊卑四―一〇
権中納言仲兼男
弘安六年七月二十日　任備前守（勘仲記）
弘安十年六月五日　任右衛門大尉（勘仲記）蔵人
弘安十年六月二十九日　被止位記（勘仲記）
弘安十一年四月七日　叙従五位上（勘仲記）
弘安十一年八月二十日　任中宮少進（勘仲記）
正応二年四月二十四日　見中宮権大進（勘仲記）
永仁二年三月十八日　見中宮権大進（勘仲記）
永仁六年八月三日　見勘解由次官中宮権大進（伏見院庁始記）院判官代

永仁七年正月二十四日　見右衛門権佐（雅俊卿記）
正安元年九月　転左衛門権佐カ
正安二年正月十八日　見左衛門権佐（勘仲記）
正安二年五月二十五日　補蔵人（職事補任）正五位下春宮権大進、去権佐
正安三年正月二十一日　新帝蔵人（職事補任）散位
正安三年正月二十二日　補後伏見院判官代（御脱屣記）
正安三年二月八日　見後伏見院判官代（後伏見院御幸始記）蔵人
正安四年六月二十二日　任右京大夫（職事補任）
乾元二年五月九日　見蔵人右京権大夫（公衡公記別記）
嘉元元年八月二十八日　任右少弁（職事補任）（弁官補任）正五位下、去蔵人右京大夫
嘉元三年三月二日　出家（弁官補任）
元亨四年　卒（纂要）

仲守（笠）
世系等不詳
弘仁十一年正月七日　叙従五位下（『類史』一一頁）
弘仁十四年四月二十七日　叙従五位上（『類史』一四頁）
天長元年　任左衛門権佐（編年記）
天長四年五月十四日　見従五位上左少弁左衛門権佐（経国集）
天長五年正月七日　叙正五位下（『類史』一八頁）
天長七年正月七日　叙従四位下（『類史』一九頁）
承和元年二月二日　見左中弁（続後紀）
承和二年十二月四日　卒（続後紀）従四位下左中弁

忠雅（藤原）師実流　尊卑一―一九七
権中納言忠宗二男　母参議藤原家保女
天治元年　誕生
大治四年正月七日　叙爵、氏
保延元年十二月二十四日　任土佐権守
保延二年正月二十七日　任右少将
保延二年四月七日　遷左少将
保延二年六月五日　兼美濃守
保延三年正月七日　叙従五位上、女院未給
保延三年四月三日　叙正五位下、院未給
保延三年十二月十七日　叙従四位下
保延五年正月四日　叙従四位上、行幸院賞
保延五年正月二十四日　任左中将
保延五年二月五日　辞守
保延五年八月十七日　兼春宮権亮
保延五年八月二十七日　叙正四位下、春宮還入禁中賞
保延□年　兼讃岐介
永治元年十二月二日　叙正四位上、東宮入内賞
永治元年十二月六日　補蔵人頭
永治元年十二月七日　止権亮、補新帝蔵人頭
永治二年正月五日　叙従三位、坊官賞、左中将如元
康治二年正月二十七日　兼美作権守
久安元年十一月十七日　任参議、左中将美作権守如元
久安三年正月二十八日　兼播磨権守

久安四年八月二十二日　叙正三位、平野大原野行幸行事
久安四年十一月十三日　任権中納言
久安六年八月三十日　兼右兵衛督
仁平二年正月二十八日　転左兵衛督
久寿二年二月二十五日　為使別当
保元元年九月十三日　転正
保元元年九月十七日　転左衛門督、別当如元
保元二年三月　辞別当
保元三年五月二十一日　辞督
保元四年正月二日　叙従二位、行幸院、別当
平治元年五月二十八日　見後白河院別当（平二九七九）
永暦元年四月二日　任権大納言
永暦二年正月二十七日　叙正二位、行幸院、別当
応保元年九月十三日　転正
仁安元年八月二十七日　兼右大将
仁安元年十一月二十五日　為右馬寮御監
仁安二年二月十一日　任内大臣、右大将如元
仁安三年八月十日　任太政大臣、叙従一位
嘉応二年六月六日　上表
元暦二年二月十五日　出家
建久四年八月二十六日　薨、七十歳
　号花山院太政大臣

忠基（藤原）良平流　尊卑一—八八
　権大納言高実男　母権大納言藤原経通女
寛喜二年　誕生
年月日　任右中将
寛元四年正月二十九日　見院殿上人（経俊卿記）四位
寛元五年正月五日　叙従三位
寛元五年正月七日　右中将如元
宝治二年正月二十三日　兼播磨権守
宝治二年八月二日　服解、父
建長三年正月五日　叙正三位
弘長二年正月二十六日　任参議
弘長二年三月二十九日　叙従二位、朝覲行幸、琮子内親王御給

弘長二年七月十六日　兼右衛門督、為使別当
弘長二年閏七月　辞別当
弘長二年十二月二十一日　辞両職
弘長三年二月三日　出家
弘長三年二月五日　薨、三十四歳

忠教（藤原）師実流　尊卑一―二一七

摂政太政大臣師実五男　母散位藤原永業女
承保二年　誕生
応徳三年二月二十九日　叙爵（尊卑）
寛治二年七月二日　任民部権少輔（尊卑）
寛治三年正月二十八日　任美作守（尊卑）
寛治四年八月十日　遷尾張守（尊卑）
寛治五年八月六日　任左少将（尊卑）守如元
寛治六年正月五日　叙従五位上（尊卑）
寛治七年二月十六日　叙正五位下、郁芳門院入内日賞
寛治七年四月六日　任斎院長官（尊卑）少将守等如元
寛治八年三月三十日　叙従四位下、郁芳門院去寛治元年御給
嘉保元年十二月十七日　叙従四位上
嘉保二年正月二日　叙正四位下、院行幸賞
嘉保二年正月　兼尾張守
嘉保三年正月二十四日　転左中将（尊卑）
永長二年四月　辞長官
康和元年十二月十四日　補蔵人頭（職事補任）
康和二年七月十七日　任参議、中将如元
康和二年七月二十三日　叙従三位、造宮賞、任国所課
康和二年七月二十四日　遷右中将
康和三年二月　兼讃岐権守
康和三年二月十三日　服解
康和三年三月十五日　復任
康和五年十一月　遷左中将
康和六年正月二十八日　叙正三位、右大臣譲、去永長二年春日行幸賞
長治三年三月十一日　兼讃岐権守
天永二年正月二十三日　任権中納言

天永三年正月二十六日　兼太皇太后宮権大夫
永久元年十月二十九日　兼右兵衛督（尊卑）
永久三年四月　転正大夫
永久四年五月五日　為使別当
永久四年十二月二十二日　遷左兵衛督
元永二年七月三十日　叙従二位、天仁二年賀茂行幸行事
賞
保安元年六月　見白河院別当（平四九七五）
保安二年正月二十二日　為若宮勅別当
保安二年六月二十六日　兼民部卿
保安三年十二月十七日　任権大納言、民部卿如元
大治三年十二月五日　服解、母
大治四年正月二十三日　復任
大治五年四月二十八日　叙正二位（中右記）松尾北野行幸
行事賞
長承三年三月七日　兼中宮大夫
保延二年二月十一日　見鳥羽院別当（平二三三九）
保延二年十二月九日　転正
保延七年三月十日　出家
永治元年十月二十五日　薨、六十六歳

忠顕（平）高棟流桓武平氏　尊卑四―八
権中納言忠世男
弘安十一年正月三日　見前土佐守（公衡公記）
弘安十一年正月二十六日　見皇后宮権大進（実躬卿記）
正応二年正月一日　見土佐守（公衡公記）
正応二年四月二十五日　兼春宮権大進（公衡公記）（勘仲
記）正五位下土佐守
正応四年十月十五日　任右衛門権佐、使宣（「実躬卿記」
同十六日条）
永仁二年正月十八日　見右衛門権佐（勘仲記）
永仁三年六月二十六日　補蔵人（職事補任）正五位下右衛
門権佐
永仁五年五月十三日　止蔵人等（職事補任）
永仁六年六月八日　任右少弁（弁官補任）
永仁六年七月二十七日　辞弁（弁官補任）

正五位上　春宮大進（尊卑）

忠高（藤原）勧修寺流〈九条〉尊卑二―六九

権中納言定高一男　母参議藤原親雅女

建保元年　　誕生
建保七年正月五日　叙爵、斎宮
元仁二年正月二十三日　任伊賀守
元仁二年十二月二十二日　遷勘解由次官
嘉禄三年正月五日　叙従五位上、東一条院御給
安貞二年正月五日　叙正五位下、臨時
寛喜元年七月二十六日　見関白（九条道家）家司（玉蘂）
寛喜元年十月二十日　補関白姫君（竴子）家司（玉蘂）
寛喜二年二月十六日　兼中宮大進
寛喜三年三月二十五日　任左衛門権佐、大進如元、去次官
寛喜三年四月十九日　見秀仁親王家司（民経記）
寛喜三年四月二十九日　任右少弁（民経記）佐大進如元
寛喜三年七月五日　見関白（九条教実）家司（民経記）
寛喜三年十月二十日　為防鴨河使
寛喜三年十月二十八日　兼春宮大進、去中宮大進
貞永元年五月十四日　大理未補之程、左佐忠高可行庁務（民経記）
貞永元年十月四日　止大進、補蔵人（民経記）受禅
貞永二年正月二十八日　転左少弁
貞永二年四月十四日　見藻壁門院判官代（民経記）
天福元年十二月二日　去蔵人佐
文暦元年十二月二十一日　叙正五位上
文暦二年六月十七日　転権右中弁、叙従四位下
嘉禎二年二月三十日　転右中弁
嘉禎二年十二月十八日　叙従四位上、補蔵人頭
嘉禎三年正月二十四日　転左中弁
嘉禎三年二月二十一日　為修理左宮城使
嘉禎三年三月十日　補摂政（近衛兼経）家司（玉蘂）
嘉禎三年四月二十四日　叙正四位下、石清水賀茂行幸行事賞
嘉禎四年正月二十二日　喪父
嘉禎四年閏二月六日　復任

嘉禎四年閏二月二十七日　転右大弁
嘉禎四年四月二十日　任参議、転左大弁
嘉禎四年四月二十三日　兼勘解由長官
暦仁二年正月二十四日　叙従三位
延応二年正月二十二日　兼播磨権守
仁治二年二月一日　任権中納言
仁治三年十一月二十二日　叙正三位
寛元二年六月十三日　辞納言
寛元四年正月五日　叙従二位
建長六年九月六日　叙正二位
建長八年四月五日　任民部卿
文応元年八月二十八日　任中納言
弘長元年三月二十七日　辞納言
文永九年　出家
建治二年五月四日　薨（尊卑）六十四歳

忠岑（高階）
世系等不詳

元慶元年十一月二十一日　叙従五位下（三実）元正六位上内蔵権助
仁和二年二月二十一日　任讃岐権守（三実）元内蔵権助
寛平頃　見左衛門権佐（二中歴）

忠親（藤原）師実流　尊卑一—二〇五
権中納言忠宗二男　母参議藤原家保女
天承元年　誕生
保延六年正月六日　叙爵、無品叡子内親王給
久安五年四月九日　任左衛門佐
久安六年五月二十四日　補蔵人
久安七年正月六日　叙従五位上、労
仁平元年四月二十二日　解官
仁平元年九月四日　更補蔵人
仁平二年九月九日　叙正五位下、美福門院未給
仁平四年正月二十三日　兼播磨権介
久寿二年七月二十三日　止蔵人
久寿二年八月二十五日　更蔵人

久寿三年四月六日　任右少将
保元二年正月二十四日　任尾張権介、叙従四位下、労
保元三年五月二十一日　任左中将
保元四年正月六日　叙従四位上、祖父左大臣春日行幸
行事
平治二年正月五日　叙正四位下、中宮御給
永暦元年十月三日　補蔵人頭
応保二年二月十九日　兼中宮権亮
応保三年正月二十四日　兼因幡権守
長寛二年正月二十一日　任参議、左中将因幡権守如元
仁安二年正月二十八日　叙従三位、行幸院司
仁安二年正月三十日　兼備前権守
仁安二年二月十一日　任権中納言
仁安三年三月十一日　叙正三位、臨時
安元二年正月三日　叙従二位、朝観行幸賞、建春門院
御給
安元三年正月二十四日　兼右衛門督、為使別当
治承二年六月二十日　見後白河院別当（平三八三六）
治承二年七月二十六日　兼中宮権大夫
治承三年正月十九日　辞督別当
治承三年十一月十七日　兼春宮権大夫、止中宮権大夫
治承四年正月二十日　叙正二位、春宮御着袴賞
治承四年二月二十一日　止大夫、依受禅也
養和元年十一月二十五日　補建礼門院別当
寿永元年十月三日　転正
寿永二年正月二十二日　任権大納言
文治五年七月十日　転正
建久二年三月二十八日　任内大臣
建久五年七月二十六日　上表
建久五年十二月十五日　出家
建久六年三月十二日　薨、六十五歳
号中山内大臣

忠世（平）高棟流桓武平氏　尊卑四―八
権大納言時継男　母従二位高階経雅女
建長三年正月五日　叙爵、臨時

建長八年正月六日　叙従五位上
正嘉元年三月二十九日　任左兵衛佐
正嘉二年正月五日　叙正五位下
正嘉二年八月七日　兼春宮少進
正嘉二年十一月六日　転権大進
弘長元年十二月二十六日　見左兵衛権佐（仙洞御移徙部類記）
弘長二年十二月二日　任皇后宮権大進
文永元年五月十七日　兼丹波守
文永元年十月二十六日　転大進
文永八年十一月二十九日　任右衛門権佐、使宣
文永十年五月三日　転左衛門権佐、補蔵人
文永十年七月一日　為防鴨河使
文永十一年正月二十六日　新帝蔵人（職事補任）
文永十一年九月十日　任右少弁、去蔵人佐
建治元年十二月二十六日　転左少弁（吉続記）
建治三年正月二十四日　叙正五位上、朝覲行幸賞
建治三年五月十四日　転権右中弁、叙従四位下
弘安二年正月五日　叙従四位上
弘安三年二月十六日　転右中弁
弘安三年四月六日　為修理右宮城使
弘安四年四月六日　叙正四位下
弘安六年三月二十六日　転右大弁
弘安七年正月六日　叙正四位上
弘安七年正月十三日　遷大蔵卿、補蔵人頭
弘安八年三月六日　任参議
弘安八年六月十三日　叙従三位
弘安九年正月十三日　兼備後権守
弘安十一年四月七日　叙正三位
正応元年十月二十七日　任権中納言
正応二年八月七日　叙従二位
正応二年十月十八日　辞納言
正応二年十月二十三日　本座
正応四年十月二十一日　出家
正応四年十月二十四日　薨
後深草院執権（洞院家廿巻部類）

忠文（藤原）宇合流　尊卑二―五二六
参議枝良三男　母息長氏
貞観十五年　　誕生
寛平二年二月二十七日　任内舎人
延喜二年九月十五日　任修理少進
延喜四年正月七日　叙従五位下、陽成院
延喜七年二月二十九日　任左馬頭
延喜十四年四月二十二日　兼紀伊権介
延喜十七年正月七日　叙従五位上
延喜十七年五月二十日　任左衛門権佐
延喜十九年正月二十八日　任右少将
延喜二十年九月二十一日　兼播磨介
延喜二十二年二月二十八日　叙正五位下
延喜二十三年四月二十九日　兼春宮大進
延長三年正月三十日　兼讃岐介
延長四年正月七日　叙従四位下
延長四年正月二十九日　任摂津守
延長九年三月十三日　任丹波守
承平二年十一月十六日　叙従四位上、主基
承平六年正月二十九日　任大和守
承平七年三月八日　任修理大夫
承平八年正月七日　叙正四位下
天慶二年十二月二十七日　任参議、修理大夫如元
天慶三年正月十九日　兼右衛門督、為征東大将軍、大夫如元
天慶四年三月二十八日　兼備前守
天慶四年十二月十八日　兼民部卿、去督
天慶九年二月一日　兼紀伊権守
天暦元年六月二十六日　卒、七十五歳
号宇治民部卿　贈中納言正三位

忠平（藤原）冬嗣流　尊卑一―四九
関白太政大臣基経四男　母弾正尹人康親王女
元慶四年　　誕生
寛平七年八月十一日　叙正五位下
寛平八年正月二十六日　任侍従

寛平九年二月十四日　兼備後権守
寛平十年正月二十九日　兼備後権守
昌泰元年十一月二十二日　叙従四位下
昌泰三年正月二十八日　任参議、侍従如元
昌泰三年二月二十日　辞参議
昌泰三年五月十五日　任右大弁、侍従如元
延喜三年正月七日　叙従四位上
延喜五年正月十一日　兼備前権守
延喜八年正月二十二日　還任参議、右大弁権守如元
延喜八年二月二十四日　兼春宮大夫
延喜八年八月二十六日　兼左兵衛督
延喜八年九月一日　為使別当
延喜九年四月九日　叙従三位、任権中納言、大夫督
等如元
延喜九年五月十一日　為蔵人所別当
延喜九年九月二十七日　兼右大将、大夫如元
延喜九年十月二十二日　使別当如元
延喜十年正月十三日　転正、大将大夫使別当如元

延喜十一年正月十三日　任大納言、春宮大夫右大将等如元
延喜十一年三月　使別当如元、大納言後不去別当
例
延喜十一年十二月二十八日　止別当
延喜十三年正月七日　叙正三位
延喜十三年四月十五日　転左大将
延喜十四年八月二十五日　任右大臣、左大将如元
延喜十六年二月二十八日　叙従二位
延長二年正月七日　叙正二位
延長二年正月二十二日　転左大臣、左大将如元
延長三年十月二十一日　兼東宮傅
延長八年九月二十二日　止傅、詔摂政、受禅
延長八年十二月十七日　止大将
承平二年十一月二十六日　叙従一位
承平六年八月十九日　任太政大臣
天慶四年十月三十日　辞摂政
天慶四年十一月八日　詔関白
天暦三年八月十四日　薨、七十歳

諡号貞信公　号小一条太政大臣

忠方（藤原）勧修寺流〈姉小路〉尊卑二―九九

権大納言顕朝一男　母権中納言藤原定高女

嘉禎元年十一月十九日　叙爵

寛元三年八月五日　任備中守

寛元四年正月五日　叙従五位上、簡一

寛元四年正月二十八日　見関白（一条実経）家司（葉黄記）

寛元四年八月十八日　補関白北政所家司（葉黄記）

宝治三年正月二十四日　任備前守

建長二年正月五日　叙正五位下、大宮院当年御給

建長八年六月七日　見後嵯峨院院司（経俊卿記）

正嘉二年正月十三日　任右少弁

正嘉二年七月九日　叙正五位上

弘長元年三月二十七日　転左少弁

弘長元年九月二十六日　兼左衛門権佐、使宣

弘長元年十一月　見後嵯峨院別当（鎌八七四一）

弘長元年　為勧学院別当

弘長二年二月二日　補蔵人（職事補任）

弘長二年三月一日　為防鴨河使

弘長二年四月八日　辞蔵人佐

弘長二年十二月二十一日　転右中弁、叙従四位下

弘長三年正月二十八日　叙従四位上

弘長三年二月二日　為修理右宮城使

文永二年正月三十日　叙正四位下

文永二年閏四月二十三日　転左中弁

文永二年五月二十六日　為修理左宮城使

文永三年二月一日　補蔵人頭

文永三年九月二十日　遭父喪

文永三年十月十九日　復任

文永五年十二月二日　任参議、転左大弁

文永五年十二月三十日　為造東大寺長官

文永六年五月一日　叙従三位

文永七年正月二十一日　任権中納言

文永七年十二月四日　叙正三位

文永八年四月七日　辞納言

弘安五年十二月十九日　薨、四十二歳、或四十四歳

忠望（平）高棟流桓武平氏　尊卑四―八
右少弁忠顕男
元亨元年四月六日　補蔵人（職事補任）散位正五位下
元亨三年九月二十八日　任左衛門権佐（「花園院宸記」同三十日条）
元亨三年十一月五日　左佐忠望庁務（花園院宸記）
元亨四年四月二十七日　任権右少弁（弁官補任）
元亨四年九月二十三日　還補蔵人（職事補任）
元亨四年十月一日　出家（花園院宸記）
正五位上　春宮大進（尊卑）

長季（源）醍醐源氏　尊卑三―四六二
右馬頭守隆男
長元八年正月九日　見廷尉侍中（左経記）
長元八年三月十一日　叙従五位下（左経記）元蔵人左衛門尉

長暦三年十二月十六日　任三河守（春記）
長暦四年九月四日　見三河守（春記）
永承元年十月　任右衛門権佐カ
永承元年十一月十三日　叙従四位下（「勘仲記」弘安十一年正月五日条）右衛門権佐
天喜二年二月　遷備前守（「勘仲記」弘安十一年正月五日条）
康平三年七月十七日　見備後守（定家朝臣記）※備前守カ
承保四年七月二十三日　見長季朝臣（水左記）
承保四年八月二十五日　見土佐守（水左記）
承保四年十月二十六日　見土佐守（水左記）
承暦四年十一月十二日　出家（水左記）前土佐守
従四位上　少納言　右馬頭（尊卑）

長光（藤原）勧修寺流〈葉室〉尊卑二―一一〇
権大納言長隆男
延慶二年　誕生
延慶四年正月五日　叙従五位下、昭訓門院当年御給

正和三年正月五日　叙従五位上、広義門院当年御給
正和四年正月十四日　叙正五位下
元亨元年十二月二十一日　任治部少輔
元亨四年正月十三日　任右衛門権佐、使宣
元亨四年四月二十七日　転左衛門権佐、為防鴨河使
元亨四年九月二日　兼中宮権大進
正中二年十月二十六日　補蔵人
嘉暦元年六月二十三日　兼右少弁
嘉暦元年八月二日　為記録所寄人
嘉暦元年十二月二十一日　兼加賀守、去権佐
嘉暦二年七月十六日　転中宮大進
嘉暦三年三月十六日　去加賀守
嘉暦三年九月二十三日　叙正五位上
嘉暦三年十一月二十七日　転左少弁
嘉暦四年六月二十八日　転権右中弁
元徳元年九月二十六日　叙従四位下
元徳二年正月五日　叙従四位上
元徳二年四月六日　転右中弁、為修理右宮城使
元徳三年正月五日　叙正四位下、新院当年御給
元徳三年正月十三日　補蔵人頭、兼中宮亮、後日止召
名
元徳三年二月二十一日　任右兵衛督
元弘元年十月五日　任右大弁、去督
元弘元年十月二十八日　転左大弁
元弘元年十二月二十日　叙正四位上
正慶元年十月二十一日　任参議、兼左兵衛督
元弘三年五月十七日　止官位、復正四位下
元弘三年十二月七日　任中宮亮
建武元年三月二十三日　任参議、中宮亮如元
建武二年正月五日　叙従三位、昭訓門院院司賞
建武二年正月十三日　兼周防権守
建武四年正月十六日　止亮、依本宮院号也
建武五年正月五日　叙正三位
暦応二年正月十三日　兼備中権守
暦応三年七月十九日　任権中納言
暦応五年三月三十日　辞納言

康永元年七月二十七日　本座
貞和二年正月六日　叙従二位、広義門院当年御給
貞和六年正月五日　叙正二位、広義門院当年御給
文和三年四月十五日　任権大納言
康安二年四月二十一日　辞納言
貞治四年閏九月七日　薨、五十七歳

長清（藤原）長良流　尊卑二―一六一
　従三位季平男
寛和元年九月十四日　任右衛門権佐（小右記）元勘解由次官
　文　式　肥前守　従五位下（尊卑）

長方（藤原）勧修寺流　尊卑二―九九
　権中納言顕長一男　母権中納言藤原俊忠女
保延五年　誕生
久安二年七月十日　補蔵人、本名憲頼、元一院判官代
久安二年八月二日　叙従五位下、前女御道子未給

久寿二年九月十二日　任丹波守（山槐記）
久寿二年十一月二十一日　叙従五位上、大嘗会丹波国司
保元元年十月二十七日　兼中宮権大進、册命日
保元二年十月二十二日　叙正五位下、造内裏丹波国賞
保元二年十二月七日　遷三河守
保元三年二月十三日　転皇后宮権大進、本宮居上
保元三年十月十二日　止守
平治元年五月一日　補蔵人
平治元年十一月十日　兼丹波権守、大嘗会国司除目
応保元年九月十五日　任右少弁
長寛元年四月十九日　辞権大進
永万元年六月二十五日　新帝蔵人
永万元年六月二十九日　補二条院判官代（山槐記）
永万元年八月十七日　転権左少弁
永万二年六月六日　転左少弁
仁安元年八月二十七日　兼右衛門権佐
仁安元年九月一日　使宣
仁安二年正月三十日　転右中弁、左衛門権佐

仁安二年閏七月十二日　叙従四位下、院平治元年御給、止
　蔵人佐
仁安二年十月十八日　服解、父
仁安二年十二月十三日　復任
嘉応元年四月二十八日　叙従四位上、行幸院、院司
嘉応二年正月十八日　転左中弁
嘉応二年三月二十四日　叙正四位下、春日行幸行事賞
嘉応二年十二月三十日　補蔵人頭
嘉応三年四月七日　為修理左宮城使
承安二年二月二十五日　見後白河院別当（平三五九三）
安元元年十二月八日　転右大弁
安元二年十二月五日　任参議、大弁如元
安元三年正月二十四日　兼備後権守
治承元年十二月十七日　叙従三位
治承三年九月五日　叙正三位、行幸石清水賀茂行事賞
治承三年十月九日　転左大弁
治承四年二月二十一日　補高倉院院別当（山槐記）
治承五年三月二十六日　兼近江権守
養和元年十二月四日　任権中納言
寿永二年十二月二十二日　叙従二位、臨時
元暦二年六月二十五日　出家
建久二年三月十日　薨（「玉葉」同十一日条）五十三
　歳
　　号八条　又号三条

長房（藤原）勧修寺流　尊卑二―六九
　参議光長一男　母参議藤原俊経女
嘉応二年　誕生
治承三年正月十九日　任大膳権亮
寿永二年正月五日　叙従五位下、臨時
元暦元年十二月二十日　任民部少輔
文治元年十二月二十九日　兼和泉守
文治二年三月十六日　補摂政（九条兼実）厩別当・随
　身所別当（玉葉）
文治二年六月十九日　補摂政（九条兼実）北政所別当
　（玉葉）

文治二年十月二十日　補右大将（九条良通）家司（玉葉）
文治二年十二月九日　補内大臣（九条良通）年預（玉葉）
文治三年正月五日　叙従五位上
文治三年十月十七日　見後白河院判官代（鎌二七六）
文治四年十月十四日　任右衛門権佐、守如元
文治五年八月一日　見摂政（九条兼実）年預（玉葉）
文治五年八月十一日　見権大納言（九条良経）家司（玉葉）
文治五年十一月十五日　補摂政姫君（九条任子）家司（玉葉）
文治六年正月五日　叙正五位下
建久元年四月二十六日　兼中宮大進（玉葉）
建久元年十二月二十八日　補蔵人（玉葉）
建久三年三月　見後白河院別当（鎌五八四）
建久五年九月十七日　任右少弁、蔵人佐如元
建久六年七月二十八日　復任、父
建久六年十二月九日　転権左少弁（弁官補任）辞蔵人佐
建久七年十一月二十二日　見関白（九条兼実）別当（鎌八八五）
建久九年十二月九日　転右中弁
建久九年十二月二十日　見後鳥羽院別当（鎌一〇二〇）
正治元年九月二十三日　為修理右宮城使
正治元年十一月二十七日　叙従四位下
正治元年十二月十五日　補長仁親王・守成親王家司（「明月記」同十六日条）
正治三年正月二十三日　叙従四位上、朝覲行幸、東宮御給
建仁元年八月十九日　転左中弁
建仁二年十月二十九日　補蔵人頭
建仁二年閏十月二十四日　為修理左宮城使
建仁二年十一月十九日　叙正四位下、臨時
元久元年四月十二日　任参議
元久元年十二月二十八日　叙従三位
元久二年正月二十九日　兼近江権守
承元三年正月十三日　辞参議、任民部卿
承元三年二月五日　本座
承元三年四月十四日　叙正三位

承元四年九月二十二日　出家
仁治四年正月十六日　薨（尊卑）七十四歳
　号海住山民部卿入道

長隆（藤原）勧修寺流〈葉室〉尊卑二―一一〇

　権大納言頼藤男　母按察二位
弘安九年　誕生
弘安十一年正月五日　叙爵、和徳門院御給
正応二年十二月十五日　叙従五位上
正応三年十月二十九日　叙正五位下
永仁元年十一月二十二日　任三河守
永仁三年十月七日　止守
永仁四年八月二十一日　任民部権大輔
永仁五年閏十月二十三日　兼能登権守
永仁五年十二月十七日　止守
乾元元年冬　補昭訓門院年預（「公衡公記別記」
　乾元二年正月二十三日条）
徳治二年八月四日　任右衛門権佐、使宣、去大輔
徳治三年九月十七日　補蔵人
延慶元年十二月十日　任治部大輔、去権佐
延慶三年三月九日　任右少弁、蔵人如元
延慶三年四月九日　止大輔
延慶三年八月二日　去蔵人
延慶三年十二月十一日　転権右中弁、叙従四位下
応長元年十月二十七日　復任、母
応長二年正月十七日　叙従四位上
正和元年十月十二日　転右中弁
正和元年十二月十九日　為修理右宮城使
正和元年十二月二十四日　叙正四位下
正和二年八月七日　転左中弁
正和二年九月六日　補蔵人頭
正和二年九月二十日　為修理左宮城使
正和三年九月二十一日　任参議
正和四年正月七日　叙従三位
正和五年正月十三日　兼美濃権守
正和五年十二月七日　兼左兵衛督、為使別当

文保元年二月五日　任権中納言、督別当如元
文保元年四月六日　止督別当、叙正三位
文保元年六月一日　辞納言
文保元年十二月二十二日　任按察使
元応二年九月五日　叙従二位
元亨三年六月十六日　止按察使
嘉暦三年正月五日　叙正二位
元弘元年十月五日　任民部卿
元弘元年十二月一日　任権大納言
正慶元年十二月　辞納言
元弘三年五月十七日　如元為前権中納言
元弘四年正月十三日　任権大納言
建武元年二月二十三日　辞納言
建武元年十月十九日　任按察使
延元元年五月二十八日　出家
康永三年三月八日　薨（尊卑）五十九歳

朝経（藤原）勧修寺流　尊卑二―一一六
権大納言朝方男　母宮内卿藤原師綱女
養和二年三月十一日　任侍従（吉記）
寿永元年八月一日　見侍従（吉記）
寿永二年閏十月二十六日　兄出雲守朝定卒（尊卑）十九歳
寿永二年十一月二十八日　解官出雲守（吉記）（「玉葉」同二十九日条）父朝方知行国
元暦元年十一月十七日　叙従五位上（吉記）
文治二年十一月三日　見出雲守（鎌一一）
文治五年四月十三日　解官侍従出雲守（百錬抄）
文治五年閏四月八日　還任（仲資王記）（百錬抄）
建久元年十二月二十九日　任左衛門権佐（勘例）正五位下カ
建久二年七月十三日　見左衛門権佐（定長卿記）
建久六年十一月十二日　補蔵人（三長記）正五位下左衛門権佐
建久七年十一月二十二日　見関白（九条兼実）別当（鎌八八五）防鴨河使左衛門権佐
建久八年二月　見関白（近衛基通）別当（鎌九〇

建久八年十月十七日　　卒（職事補任）

一）

朝成（藤原）高藤流　尊卑二―五七

右大臣定方六男　母中納言藤原山陰女

延喜十七年　　誕生

延長八年十一月二十一日　叙従五位下、氏

延長九年三月十三日　任侍従

天慶元年十二月十四日　任左兵衛権佐

天慶五年三月二十九日　任右少弁

天慶六年正月七日　叙従五位上

天慶六年二月二十七日　兼近江介

天慶八年十一月二十五日　任左少将

天慶九年七月十七日　兼備中権介

天慶九年十一月十九日　叙正五位下、主基

天暦二年正月七日　叙従四位下

天暦三年正月二十四日　兼備後権守

天暦四年正月三十日　転右中将

天暦七年正月二十九日　転左中将

天暦八年三月十四日　兼紀伊権守

天暦九年八月十七日　補蔵人頭

天暦九年十一月二十二日　叙従四位上、朔旦

天徳二年正月三十日　兼内蔵頭

天徳二年閏七月二十八日　任参議

天徳三年正月二十六日　兼備中権守

天徳三年七月十七日　兼勘解由長官

天徳四年八月九日　兼近江守

応和二年正月七日　叙正四位下

応和四年二月二十二日　補法隆寺別当

康保二年十二月四日　兼右衛門督

康保二年十二月八日　為使別当

康保四年九月四日　兼中宮大夫、立后日

康保四年十月十一日　叙従三位

安和元年十一月十四日　兼伊予権守

安和三年正月二十七日　任権中納言

安和三年二月二日　兼中宮大夫

天禄二年十二月十五日　転正
天禄四年七月一日　兼皇太后宮大夫
天延二年四月五日　薨、五十八歳
　号三条中納言

朝忠（藤原）高藤流　尊卑二―五七
　右大臣定方五男　母中納言山陰女
延喜十年　誕生
延長二年二月一日　任左近将監
延長三年　補東宮蔵人
延長四年正月七日　叙従五位下、東宮御給
延長五年十一月十六日　任侍従
延長八年十一月十八日　補蔵人
延長九年三月十三日　任右兵衛佐
承平五年二月二十三日　任左少将
承平六年正月七日　叙従五位上
承平六年正月二十九日　兼播磨権介
天慶四年正月七日　叙正五位下
天慶四年三月二十八日　兼丹波介
天慶六年正月七日　叙従四位下
天慶六年二月二十七日　任内蔵頭
天慶九年二月七日　任近江守
天慶九年十一月十九日　叙従四位上、大嘗会悠紀
天暦五年正月三十日　任左中将
天暦六年正月十一日　兼伊勢権守
天暦六年十二月一日　任参議
天暦七年正月二十九日　兼備前守
天暦八年正月二十五日　兼大宰大弐
天暦八年三月　辞大弐
天暦十年正月七日　叙正四位下
天暦十年正月二十七日　兼讃岐守
天徳元年十二月二十五日　兼右衛門督、為使別当
天徳二年正月三十日　兼備中守
天徳四年正月二十四日　兼伊予守
応和元年十二月二日　叙従三位、造宮賞
応和三年五月四日　任中納言、督別当如元

康保二年十一月八日　辞督別当
康保三年十二月二日　薨、五十七歳
　号土御門中納言

朝任（源）宇多源氏　尊卑三―四〇九
　大納言時中男　母参議藤原安親女
永祚元年　誕生
長保五年正月七日　叙従五位下、前東三条院御給
長保五年正月三十日　任侍従
長保五年十二月　任左兵衛佐
寛弘三年正月七日　叙従五位上、佐労
寛弘三年正月十八日　任少納言
寛弘四年八月　服解
寛弘四年九月　復任
寛弘七年正月九日　補蔵人
寛弘七年二月十六日　任右少将
寛弘七年十一月二十五日　転左少将
寛弘八年十月十二日　叙正五位下、東宮御給
寛弘九年正月二十七日　兼美作権介
寛弘九年正月二十八日　新帝蔵人
長和二年正月六日　叙従四位下、少将労、少将如元
長和三年三月二十八日　転右中将
長和五年正月六日　叙従四位上、中将如元
長和五年六月二日　叙正四位下、車駕自上東門院還
　御一条院次有此賞、御傍親
長和六年正月　兼備前権守
長和六年三月十五日　転左中将
寛仁二年正月二十五日　兼備後権守
寛仁三年十二月二十一日　補蔵人頭
治安三年十二月十五日　任参議、元頭左中将
治安四年正月二十六日　兼備中権守
万寿三年十月二十六日　兼右兵衛督
長元二年正月七日　叙従三位、参議労
長元二年正月二十四日　兼備前守
長元二年十二月二十七日　為使別当
長元七年九月十六日　薨、四十六歳

朝隆（藤原）勧修寺流　尊卑二―一一五
参議為房六男　母法橋隆尊女
承徳元年　誕生
天仁三年三月十九日　補文章生
天永四年正月二十八日　任修理亮
天永四年二月三日　補蔵人
永久二年八月三日　見左衛門尉（中右記）
永久三年正月二十九日　任左近将監
永久三年四月二日　服解、父
永久四年七月二十七日　叙従五位下
保安四年十二月四日　任弾正少弼
大治元年十二月五日　任刑部大輔
大治五年正月七日　叙従五位上
大治五年十月五日　任勘解由次官
長承二年五月六日　任右衛門権佐、使宣（中右記）（廷尉佐補任）院判官代、元勘解由次官
長承三年三月十九日　兼皇后宮大進
長承三年四月九日　叙正五位下（中右記）（長秋記）
保延二年正月二十二日　転左衛門権佐（廷尉佐補任）
保延二年四月九日　補院別当（廷尉佐補任）
保延二年八月二十二日　補蔵人（職事補任）
保延三年十月六日　兼右少弁
保延四年正月二十二日　兼播磨介
保延五年正月二十四日　任信濃守、止権佐
保延五年七月二十八日　止大進、院号
永治元年十二月二日　転権右中弁
永治二年正月七日　叙従四位下、弁労
康治元年十一月十四日　叙従四位上、高陽院御給
康治元年十二月十三日　見鳥羽院別当（平二四九一）
康治二年正月二十七日　辞信濃守
久安元年八月　為造東大寺長官
久安元年十一月十四日　叙正四位下（世紀）高陽院御給
久安三年正月二十八日　転右中弁
久安四年十月十五日　転左中弁
久安六年正月二十九日　補蔵人頭

久安六年四月二十八日　転右大弁
久安六年六月二十二日　兼中宮亮
仁平元年三月　辞亮
仁平三年閏十二月二十三日　任参議、元蔵人頭、右大弁如元
仁平四年正月二十二日　兼備中権守
久寿三年二月二日　叙従三位、去久安三年二月春日行
　幸行事賞
保元元年九月十三日　任権中納言
保元二年八月二十一日　叙正三位、臨時
保元三年二月二十一日　辞納言
平治元年五月二十八日　見後白河院別当（平二九七九）
平治元年七月十七日　見美福門院院司（平三〇一五）
平治元年十月三日　薨、六十三歳
　号冷泉中納言

澄景（大江）　尊卑四―九三
　参議朝綱男
天暦六年四月三十日　見蔵人（「西宮記」第四）
天暦八年七月二十八日　見蔵人式部丞（「要略」二三七頁）
天暦八年十二月十九日　見蔵人（願文集）
天徳四年正月十二日　見澄景朝臣（九条殿記）
康保三年閏八月二十七日　見左衛門権佐（「要略」六二一頁）
康保四年二月二十一日　任右衛門権佐（「魚魯」第四）元
　散位
安和二年三月二十六日　見右衛門権佐（扶桑）
　河内守　右馬頭　従四位下（尊卑）

陳忠（藤原）　武智麿流　尊卑二―四二三
　大納言元方男　母参議橘良殖女
康保初年頃　見左衛門権佐（二中歴）
康保四年十二月一日　見前和泉守（「符宣抄」二四〇頁）
安和元年　見左少弁（北山抄）
天元五年三月十一日　見信濃守（小右記）
　文使　正五位下（尊卑）　蔵人（纂要）

通教（源）村上源氏〈中院〉尊卑三―五一五
内大臣通成二男　母下野守藤原頼綱女
寛元四年　誕生
宝治二年正月六日　叙爵、氏
建長三年正月二十二日　任侍従
建長三年十二月二十二日　叙従五位上
建長六年閏五月十五日　叙正五位下
建長六年九月六日　任右少将
建長七年二月十三日　兼信濃介
建長八年正月六日　叙従四位下
建長八年正月七日　少将如元
正嘉元年閏三月二十七日　転左中将
正嘉二年四月六日　叙従四位上
正嘉三年正月六日　叙正四位下
弘長二年正月十七日　兼加賀権介
文永四年正月五日　叙従三位、元左中将
文永六年二月十七日　任左中将
文永六年十一月二十八日　任参議
文永六年十二月二日　更任左中将
文永七年正月二十一日　兼讃岐権守
文永七年二月一日　叙正三位
文永七年八月十四日　兼左兵衛督、為使別当
文永八年四月七日　転右衛門督
文永八年十月十三日　叙従二位
文永十年九月二十五日　辞別当
文永十年十二月八日　止督
文永十一年四月五日　任権中納言
建治二年十二月二十日　叙正二位
弘安七年正月十三日　辞納言
弘安九年十二月二十三日　服解、父
弘安十年　出家、四十二歳

通具（源）村上源氏〈堀川〉尊卑三―五〇〇
内大臣通親二男　母従三位平通盛女
承安元年　誕生
元暦元年十一月十七日　叙爵

文治元年十二月二十九日　任因幡守
文治六年正月二十四日　重任因幡守
建久二年正月五日　叙従五位上、親子内親王給
建久四年十二月九日　兼右少将
建久五年正月三十日　延任因幡守、一年
建久五年十月二十三日　叙正五位下、造興福寺国司賞
建久六年二月二日　止守
建久八年正月五日　叙従四位下、祖父内大臣仁安三朝
覲行幸賞
建久八年六月十三日　兼伊予権守
建久九年十二月九日　遷権左中弁（弁官補任）守如元
正治元年十一月二十七日　叙従四位上
正治二年三月六日　遷左中将、補蔵人頭
正治二年十二月二十九日　叙正四位下
建仁元年八月十九日　任参議、左中将如元
建仁二年正月二十一日　兼備中権守
建仁二年十月二十九日　叙従三位
建仁二年閏十月二十四日　復任、父
建仁三年十一月二十三日　兼右衛門督、為使別当
建仁三年十二月二十日　叙正三位
元久二年四月十日　任権中納言、督別当如元
元久三年二月　辞督別当
元久三年四月三日　叙従二位
承元二年十二月九日　叙正二位
承元四年正月十七日　兼中宮大夫
承元四年三月十九日　止大夫、依院号也
建暦元年十月四日　転正
建暦二年六月二十九日　任権大納言
承久三年八月二十一日　為奨学院別当
貞応元年八月十三日　転正
嘉禄三年九月二日　薨、五十七歳
号堀川大納言

通顕（源）村上源氏〈中院〉尊卑三—五一四
内大臣通重男　母左少将源通能女
正応四年　誕生

正応五年二月二十七日　叙従五位下、于時通平
正応六年正月五日　叙従五位上、臨時
永仁二年正月六日　叙正五位下、中宮当年御給、于時
　通真
永仁四年正月五日　叙従四位下、于時通顕
永仁五年十一月十四日　叙従四位上、中宮朔旦御給
永仁六年五月二十二日　任春宮権亮
永仁六年八月十日　止権亮、依受禅也
永仁六年十月十日　叙正四位下、御即位永福門院御給
永仁七年四月十二日　任左中将
正安三年三月十四日　兼備中権介
嘉元四年三月三十日　兼丹波介
徳治二年三月三日　補蔵人頭
徳治二年九月十七日　叙従三位、左中将如元
徳治二年十一月一日　任参議、左中将如元
徳治三年九月十七日　兼左衛門督、為使別当
延慶元年十二月十日　任権中納言、督別当如元
延慶二年二月二十三日　辞別当
延慶二年九月一日　止督
延慶二年十一月二十三日　叙正三位
延慶四年正月五日　叙従二位
応長二年三月三日　叙正二位
正和五年九月十二日　転正
正和五年十月八日　補淳和奨学両院別当
文保二年八月二十四日　任権大納言
文保二年十一月三日　辞納言
元応元年八月五日　還任権大納言
元応元年十月二十七日　辞納言
元応二年九月　止淳和院別当
元亨二年正月二十一日　喪母
元徳三年二月二十一日　還任権大納言
元弘元年十月二十八日　転正
元弘元年十一月八日　兼春宮大夫
正慶元年七月七日　為奨学院別当
正慶元年十月十四日　任内大臣
正慶二年五月八日　出家

康永二年十二月二十日　薨、五十三歳

通行（源）村上源氏〈土御門〉尊卑三―五一二
内大臣通親六男　母承明門院女房尾張局

建仁二年　誕生
建仁四年正月五日　叙爵、天暦御後、于時通継
建保四年正月五日　叙従五位上、承明門院去年御給
建保五年十二月十二日　任侍従
安貞元年十二月二十五日　任左少将、于時通行
安貞二年二月一日　兼上総権介
寛喜元年四月十三日　叙正五位下
寛喜二年正月五日　叙従四位下
寛喜二年正月二十四日　更任左少将
貞永二年正月二十四日　兼能登介
文暦二年正月二十三日　叙従四位上
嘉禎三年正月二十四日　叙正四位下
嘉禎四年二月六日　転左中将
仁治二年三月一日　兼三河介
仁治三年三月七日　補蔵人頭
仁治三年十二月二十五日　任参議、左中将如元
仁治四年二月二日　兼遠江権守
寛元元年閏七月二十七日　叙従三位、臨時
宝治二年正月十三日　兼讃岐権守
宝治二年七月十七日　叙正三位
建長二年正月十三日　任権中納言
建長三年正月五日　叙従二位
建長三年正月二十二日　兼右衛門督、為使別当
建長四年十二月八日　辞督別当
建長六年十二月二十五日　任権大納言、叙正二位
正元元年四月十七日　辞納言
文永七年六月三十日　薨、六十九歳

通資（源）村上源氏〈唐橋〉尊卑三―四九七
内大臣雅通二男　母美福門院女房典薬助藤原行兼女

保元三年四月六日　叙爵、暲子内親王御給
長寛三年五月九日　任侍従

永万二年正月十二日　叙従五位上、簡一
仁安三年八月四日　叙正五位下、臨時
仁安四年正月十一日　任阿波権介
嘉応元年四月十六日　任左少将
嘉応二年十一月九日　叙従四位下、建春門院当年御給
嘉応三年正月十八日　兼丹波権介
承安二年正月二十三日　叙従四位上
承安五年正月二十二日　兼美作介
承安五年四月二十七日　復任、父
治承二年正月五日　叙正四位下、臨時
養和元年十一月二十八日　転左中将
養和二年三月八日　兼加賀権介
寿永二年十二月十日　補蔵人頭
元暦元年五月十九日　見後白河院別当（平四一七二）
元暦二年六月十日　任参議、左中将如元
文治二年二月三十日　兼周防権守
文治三年正月二十三日　叙従三位
文治六年正月二十四日　兼丹波権守
建久元年七月十七日　任権中納言
建久元年十二月十四日　叙正三位、臨時
建久六年四月七日　叙従二位、中納言通親卿去年稲荷
祇園行幸行事賞譲
建久八年十二月十五日　兼左衛門督、為使別当
正治元年六月二十二日　任権大納言
正治二年正月五日　叙正二位
元久二年七月八日　薨

通時（源）村上源氏〈中院〉尊卑三―五一四
准大臣通頼男　母権大納言藤原顕朝女
文永十年　誕生
建治元年十月八日　叙爵
建治三年十一月五日　叙従五位上
弘安二年十一月十九日　叙正五位下、本家賞
弘安四年十一月五日　任侍従
弘安六年正月五日　叙従四位下
弘安八年三月一日　叙従四位上

弘安九年正月十三日　任左少将
弘安十年正月十三日　兼周防介
弘安十一年四月七日　転右中将
正応元年十一月二十一日　叙正四位下
正応四年正月三日　叙従三位、臨時、元右中将中宮権亮
正応四年四月二日　権亮如元
正応五年十二月二十五日　止権亮
正応六年正月七日　叙正三位
永仁二年十二月二十四日　任右衛門督
永仁三年正月二十八日　任左中将
永仁三年十二月二十九日　任参議、左中将如元
永仁四年三月九日　兼左衛門督、為使別当
永仁四年四月十三日　任権中納言、督別当如元
永仁四年十月二十四日　辞督別当
永仁五年三月二十日　叙従二位
永仁六年六月二十三日　辞納言、叙正二位
正和元年九月二十一日　出家、四十歳

通重（源）村上源氏〈中院〉尊卑三―五一四
准大臣通頼男　母権大納言藤原顕朝女
文永七年　誕生
文永八年正月五日　叙爵
文永十一年十一月八日　叙従五位上
文永十二年四月十三日　任侍従
建治三年正月五日　叙正五位下
弘安元年四月十九日　叙従四位下
弘安元年十二月二十七日　任左少将
弘安二年正月二十四日　兼甲斐介
弘安三年十二月十三日　叙従四位上
弘安六年十月三十日　叙正四位下
弘安七年正月十三日　兼美作介
弘安七年六月二十三日　転中将
弘安八年三月八日　叙従三位、左中将如元
弘安十年正月十三日　任参議、左中将如元
弘安十年十月十日　兼左衛門督、為使別当

弘安十一年二月十日　兼備中権守
弘安十一年三月八日　叙正三位
正応元年八月二十日　兼中宮権大夫
正応元年十月二十七日　任権中納言、督別当権大夫如元
正応元年十二月二十日　辞督別当
正応二年七月十六日　叙従二位
正応四年正月六日　叙正二位、石清水賀茂行幸行事賞
正応五年閏六月十六日　任権大納言、兼中宮大夫
永仁六年八月二十一日　止大夫、依本宮院号也
正安三年正月二十二日　補後伏見院別当（御脱屣記）
正安三年八月二十四日　兼春宮大夫
徳治二年十一月一日　辞納言
延慶二年十月十五日　還任権大納言
正和元年九月十五日　喪父
正和元年十月　復任
正和二年十二月二十三日　為淳和院別当
正和四年三月十六日　転正
正和四年四月十六日　為奨学院別当

正和五年閏十月四日　辞大納言、叙従一位
元応元年閏七月二十八日　任内大臣
元応元年九月一日　為奨学院淳和院別当
元応元年十月十八日　辞両職
元亨元年九月十五日　出家（尊卑）
元亨二年九月二日　薨（尊卑）五十三歳

通親（源）村上源氏〈土御門〉尊卑三—四九七
内大臣雅通一男　母美福門院女房典薬助藤原行兼女
久安五年　誕生
保元三年八月五日　叙爵、氏爵未給
応保元年十月十九日　任治部権大輔
長寛三年正月五日　叙従五位上
仁安元年十一月十三日　叙正五位下、父卿石清水賀茂両社行幸行事賞
仁安二年二月十一日　遷右少将
仁安三年正月五日　叙従四位下、少将労
仁安三年正月十一日　兼加賀介、少将労

仁安三年三月二十六日　叙従四位上、父卿皇太后宮入内賞
譲
仁安三年八月四日　叙正四位下、臨時
嘉応三年正月十八日　転中将
安元三年正月二十四日　兼加賀権介、中将労
治承三年正月十九日　補蔵人頭
治承三年十二月二十四日　兼中宮権亮
治承四年正月二十八日　任参議、遷左中将、権亮如元
治承四年二月二十五日　補新院別当
治承五年正月五日　叙従三位、新院御給
治承五年三月二十六日　兼播磨権守
養和元年十一月二十五日　止権亮、本宮依院号也
寿永二年正月七日　叙正三位
元暦二年正月二十日　任権中納言
文治三年正月二十三日　叙従二位
文治四年七月　為淳和奨学院別当
文治五年正月七日　叙正二位
文治五年七月十日　兼右衛門督
建久元年七月十七日　転正
建久元年七月十八日　兼左衛門督、為使別当
建久二年二月一日　辞別当
建久四年十二月九日　辞督
建久六年十一月十日　任権大納言
建久九年四月二十一日　見後鳥羽院執事別当（仙洞御移徙部類記）
建久十年正月二十日　兼右大将
正治元年六月二十二日　任内大臣
正治元年六月二十三日　大将如元
正治二年四月十五日　兼東宮傅
建仁二年十月二十一日　薨、五十四歳
号土御門内大臣

通成（源）　村上源氏〈中院〉　尊卑三―五一三
大納言通方二男　母権中納言藤原能保女
貞応元年　誕生
元仁二年正月五日　叙爵、臨時

嘉禄三年正月二十一日　任侍従
安貞二年正月五日　叙従五位上
寛喜二年正月六日　叙正五位下、中宮御給
寛喜二年正月二十九日　兼周防介
寛喜四年正月三十日　任左少将
貞永二年正月六日　叙従四位下、少将如元
貞永二年正月二十四日　兼美濃介
文暦二年六月十七日　兼皇后宮権亮
嘉禎元年十一月十九日　叙従四位上、皇后宮御給
嘉禎二年六月十三日　転左中将
嘉禎三年七月二十四日　叙正四位下、臨時
仁治三年三月七日　兼美濃介、補蔵人頭
仁治三年四月九日　叙従三位、左中将如元
寛元元年閏七月二十七日　任参議、左中将如元
寛元元年八月七日　兼中宮権大夫
寛元元年十月二十五日　兼右衛門督、為使別当
寛元二年正月十三日　兼備後権守
寛元三年正月五日　叙正三位、臨時

寛元四年二月一日　補後嵯峨院別当（御脱屣記）
宝治元年十二月八日　任権中納言、右衛門督如元、辞別当
宝治三年正月五日　叙従二位、院当年御給
建長三年正月二十二日　転左衛門督
建長四年十一月十三日　任権大納言
建長六年正月二日　叙正二位
文応元年　為淳和奨学院別当カ
文永二年十月五日　転正
文永六年四月二十三日　任内大臣
文永六年十一月九日　上表
文永七年十二月十三日　出家
弘安九年十二月二十三日　薨、六十五歳

通冬（源）村上源氏〈中院〉尊卑三―五一四
内大臣通顕男　母白拍子明一
正和四年　誕生
正和五年正月五日　叙爵、氏

正和五年四月十三日　任侍従
正和五年閏十月四日　叙従五位上
文保二年三月二十五日　叙正五位下
元亨二年十二月二十五日　任左少将
元亨四年正月五日　叙従四位下
正中三年三月八日　転左中将
嘉暦二年七月十六日　叙正四位下
嘉暦四年正月五日　叙従三位、左中将如元
嘉暦四年六月二十八日　転右中将
元徳二年二月十一日　任参議、右中将如元
元徳三年正月五日　叙正三位
元徳三年正月十三日　兼備後権守
元弘元年十月五日　兼左衛門督、為使別当
元弘二年三月十二日　任権中納言、督別当如元
元弘三年五月十七日　復本職、参議右中将備後権守
建武元年十月三日　喪母、不復任
建武二年十一月二十六日　還任参議、兼左中将
建武三年八月十五日　辞参議
暦応元年十月十九日　任権中納言
暦応二年二月二日　兼左衛門督
暦応二年十二月二十七日　為淳和院別当
暦応三年四月一日　叙従二位
暦応三年五月二十日　遷按察使
暦応三年七月十九日　為奨学院別当
暦応三年十二月二十七日　任権大納言、按察使如元
暦応四年正月十四日　止奨学院別当
暦応五年正月五日　叙正二位
暦応五年三月二十八日　為奨学院別当氏長者
康永二年二月二十七日　除服出仕宣下
康永四年正月六日　為奨学淳和両院別当氏長者
貞和五年九月十三日　転正
文和三年閏十月二十五日　辞大納言
康安元年三月二十九日　本座
貞治二年閏正月二十四日　叙従一位
貞治二年閏正月二十五日　薨、四十九歳

通方（源）　村上源氏〈中院〉　尊卑三―五一二
内大臣通親男　母従三位藤原範兼女従三位則子

文治五年　誕生
建久五年正月六日　叙従五位下、天暦御後
建久六年二月二日　任因幡守
建久九年二月二十六日　叙従五位上、簡一
正治二年六月十四日　叙正五位下、行幸内大臣中院亭賞
正治二年十月十一日　復任、母
建仁元年十二月二十二日　任左少将、元因幡守
建仁二年正月五日　叙従四位下、院御給
建仁二年正月八日　還任左少将
建仁二年十月二十一日　服解、父
建仁二年閏十月二十四日　復任
建仁三年正月十七日　叙従四位上、承明門院当年御給
建仁三年正月二十九日　兼土佐介、少将兼国
元久二年正月五日　叙正四位下、院当年御給
承元元年十月二十九日　転右中将
建暦元年九月八日　補蔵人頭
建暦二年十二月三十日　叙従三位、右中将如元
建暦三年正月十三日　兼讃岐権守
建保三年十二月十日　任参議
建保三年十二月十五日　任左中将
建保五年正月二十八日　叙正三位、権大納言源朝臣平野大原野行幸行事賞譲
建保六年正月十二日　兼丹波権守
建保七年四月八日　兼右衛門督、為使別当
承久二年正月二十二日　任権中納言
承久二年二月九日　恐懼
承久三年十二月十二日　叙従二位、建保元年日吉行幸行事賞
貞応二年十二月十七日　叙正二位
嘉禄三年四月九日　転正
寛喜二年二月十六日　兼中宮権大夫
寛喜三年三月二十五日　任権大納言、中宮権大夫如元
寛喜三年四月二十九日　転中宮大夫

貞永二年四月一日　止大夫
嘉禎四年七月二十日　転正
暦仁元年十二月二十八日　薨、五十歳
　号土御門大納言

通頼（源）村上源氏〈中院〉尊卑三―五一四
　内大臣通成一男　母宇都宮検校藤原頼綱女
延応三年　誕生
年月日　任左中将
建長五年正月一日　見殿上人通頼朝臣（経俊卿記）
建長五年十二月二十二日　叙正四位下（経俊卿記）院御給
康元元年正月二十一日　叙従三位、左中将如元
正嘉二年五月十四日　叙正三位
正元二年三月二十九日　任参議、兼信濃権守
弘長元年三月二十七日　任権中納言
弘長元年十一月四日　兼左衛門督
弘長二年正月五日　叙従二位、臨時
弘長二年閏七月二十三日　為使別当
弘長三年二月十九日　叙正二位、朝覲行幸、院司賞
弘長三年八月　止別当ヵ
文永五年十二月二日　転正、左衛門督如元
文永六年三月二十七日　任権大納言
弘安九年十二月二十三日　服解、父
弘安十年正月十三日　辞納言
弘安十一年四月七日　本座
永仁五年十月一日　叙従一位
永仁五年十月十六日　蒙准大臣宣旨
永仁六年七月十五日　為奨学院別当
正安三年六月七日　止奨学院別当
嘉元二年十月二十九日　出家
正和元年八月八日　薨、七十一歳

定家（平）高棟流桓武平氏　尊卑四―六
　右衛門権佐行親男　母周防守藤原頼祐女
長久二年二月十六日　見蔵人大膳亮（春記）※今年補任
　之蔵人

永承二年十二月十五日　見紀伊守（平一〇一六）
永承五年三月六日　見前紀伊守（春記）
康平元年八月二十九日　見左衛門権佐（改元部類）
康平四年十二月十五日　見左衛門権佐（定家朝臣記）
治暦元年　見尾張守（「台記」久寿二年四月二十七日条）
治暦四年七月二十一日　見左大将代定家（後三条天皇御即位記）
正四位下（尊卑）

定経（藤原）勧修寺流　尊卑二―六六
権大納言経房一男　母従三位平範家女
保元三年　誕生
仁安二年閏七月十二日　補蔵人、元院判官代
仁安二年九月十日　叙従五位下、臨時
仁安三年正月十一日　任安芸守
安元二年二月五日　遷美濃守、院分
安元二年三月六日　叙従五位上、御賀行事賞、父経房朝臣譲
治承三年正月五日　叙正五位下、父蓮華王院造営行事賞譲
治承三年十月九日　兼勘解由次官
治承三年十一月十七日　止守
養和元年十二月八日　見後白河院判官代（平四〇一三）
寿永元年八月十四日　兼皇后宮権大進
元暦二年正月二十日　補蔵人
文治二年八月二十一日　見頌子内親王別当（鎌一六〇）
文治二年十二月十五日　任右衛門権佐、蔵人大進如元、去次官
文治三年六月二十八日　止大進、院号日
文治四年十月十四日　兼右少弁、転左衛門権佐
文治五年四月十三日　為防鴨河使
文治五年六月二日　辞蔵人佐
文治五年七月十日　転左少弁
文治六年正月五日　叙従四位下、弁官如元
文治六年十月二十七日　転権右中弁

建久二年十二月十三日　叙従四位上、松尾北野両社行幸行事賞
建久三年三月　見後白河院別当（鎌五八四）
建久五年九月十七日　転右中弁
建久六年二月二日　為修理右宮城使
建久六年三月十二日　叙正四位下、東大寺供養行幸行事賞
建久六年十一月十二日　補蔵人頭、兼中宮亮、去弁官
建久八年正月三十日　任参議
建久九年正月三十日　兼越前権守
建久十年正月五日　叙従三位
建久十年正月十五日　出家、依菩提心也
寛喜三年二月十四日　薨、七十四歳

定光（藤原）勧修寺流〈九条〉　尊卑二―六九
　中納言忠高男　母中納言藤原資頼女
文永十年四月十二日　任兵部少輔（「吉続記」同十三日条）
文永十年八月七日　見兵部少輔（鎌一一三七九）
　※亀山院院司ヵ、文書名後深草上皇院宣案トスルモ亀山院ノ誤リヵ
建治元年十一月五日　見勘解由次官、兼春宮権大進（広橋本勘仲記）
弘安二年正月十八日　見殿上人（勘仲記）
弘安三年七月　任左衛門権佐ヵ（「勘仲記」同六年三月二十九日条）
弘安四年五月三日　見左衛門権佐（勘仲記）
弘安四年閏七月　見防鴨河使左衛門権佐春宮権大進（鎌一四四一三）亀山院別当
弘安六年三月二十八日　補蔵人（「勘仲記」同二十九日条）（職事補任）正五位下春宮権大進、去佐
弘安七年二月二十八日　見延政門院判官代（勘仲記）
弘安七年七月六日　見蔵人春宮大進（勘仲記）
弘安八年七月十四日　卒（職事補任）春宮大進

定資（藤原）勧修寺流〈坊城〉　尊卑二―七七
権大納言俊定男　母宮仕女房

建治元年　誕生
建治四年正月六日　叙従五位下、東二条院御給、于時俊隆
弘安二年三月十二日　叙従五位上
弘安八年正月五日　叙正五位下
弘安八年八月十一日　任左兵衛佐
正応元年八月二十日　兼中宮権大進、于時定資
正応四年正月三日　見後深草院判官代（実躬卿記）
正応四年十月十五日　任左衛門権佐、使宣、権大進如元
正応四年十月二十九日　為防鴨河使
正応五年十一月二十三日　補蔵人
永仁元年八月十一日　見殿下関白（近衛家基）家司（勘仲記）
永仁二年二月七日　見永陽門院判官代（勘仲記）
永仁四年四月十三日　辞権大進
永仁四年七月十七日　奉庁事
永仁五年六月七日　兼右少弁
永仁五年七月二十日　去蔵人佐
永仁六年正月五日　叙正五位上、去応《マヽ》安四朝覲行幸行事賞
永仁六年六月四日　転左少弁
永仁六年八月三日　見伏見院判官代（伏見院庁始記）
永仁六年八月十日　兼春宮大進
正安元年六月六日　転権右中弁、叙従四位下、去大進
正安二年正月十一日　叙従四位上、朝覲行幸、院司賞
正安二年四月七日　転右中弁
正安二年五月二十九日　為修理右宮城使
正安二年十二月二十三日　叙正四位下
正安三年正月二十一日　補後伏見院別当（御脱屣記）
正安三年二月一日　兼内蔵頭
正安四年二月二十日　止頭
正安四年三月二十三日　転左中弁、補蔵人頭

正安四年四月十七日　為修理左宮城使
正安四年十一月十八日　又兼内蔵頭
乾元二年正月二十八日　任参議、転右大弁
嘉元二年三月七日　兼近江権守
嘉元二年十月二十一日　叙従三位
嘉元三年十二月三十日　転左大弁、兼修理大夫
嘉元三年閏十二月十七日　為造東大寺長官
徳治元年十二月二十二日　任権中納言
徳治二年正月二十九日　兼左兵衛督、為使別当
徳治二年四月二十四日　転右衛門督
徳治二年十二月十二日　転左衛門督
徳治三年二月七日　辞修理大夫
徳治三年九月十七日　辞別当
延慶二年八月十日　叙正三位
延慶三年十一月二十日　叙従二位
延慶三年十二月四日　服解、父
延慶三年十二月十一日　辞納言
応長元年五月十五日　本座
正和元年五月二十八日　任兵部卿
正和二年九月二十日　叙正二位
正和四年七月二十七日　遷民部卿
正和四年十二月十五日　遷大宰権帥
文保二年二月二十七日　見花園院別当執権（継塵記）
文保二年二月十一日　止帥
元徳二年七月十一日　薨、五十六歳

定嗣（藤原）勧修寺流〈葉室〉尊卑二―一〇五
　権中納言光親二男　母参議藤原定経女
承元二年　誕生
建保二年七月十三日　叙爵、于時光嗣
建保五年十一月十三日　任但馬守、于時高嗣
建保六年正月十六日　遷美濃守
安貞三年二月三日　叙従五位上、皇嘉門院康治元年未給
寛喜元年十月五日　任兵部権大輔（「明月記」同六日条）

寛喜元年十月二十日　補関白姫君（九条竴子）職事（玉蘂）
寛喜二年十月二十日　兼中宮権大進
寛喜三年四月十四日　叙正五位下
寛喜三年七月五日　書関白（九条道家）上表清書
貞永二年四月三日　補藻璧門院判官代（民経記）院号
天福二年正月二十一日　得替
天福二年四月二日　任右衛門権佐、使宣（廷尉佐補任）
文暦元年十二月二十一日　補蔵人
嘉禎二年四月十四日　転左衛門権佐
嘉禎三年正月十四日　見摂政（九条道家）年預家司（玉蘂）（葉黄記）
嘉禎三年正月二十四日　兼右少弁
嘉禎三年二月二十八日　叙正五位上、去蔵人佐
嘉禎四年二月二十七日　転左少弁
嘉禎四年四月十一日　補九条忠家家司（玉蘂）元服日

嘉禎四年四月二十日　転権右中弁、叙従四位下
嘉禎四年七月二十日　転右中弁
暦仁元年十二月二十五日　叙従四位上
延応元年四月二十八日　叙正四位下、行幸東山亭、家司賞
仁治二年二月一日　転左中弁、補蔵人頭、于時改名定嗣
仁治二年二月十八日　為修理左宮城使
仁治三年三月七日　任参議
仁治三年十一月四日　兼備中権守
仁治三年十一月十二日　叙従三位、大嘗会国司賞
寛元四年正月二十九日　補後嵯峨院院司別当（葉黄記）（師光記）（為経記）
寛元四年四月十日　兼大蔵卿
宝治元年三月六日　兼備前権守（葉黄記）
宝治元年十二月八日　兼左兵衛督、為使別当
宝治二年七月十三日　叙正三位
宝治二年十月二十九日　任権中納言、督別当如元
宝治三年正月二十日　辞督別当

建長二年正月十三日　辞納言
建長二年八月十四日　出家
文永九年六月二十六日　薨（尊卑）六十五歳

定親（平）高棟流桓武平氏　尊卑四—五
参議親信孫　筑前守理義男
長徳元年　誕生
長和四年十二月四日　見文章生（小右記）（御堂）
長和五年二月八日　見雑色（小右記）
寛仁三年正月九日　補蔵人（「小右記」同十日条）秀才
寛仁三年十月　献策（「大成抄」第八）
寛仁四年正月ヵ　任式部丞（「大成抄」第八）
寛仁四年二月十八日　見式部丞（左経記）
寛仁四年閏十二月二十七日　見蔵人式部丞（左経記）
長元五年六月三日　任右少弁（弁官補任）従五位下、元
伯耆守
長元六年四月二日　兼東宮学士（弁官補任）従五位上
長元七年正月五日　叙正五位下（弁官補任）
長元八年十月十六日　転左少弁（弁官補任）
長元九年正月二十九日　兼土佐権守（弁官補任）
長元九年四月十七日　停学士（弁官補任）
長暦二年正月十四日　補蔵人（弁官補任）（職事補任）
長暦二年正月二十九日　兼左衛門権佐（弁官補任）
長暦三年十二月十八日　転右中弁（弁官補任）
長暦四年六月八日　叙従四位上（春記）（弁官補任）（職
事補任）二階、去佐
長久二年正月二十五日　兼文章博士（弁官補任）
長久三年正月二十九日　兼備中介（弁官補任）
長久三年十月二十七日　転権左中弁（弁官補任）
長久四年九月十九日　転左中弁（弁官補任）博士介如元
寛徳二年正月十六日　兼東宮学士（弁官補任）
永承二年正月二十八日　兼備前権介（弁官補任）
永承四年十二月二十九日　叙正四位下（弁官補任）
永承六年正月二十七日　兼摂津守（弁官補任）
天喜二年十二月十九日　兼式部大輔（弁官補任）止守ヵ
天喜五年二月三十日　兼伊予介（弁官補任）

天喜六年四月二十五日　転右大弁（弁官補任）
康平元年十一月八日　兼摂津守（弁官補任）
康平四年十月　辞弁（弁官補任）
康平六年三月　卒（尊卑）六十九歳

定長（藤原）勧修寺流　尊卑二—六六
権右中弁光房四男　母丹後守藤原為忠女
久安五年　誕生
応保二年十月二十八日　任大膳権亮
永万元年六月二十五日　補蔵人、践祚日
永万元年七月二十五日　叙爵、御即位
永万二年正月十二日　任日向守、蔵人巡
仁安三年三月十一日　叙従五位上、天皇自摂政閑院第遷
幸内裏、本家賞
安元二年正月五日　叙正五位下、院御給
安元二年正月三十日　遷安房守
治承二年正月二日　見後白河院判官代（山槐記）
治承四年正月二十八日　重任

養和元年十一月二十八日　任兵部権少輔、補蔵人
寿永元年九月四日　転兵部大輔
寿永元年十二月七日　任右衛門権佐、使宣
寿永二年二月十六日　見摂政（藤原基通）政所別当（平
四—三〇）
元暦元年九月十八日　兼右少弁（玉葉）（弁官補任）蔵人
佐如元
元暦二年正月二十日　辞蔵人佐
文治元年十一月八日　見摂政（近衛基通）別当（鎌一四）
文治元年十二月二十九日　転左少弁
文治二年十二月十五日　転権右中弁、叙従四位下
文治三年五月二十九日　為造東大寺長官
文治三年六月二十八日　補殷富門院四位別当（玉葉）
文治四年正月五日　叙従四位上
文治四年正月二十三日　兼備前権守、権弁兼国
文治四年十月十四日　転左中弁、補蔵人頭
文治五年正月五日　叙正四位下
文治五年四月十三日　為修理左宮城使（弁官補任）

文治五年七月十日　任参議、転右大弁
文治五年十二月三十日　叙従三位
文治六年正月二十四日　兼讃岐権守
建久元年十月二十七日　転左大弁
建久三年三月　見後白河院別当（鎌五八四）
建久六年正月五日　叙正三位、大弁労
建久六年二月二日　兼勘解由長官、兼播磨権守
建久六年十一月十一日　薨（三長記）四十七歳
　号霊山

定通（源）村上源氏〈土御門〉尊卑三―五〇九

内大臣通親四男　母従三位藤原範兼女　為兄通宗子
文治四年　誕生
文治五年正月五日　叙爵、氏
建久六年正月五日　叙従五位上、宣陽門院御給
建久七年十二月二十五日　任侍従
建久十年正月五日　叙正五位下、宣陽門院御給
建久十年正月二十二日　兼阿波権介
正治元年六月十四日　叙従四位下、行幸内大臣中院第賞
正治二年正月五日　叙従四位上、宣陽門院御給
正治三年正月二十九日　任右中将
建仁元年四月二十四日　叙正四位下、内大臣造鳥羽殿賞
建仁元年五月二十日　兼春宮権亮
建仁二年八月二十六日　補蔵人頭
建仁二年十月二十九日　叙従三位、右中将如元
建仁二年閏十月二十四日　復任、父
建仁四年正月十三日　兼美濃権守
元久元年十月二十六日　叙正三位
承元元年十二月九日　任参議、右中将如元
承元二年正月二十日　兼加賀権守
承元二年七月二十三日　兼左衛門督、為使別当
承元三年四月十日　任権中納言
承元三年四月十六日　督別当如元
承元三年十一月四日　辞督別当
承元五年正月十九日　叙従二位、朝覲行幸、春花門院御給

建暦元年十月四日　　転正
建保二年二月十四日　叙正二位、歓喜寿院供養賞、院御給
建保六年十月八日　　任権大納言
元仁元年十二月二十五日　転正
嘉禎二年六月九日　　任内大臣
嘉禎三年十二月十八日　上表
宝治元年九月二十八日　薨、六十歳
号後土御門

定藤（藤原）勧修寺流〈葉室〉尊卑二―一〇一
権中納言定嗣男　母春日神主時継女
建長二年四月九日　　叙爵、于時為雄
建長六年九月六日　　叙従五位上、于時定藤
康元元年十二月十七日　任丹波守
正嘉元年十月十五日　遷阿波守
正嘉元年十一月十日　叙正五位下
正嘉二年正月十五日　遷豊後守
正元二年四月八日　　任讃岐守
弘長二年四月十七日　任勘解由次官
文永五年六月十七日　見殿下（近衛基平）家司（吉続記）
文永五年八月二十四日　兼春宮権大進
文永六年五月一日　　補蔵人
文永七年二月一日　　任右衛門権佐、使宣
文永八年十一月二十九日　転左衛門権佐
文永八年十二月九日　為防鴨河使
文永十年四月十三日　兼権右少弁（吉続記）蔵人佐如元
文永十年五月三日　　去蔵人佐（職事補任）
文永十一年四月五日　転左少弁
文永十一年九月十日　転権右中弁
建治元年十月八日　　転右中弁、叙従四位下
建治二年正月二十三日　為修理右宮城使
建治三年五月十四日　転左中弁、叙従四位上
建治三年九月十三日　為修理左宮城使
弘安元年四月十九日　叙正四位下
弘安三年二月十六日　転右大弁

弘安六年三月二十八日　補蔵人頭、去弁
弘安六年四月五日　兼春宮亮
弘安七年正月十三日　任参議
弘安八年正月五日　叙従三位
弘安八年三月六日　兼信濃権守
弘安十年正月十三日　辞参議
弘安十年四月三十日　本座
弘安十一年三月八日　叙正三位
正応二年閏十月十四日　叙従二位
正応六年正月七日　叙正二位
正和四年十一月八日　薨

定輔（藤原）　勧修寺流　尊卑二―一二五
左大弁説孝男　母中宮亮藤原元尹女
長保三年四月二十日　見雑色（権記）
長保五年四月十五日　見雑色（小記目録）
長保六年二月十六日　見蔵人兵部丞（御堂）
寛弘三年五月十日　見文章生（御堂）
寛弘五年九月十一日　見蔵人主殿助（御堂）
寛弘六年九月十六日　見蔵人（権記）
寛弘八年七月九日　見散位蔵人大夫（権記）
長和四年八月二十七日　任上野介（御堂）（小右記）元弾正少弼
寛仁三年十二月十五日　見上野介（小右記）
寛仁四年五月二十六日　見上野前司（左経記）
治安四年正月　任左衛門権佐ヵ
万寿元年九月十九日　叙従四位下（小右記）
万寿二年三月十三日　見左衛門権佐（小右記）
万寿二年九月十三日　見左衛門権佐（小右記）
長元八年三月二十五日　見播磨守（左経記）
長元九年七月十四日　叙正四位下（勘例）故父説孝造仁寿殿功
長暦元年六月　卒（「行親記」同八月十日条）
讃岐守　陸奥守（尊卑）

定輔（**藤原**）道隆流〈二条〉尊卑一―三二六
中納言親信一男　母官女阿古丸
長寛元年　誕生
承安二年正月五日　叙爵、氏、本名親輔
承安三年十一月二日　叙従五位上、臨時
安元三年正月二十四日　任右馬頭
治承三年正月五日　叙正五位下、右馬頭労
治承三年十一月十七日　停任、入道太政大臣訴也
治承五年三月二十六日　任周防守
養和元年十二月四日　叙従四位下
寿永元年十一月二十三日　叙従四位上、院臨時御給
寿永二年正月二十七日　任左少将、守如元
元暦二年正月二十日　叙正四位下
元暦二年六月十日　去守
文治三年五月四日　任修理大夫、去少将
文治六年正月二十四日　兼内蔵頭
建久二年十二月三十日　叙従三位、修理大夫如元、去内蔵頭
建久八年七月十二日　服解
建久八年九月二十日　復任
建久九年十一月二十五日　叙正三位
正治元年六月二十三日　兼左兵衛督
正治二年四月一日　任参議、修理大夫左兵衛督如元
正治三年正月二十九日　兼能登権守
建仁元年　為使別当ヵ
建仁二年七月二十三日　任権中納言、督別当如元
建仁三年正月五日　叙従二位
建仁三年正月十三日　辞督別当
元久二年七月十八日　叙正二位
元久二年十一月二十四日　転正
承元三年四月十日　任権大納言
承元五年正月十八日　辞納言
建保五年六月二十九日　任大宰権帥
承久三年十二月十日　去帥
貞応二年二月十七日　出家
嘉禄三年七月九日　薨、六十五歳

号二条大納言

定房（藤原）勧修寺流〈吉田〉 尊卑二—七二

権大納言経長男　母権中納言藤原定嗣女

文永十一年　誕生

建治二年正月五日　叙従五位下、臨時

弘安三年三月十二日　叙従五位上

弘安六年四月五日　任讃岐守

弘安七年十月二十七日　叙正五位下

弘安八年八月十九日　任皇后宮権大進

弘安十年八月二十日　止権大進

正応四年十月十日　任中宮権大進、補蔵人

永仁三年六月二十三日　兼右少弁

永仁三年九月一日　止蔵人

永仁四年四月十三日　遷兼春宮大進

永仁五年七月七日　転左少弁

永仁五年七月二十二日　叙従四位下

永仁五年七月二十九日　大進如元

永仁六年三月十二日　喪母

永仁六年四月二十七日　復任

永仁六年五月二十三日　止大進、依服解也

永仁六年六月八日　転権右中弁

正安元年四月二十六日　叙従四位上

正安元年六月六日　転右中弁

正安元年六月二十九日　為修理右宮城使

正安二年正月五日　叙正四位下

正安二年四月七日　転左中弁

正安二年五月二十九日　為修理左宮城使

正安三年正月二十二日　補後伏見院別当（御脱屣記）

正安三年四月五日　補蔵人頭

正安四年三月二十三日　任参議

正安四年七月二十一日　兼右兵衛督

乾元元年十二月十四日　為使別当

乾元二年正月二十八日　兼伊予権守

嘉元元年八月二十八日　叙従三位、辞権守

嘉元二年六月二日　遷兼右衛門督

嘉元三年二月　加評定衆
嘉元三年十二月三十日　任権中納言
嘉元四年六月二十一日　被仰執権
徳治二年正月五日　叙正三位、臨時
徳治二年正月二十九日　止別当
徳治二年四月二十四日　止督
延慶二年三月二十三日　辞納言
延慶二年六月二十八日　喪父
延慶三年四月七日　叙従二位
文保二年三月二日　賜去正和二年九月二十日正二位
位記
文保二年三月十二日　本座
元応元年十月二十七日　任権大納言
元亨元年七月二十六日　辞納言
元亨二年正月二十六日　還任権大納言
元亨三年十一月三十日　辞納言
元徳二年正月十三日　叙従一位、去元亨二年十二月行幸
吉田亭家賞
建武元年六月二十六日　蒙准大臣宣下
建武元年九月九日　任内大臣
建武元年十二月十七日　兼民部卿
建武二年二月十六日　上表、民部卿如元
建武四年七月二十日　止卿、出奔吉野宮
建武五年正月二十三日　於吉野離宮薨、六十五歳
後宇多院執権（洞院家廿巻部類）

定頼（藤原）勧修寺流　尊卑二―一〇一
権中納言宗隆孫　散位長宗男
安貞二年　誕生
年月日　叙爵
嘉禎二年二月三十日　任兵部大輔
嘉禎二年三月十九日　叙従五位上
嘉禎三年正月五日　叙正五位下、従一位藤原朝臣去年
給
嘉禎三年正月二十九日　任右兵衛権佐
嘉禎三年七月十二日　転左

嘉禎四年二月十日　兼皇后宮権大進
嘉禎四年四月二十日　兼右衛門権佐、使宣（経俊卿記）
（廷尉佐補任）二十一歳、元左兵衛佐皇后宮権大進
嘉禎四年七月二十日　兼右少弁
延応元年四月二十七日　叙正五位上、行幸入道摂政東山家、家司賞
延応元年八月二十九日　兼備後守
仁治二年二月一日　補蔵人、転左少弁、権佐如元
仁治二年四月二十三日　辞右衛門権佐
仁治三年三月七日　止蔵人
仁治三年十二月二十五日　転権右中弁、叙従四位下、臨時
寛元二年正月五日　叙従四位上、宣仁門院当年御給
寛元三年六月二十六日　転右中弁（平戸記）
寛元三年九月七日　為修理右宮城使
寛元四年正月五日　叙正四位下、臨時
寛元四年正月二十八日　見前殿下（二条良実）厩司（葉黄記）
寛元四年二月一日　補後嵯峨院判官代（御脱屣記）
寛元四年九月十日　見内大臣（九条忠家）家司（葉黄記）
宝治元年三月十六日　賜伯耆国（葉黄記）
宝治元年十二月八日　転左中弁
宝治二年十二月十七日　為修理左宮城使
建長二年正月十三日　転右大弁
建長二年十一月九日　為造東大寺長官
建長三年正月二十二日　叙従三位、去弁長官
文永七年　薨カ、五十三歳

貞憲（藤原）貞嗣流　尊卑二―四八七
少納言通憲二男　母近江守高階重仲女
年月日　叙爵
仁平二年十二月三十日　任刑部少輔（兵範記）
仁平四年正月二十三日　叙従五位上（兵範記）
保元元年九月十七日　任少納言（兵範記）
保元二年六月二十五日　任兵部権大輔（兵範記）

保元二年十月二十二日　叙正五位下（兵範記）
保元三年五月六日　任右衛門権佐、使宣（兵範記）
保元三年八月一日　兼摂津守（兵範記）（山槐記）
保元三年八月十日　兼右少弁（兵範記）（弁官補任）権佐守如元
保元三年八月十七日　補後白河院判官代（兵範記）
保元三年十一月二十六日　補蔵人（兵範記）（弁官補任）（職事補任）止守
平治元年五月一日　転権左少弁、叙従四位下（弁官補任）去蔵人佐
平治元年五月二十八日　見後白河院別当（平二九七九）
平治元年閏五月二十五日　転権右中弁（弁官補任）
平治元年十二月十日　解官（弁官補任）
平治元年十二月二十三日　配流土佐（尊卑）

貞行（安倍）

大納言安仁男

仁寿元年十一月二十六日　叙従五位下（文実）

仁寿二年二月二十八日　任右衛門権佐（文実）
仁寿二年三月四日　為検非違使（文実）
斉衡二年正月十五日　任左衛門権佐（文実）
斉衡三年正月七日　叙従五位上（文実）
斉衡四年正月十四日　任大和守（文実）
天安二年二月二十八日　任右中弁（文実）
天安二年三月十三日　任刑部大輔（文実）
貞観二年六月五日　任摂津権守（三実）元刑部大輔
貞観三年正月十三日　任摂津守（三実）
貞観五年六月二十九日　復任摂津守（三実）
貞観七年正月二十七日　任上野介（三実）従五位上
貞観八年四月二十七日　見上野介（三実）
貞観十四年七月十三日　見陸奥守（三実）正五位下
貞観十五年十二月二十三日　見陸奥守（三実）
元慶四年六月七日　見大宰大弐（三実）従四位上
元慶八年六月二十日　見大宰大弐（三実）従四位上

貞恒（源）光孝源氏　尊卑三―三七一

光孝天皇第十皇子

天安元年　誕生
貞観十二年二月十四日　賜姓源朝臣（三実）
元慶七年正月七日　叙従四位下、元無位
元慶八年五月二十六日　叙従四位上、一世源氏
元慶九年正月十六日　任美濃守
寛平二年正月二十八日　任右中将
寛平三年正月三十日　兼備前権守
寛平三年四月十一日　兼左兵衛督
寛平五年二月十六日　任参議、権守如元
寛平六年十二月十五日　兼大蔵卿
寛平八年正月七日　叙正四位下
寛平八年正月二十六日　兼播磨権守
寛平九年正月十一日　兼侍従
寛平九年五月二十五日　兼右衛門督、為使別当、去卿
寛平十年正月二十九日　兼伊予権守
昌泰三年正月二十六日　叙従三位
延喜二年正月二十六日　任中納言、督別当如元
延喜六年十一月七日　叙正三位、法皇御賀院別当賞
延喜八年正月十六日　任大納言
延喜八年二月二十一日　兼民部卿
延喜八年八月一日　薨（紀略）五十二歳

冬季（藤原）閑院流〈滋野井〉　尊卑一―一二七

権大納言実藤男　母鴨祢宜祐継女

文永元年　誕生
文永八年五月一日　叙爵
文永十年四月十二日　任越中守
建治二年五月二十六日　叙従五位上
建治二年十二月十日　去守
建治四年正月二十四日　叙正五位下
弘安二年七月十八日　任右少将
弘安四年正月五日　叙従四位下
弘安四年正月七日　少将如元
弘安七年七月二十六日　叙従四位上

弘安九年正月十三日　兼権右中弁
弘安九年三月九日　叙正四位下
弘安九年十月一日　辞少将
弘安十年十二月十日　転右中弁
弘安十一年二月二十一日　為修理右宮城使
正応元年八月二十五日　兼皇后宮亮
正応元年十月二十七日　転左中弁
正応元年十二月二十五日　為修理左宮城使
正応二年正月十三日　補蔵人頭、去弁
正応二年正月十九日　任右中将、去亮
正応二年十月十八日　任参議、更兼右中将
正応三年正月五日　叙従三位
正応三年正月十三日　兼播磨権守
正応四年正月六日　叙正三位
正応五年十二月三十日　任権中納言
永仁二年四月三十日　兼左衛門督、為使別当
永仁三年六月十三日　辞別当
永仁三年六月二十三日　辞督
永仁四年三月九日　叙従二位
永仁六年六月二十三日　叙正二位
正安元年四月二十六日　転正
正安四年二月二十三日　薨、三十九歳

冬長（藤原）勧修寺流〈吉田〉尊卑二―七三

権中納言冬方男

年月日　叙爵
嘉暦元年六月十四日　補蔵人（職事補任）※同日任右衛門権佐、同年十二月遷勘解由次官
カ
嘉暦元年十二月二十三日　見勘解由次官（鎌二九六九六）
嘉暦三年四月五日　見勘解由次官（鎌三〇二一七）
嘉暦四年二月二十三日　兼右少弁（弁官補任）正五位下
嘉暦四年四月二十八日　去蔵人（弁官補任）（職事補任）
元徳二年十一月十六日　転権右中弁（弁官補任）正五位上
元徳三年正月十三日　転左中弁、補蔵人頭（弁官補任）（職事補任）正四位下

元弘元年九月二十日　辞頭弁（弁官補任）（職事補任）
元弘元年　出家（尊卑）

冬方（藤原）勧修寺流〈吉田〉尊卑二—七三

権大納言経長三男　母権中納言定嗣女

元亨元年四月六日　補蔵人頭、任修理権大夫
元亨元年六月六日　叙正四位上
元亨二年正月二十六日　兼大蔵卿
元亨三年正月十三日　任参議、兼右大弁、大蔵卿如元
元亨四年正月十三日　兼美濃権守（弁官補任）
元亨四年四月二十七日　兼左兵衛督、為使別当（後光明照院関白記）（花園院宸記）去弁
元亨四年　叙従三位カ
正中二年十二月十八日　遷兼右衛門督
正中三年二月十九日　任権中納言、大蔵卿督別当如元
嘉暦二年正月五日　叙正三位
嘉暦二年三月　辞納言
嘉暦三年二月二日　本座
嘉暦四年正月五日　叙従二位
元徳元年九月十日　出家

当幹（藤原）武智麿流　尊卑二—四二二

右兵衛督良尚九男　母従五位上菅野高年女

貞観六年　誕生
昌泰元年春　補文章生
昌泰四年正月二十七日　任左衛門尉
延喜三年二月　兼山城権掾
延喜三年五月七日　補蔵人
延喜四年正月七日　叙従五位下、氏
延喜四年正月二十五日　任下野守
延喜九年四月二十二日　任左衛門権佐
延喜十年正月七日　叙従五位上
延喜十年五月二十九日　任右少弁
延喜十三年四月十五日　転左少弁
延喜十五年正月七日　叙正五位下
延喜十五年正月十二日　兼山城守

延喜十五年六月二十五日　兼木工頭
延喜十七年十一月十七日　叙従四位下、朔旦冬至
延喜十八年正月十二日　任右京大夫
延喜二十年正月三十日　任大宰大弐
延喜二十三年正月十二日　任参議、大弐如元
延長三年十月十四日　兼治部卿
延長五年十一月十六日　兼讃岐守
延長六年正月七日　叙従四位上
承平三年正月十三日　兼備前権守
承平四年正月七日　叙正四位下
承平五年二月二十三日　兼近江権守
承平七年正月七日　叙従三位
天慶三年三月二十五日　兼播磨守
天慶四年十一月四日　薨、参議治部卿播磨守、七十八歳
天慶四年十一月九日　薨奏（世紀）

当時（源）文徳源氏　尊卑三―三四
右大臣能有一男
貞観十年　誕生
元慶六年正月七日　叙従五位下
元慶八年三月九日　任侍従（三実）
仁和元年四月二十七日　任周防介
仁和四年二月十日　任美濃介
寛平二年閏九月二十日　任左京亮
寛平三年十月八日　任右馬助
寛平四年三月二十四日　任右衛門権佐
寛平六年正月七日　叙従五位上
寛平六年九月二十九日　見左《右カ》衛門権佐（紀略）
寛平七年八月十六日　任左少弁
寛平八年正月二十六日　転権右中弁
寛平八年二月十五日　兼木工頭
寛平八年五月二十五日　転右中弁
寛平九年五月二十五日　転左中弁
昌泰元年十一月二十八日　叙正五位下

延喜二年正月七日　　叙従四位下
延喜七年正月十三日　　兼周防権守
延喜八年正月十二日　　遷右兵衛督
延喜十一年正月十三日　　任参議、従四位上
延喜十一年二月七日　　右兵衛督兼字
延喜十一年十二月二十八日　　為使別当
延喜十三年正月二十八日　　兼播磨権守
延喜十三年四月十五日　　兼近江権守
延喜十五年正月七日　　叙正四位下
延喜十九年九月十三日　　遷兼右衛門督
延喜二十一年正月三十日　　任中納言、叙従三位
延喜二十一年五月四日　　薨、五十四歳

当道（坂上）　尊卑四―二三五

大納言田村麿孫　右兵衛督広野男

弘仁四年　　誕生
承和中　　任内舎人（三実卒伝）
承和中　　任右近将監（三実卒伝）
承和中　　任左兵衛大尉（三実卒伝）
承和中　　任左衛門大尉（三実卒伝）
斉衡二年正月七日　　従五位下（文実）
斉衡二年正月十五日　　任右衛門権佐（文実）
斉衡中　　為検非違使（三実卒伝）
天安初　　任左近衛少将（三実卒伝）
天安二年二月五日　　兼備前権介（文実）
天安二年五月二十一日　　兼備前介（文実）
天安二年八月二十七日　　見左少将備前権介（三実）
天安三年正月十三日　　任陸奥守（三実）
天安三年正月十六日　　為鎮守府将軍（三実）
貞観元年五月十九日　　兼常陸権介（三実）
貞観元年十一月十九日　　叙従五位上（三実）
貞観二年二月十四日　　任上総権介（三実）
貞観三年二月二日　　見陸奥守（三実）
貞観九年三月九日　　卒（三実）前陸奥守従五位上、五十五歳

当平（源）文徳源氏　尊卑三—三七
右大臣能有男　一作当年
延喜初年頃　見右衛門権佐（二中歴）
左少弁　廷佐　大蔵大輔　従五位上（尊卑）

棟範（平）高棟流桓武平氏　尊卑四—六
従三位範家四男　母権中納言藤原清隆女
久安六年　誕生
仁安元年十月十日　見春宮少進（玉葉）
仁安二年十月十日　見春宮少進（玉葉）
嘉応二年三月十九日　見宮内権少輔（玉葉）
嘉応二年四月二十三日　補摂政家若君（藤原基通）家司（玉葉）
治承三年二月十八日　見後白河院判官代（山槐記）
治承四年二月十一日　見宮内少輔（玉葉）
治承四年二月二十一日　補高倉院判官代（山槐記）
治承四年十一月十八日　遷木工頭（吉記）元宮内少輔
寿永二年四月二日　見木工頭（玉葉）
元暦二年正月二十日　任右衛門権佐、使宣（吉記）
文治元年十一月八日　見摂政（藤原基通）別当（鎌一四）
文治二年八月二十一日　見頌子内親王別当（鎌一六〇）
文治二年十二月十五日　転左衛門権佐ヵ
文治三年十二月四日　補蔵人（玉葉）（職事補任）正五位下左衛門権佐
文治四年十月十四日　任左少弁（山槐記除目部類）（弁官補任）止蔵人佐
文治五年七月十三日　転権右中弁（弁官補任）
文治五年九月十六日　叙従四位下（弁官補任）
文治五年十月二十九日　叙従四位上（仲資王記）
建久元年十月二十七日　転右中弁（弁官補任）
建久二年二月五日　叙正四位下（弁官補任）
建久三年正月二十九日　為修理右宮城使（弁官補任）
建久三年三月　見後白河院別当（鎌五八四）
建久三年七月十二日　兼近江守（弁官補任）
建久五年二月二日　辞守（弁官補任）
建久五年閏八月三十日　卒（玉葉）（弁官補任）四十五歳

棟望（平）高棟流桓武平氏　尊卑四―六
権中納言成俊男　母法眼任尊女
年月日　叙爵
建長六年八月五日　叙従五位上（経俊卿記）
正元元年五月十九日　任木工頭（経俊卿記）
文永五年五月二十三日　見勘解由次官（吉続記）
文永五年六月十四日　見後嵯峨院院司（吉続記）
文永六年正月五日　見勘解由次官（経俊卿記逸文）
文永六年三月　任左衛門権佐ヵ
文永七年二月一日　補蔵人（職事補任）正五位下左衛門権佐
文永八年十一月二十九日　任右少弁（吉続記）（弁官補任）去蔵人佐
文永十一年四月五日　転左少弁（弁官補任）
文永十一年九月十日　転右中弁、叙従四位下（弁官補任）
文永十二年二月一日　為修理右宮城使（弁官補任）
建治元年十月八日　転権左中弁（弁官補任）
建治元年十二月二十六日　転左中弁（弁官補任）
建治二年正月五日　叙従四位上（弁官補任）
建治二年正月二十三日　為修理左宮城使（弁官補任）
建治三年五月十四日　辞弁（弁官補任）
弘安九年九月二十七日　卒（勘仲記）前左中弁

藤長（藤原）勧修寺流〈甘露寺〉　尊卑二―七三
権中納言隆長三男
元応元年　誕生
元応三年二月三日　叙従五位下
正中三年正月五日　叙従五位上
正中三年二月十九日　任中宮権大進
嘉暦二年三月二十四日　叙正五位下
元徳元年十月十日　任勘解由次官
元徳二年三月一日　任右衛門権佐
元徳三年三月十八日　転左衛門権佐
元弘三年七月五日　兼右少弁

元弘三年七月十一日　兼皇太后宮権大進
元弘三年九月十六日　為防鴨河使
元弘三年十月十二日　停権大進
元弘三年十一月八日　補蔵人
元弘三年十一月二十九日　去左衛門権佐
元弘四年正月二十三日　兼春宮大進
建武元年五月十日　去蔵人
建武二年正月五日　叙正五位上
建武二年正月十三日　兼中判事
建武二年五月二十三日　転左少弁、還補蔵人
建武三年三月　去蔵人
建武三年十一月二日　叙従四位下、去中判事春宮大進
建武三年十一月十四日　兼春宮亮
建武五年二月十七日　去左少弁
暦応四年正月六日　叙従四位上
暦応四年三月十九日　任右中弁
暦応四年十二月十二日　転権左中弁
康永元年九月七日　叙正四位下

康永元年十二月二十一日　転左中弁
康永二年正月二十八日　為修理左宮城使
康永二年八月十二日　転右大弁
康永二年九月二十三日　叙正四位上
康永二年十二月二十二日　補蔵人頭
康永三年正月二十四日　兼山城権守、為造興福寺長官
康永四年四月十六日　任参議
貞和二年正月六日　叙従三位
貞和四年四月十二日　任権中納言
貞和四年十一月十九日　喪母、不復任
貞和五年六月十三日　本座
文和四年八月十三日　叙正三位
延文三年正月七日　叙従二位
延文五年十一月十七日　叙正二位
康安元年五月四日　薨、四十三歳

藤朝　（藤原）勧修寺流　尊卑二―一〇八
参議親朝男

弘安五年十月二十九日　叙従五位下
弘安十年三月二日　被止位記、為被補侍中云々
弘安十一年正月五日　叙従五位下
正応元年七月十六日　任豊後守
正応元年八月二十七日　叙従五位上（勘仲記）
正応二年七月十六日　去守
正応二年八月七日　叙正五位下
正応二年閏十月十四日　任備後守
正応二年十二月十五日　任右兵衛権佐、去守
正応四年十二月二十一日　任治部少輔、去佐
正応六年正月十三日　任宮内大輔
永仁二年三月五日　見永陽門院院司（勘仲記）
永仁三年八月五日　遷治部大輔
正安元年九月三十日　任右衛門権佐、使宣、去大輔
正安二年五月二十九日　転左衛門権佐
正安三年正月二十一日　補後伏見院判官代（御脱屣記）
正安三年十二月一日　見後宇多院院司（吉続記）
嘉元三年九月二十三日　見左衛門権佐（亀山院御凶事記）
嘉元三年十一月十六日　叙従四位下
嘉元四年九月二十八日　任春宮亮
徳治三年五月九日　叙従四位上
徳治三年九月十七日　任権右中弁
延慶二年二月十九日　転右中弁
延慶二年三月九日　為修理右宮城使
延慶二年十月十二日　叙正四位下
延慶三年三月九日　転右大弁
延慶三年四月二十八日　為造東大寺長官
延慶三年八月二日　叙正四位上
延慶三年九月四日　遷治部卿、補蔵人頭、去弁
応長元年閏六月九日　任参議
応長元年八月七日　叙従三位
応長元年十月八日　辞参議
応長元年十月十七日　本座
正和五年正月五日　叙正三位
元亨四年　薨カ

藤房（藤原）勧修寺流〈万里小路〉尊卑二―八五
大納言宣房一男
永仁三年　誕生
文保二年三月二十九日　補蔵人（職事補任）正五位下木工頭、先坊大進
文保二年十月六日　任右少弁、為氏院別当（弁官補任）去蔵人、木工頭如元
文保三年三月九日　転左少弁（弁官補任）
文保三年四月七日　為記録所寄人（弁官補任）
元応元年閏七月五日　叙正五位上（弁官補任）
元応元年八月七日　兼中宮大進（弁官補任）
元応元年八月十六日　叙従四位下（弁官補任）中宮入内賞
元応二年三月二十四日　転左中弁、兼中宮亮（弁官補任）
元応二年四月十二日　為修理左宮城使（弁官補任）
元応二年七月十七日　叙従四位上（弁官補任）
元応三年正月十三日　兼阿波介（弁官補任）
元亨元年三月十一日　叙正四位下（弁官補任）

元亨元年四月六日　転右大弁（弁官補任）中宮亮阿波介如元
元亨元年六月六日　叙正四位上（弁官補任）
元亨二年正月六日　為記録所寄人（弁官補任）
元亨二年正月二十六日　兼相模権守（弁官補任）
元亨三年正月十三日　補蔵人頭（弁官補任）（職事補任）去弁、中宮亮如元
元亨四年四月二十七日　任参議、還任右大弁（後光明照院関白記）（弁官補任）（職事補任）相模権守如元
元亨四年五月四日　為記録所寄人（弁官補任）
元亨四年五月二十六日　為造東大寺長官（弁官補任）
元亨四年十月二十九日　転左大弁（花園院宸記）（弁官補任）
正中三年正月五日　叙従三位
正中三年二月十九日　任権中納言
嘉暦二年七月十六日　兼左兵衛督、為使別当
嘉暦二年十一月十日　遷兼右衛門督

嘉暦三年正月七日　叙正三位
元徳元年九月二十六日　叙従二位
元徳二年五月二十二日　止別当
元徳二年七月十七日　止督
元徳三年二月一日　転正
元徳三年八月七日　叙正二位、延暦寺大講堂供養行事賞
元弘元年八月二十四日　主上臨幸笠置城供奉
正慶元年五月　配流下総国
元弘三年五月十七日　復本職、中納言右衛門督使別当
建武元年十月五日　出家、四十歳

道成（令宗）

河内守允亮男
長元元年七月二十六日　見明法博士（左経記）
長元三年六月二十八日　見従五位下明法博士備中権掾（小右記）
長元八年五月三日　見明法博士（小右記）
長久三年正月　任勘解由次官（勘例）明法博士如元
寛徳三年二月　任左衛門権佐（勘例）
永承三年三月二日　見左衛門権佐（造興福寺記）
永承七年五月十八日　見明法博士（春記）

道統（三善）

参議清行曾孫　文明男
天暦七年　進士及第（「文粋」一四七頁）
応和二年　秀才給料（「文粋」一四七頁）
応和三年三月十九日　見前文章得業生（善秀才宅詩合）
応和四年六月十九日　見正六位上兵部丞（応和四年甲子革令勘文）
康保二年八月五日　見式部少丞（「符宣抄」二四五頁）
康保四年　叙従五位下、任安芸（権）守ヵ（「文粋」一四七頁）
安和二年三月十三日　見安芸権守（粟田左府尚歯会詩）
安和二年　止守ヵ（「文粋」一四七頁）

安和二年十月　任大学頭（「文粋」一四七頁）
天延二年　遷勘解由次官（「文粋」一四七頁）
天元三年正月二十日　見従五位上勘解由次官（「文粋」一四七頁）望右衛門権佐
天元三年正月　任右衛門権佐ヵ（二中歴）
寛和二年十月二十五日　見民部大輔（桂林遺芳抄）
永延元年七月　任文章博士（「二中歴」第二）従四位下
長徳四年七月十日　見文章博士（権記）
忠義公兼通侍読（「二中歴」第二）
詩人（「二中歴」第十二）

敦（源）
世系等未詳
天暦初年頃　見右衛門権佐（二中歴）

敦宗（藤原）内麿流　尊卑二―二〇四
参議実政一男　母美作守藤原国成女

長久三年　誕生
延久二年正月　任但馬掾（除目申文之抄）文章生
延久二年　任式部丞（除目申文之抄）文章得業生
延久頃　補蔵人（「中右記」天永二年九月十八日条）
承保二年五月十四日　見従五位下刑部少輔（「群載」三四七頁）
承保三年九月十二日　見右衛門権佐（水左記）
応徳元年八月二十五日　任左少弁（弁官補任）正五位下右衛門権佐文章博士
応徳三年二月三日　兼摂津守（弁官補任）弁博士如元
応徳三年二月二十七日　為修理左宮城使（弁官補任）
寛治二年十二月二十四日　解官（弁官補任）父大弐実政卿配流縁座
承徳二年三月十二日　任式部少輔（中右記）
承徳三年正月六日　叙従四位下（中右記）（世紀）式部少輔

康和四年七月二十一日　見大学頭（中右記）
康和四年十一月一日　兼東宮学士（中右記）
嘉承二年七月ヵ　叙正四位下（叙位尻付抄）
天仁元年十月十四日　任丹波守（中右記）
天永二年九月十六日　卒（「中右記」同十八日条）式部権
大輔大学頭丹波守、七十歳

能実（藤原）師実流　尊卑一―二一六

摂政太政大臣師実四男　母美濃守藤原基貞女
延久二年　誕生
永保二年正月　叙従五位上、元服日
永保二年正月二十一日　任侍従
永保二年二月二十八日　任左少将
永保三年正月　叙正五位下、労
永保三年二月　遷右中将、兼美作介
永保三年四月　遷左中将
応徳二年正月　叙従四位下、労
応徳三年十二月八日　補蔵人頭
応徳三年十二月十九日　叙従四位上、院御給、御即位
寛治元年五月十九日　叙正四位下、太上皇御幸平等院日
賞
寛治元年十一月十日　兼備中権守
寛治元年十一月二十二日　叙従三位、止中将
寛治元年十二月十三日　任侍従、備中権守如元
寛治六年正月　兼周防権守
寛治七年正月三日　叙正三位
寛治七年二月二十二日　兼中宮権大夫、立后日
嘉保三年正月　任参議、中宮権大夫侍従等如元
永長二年二月　兼左兵衛督、兼丹波権守
康和元年十二月　任権中納言、左兵衛督中宮権大夫
等如元
康和二年正月十七日　叙従二位、春日行幸行事賞
康和三年二月十三日　服解
康和三年三月十五日　復任
康和四年三月二十日　叙正二位、御賀日賞
長治元年十二月　為使別当

天仁元年九月十八日　辞別当
天仁元年十月十四日　遷兼右衛門督
天永二年正月二十三日　転左衛門督
永久二年十月一日　止中宮大夫、依宮崩給也
永久三年四月二十八日　転正
保安三年十二月十七日　任大納言（永昌記）
保安三年十二月二十二日　兼皇后宮大夫
長承元年八月十八日　出家
長承元年九月十日　薨、六十三歳
　号小野宮大納言

能俊（源）　醍醐源氏　尊卑三―四七三
　大納言俊明一男　母若狭守藤原師基女
延久二年　誕生
承暦四年正月六日　叙爵、中宮御給
永保二年正月　任阿波権守
永保三年二月　任右衛門権佐※右衛門佐カ右兵衛権佐カ
応徳二年正月　叙従五位上、労
寛治元年十一月　兼備中介
寛治元年十一月十八日　叙正五位下、大嘗会主基国司
寛治元年十二月　任右少将、介如元
寛治二年正月十一日　補蔵人
寛治三年正月七日　叙従四位下（職事補任）労
寛治六年正月　兼美作介
寛治八年正月　叙従四位上、少将労
嘉保二年正月二日　叙正四位下、院行幸賞
永長二年正月　兼讃岐介
承徳二年正月二十七日　遷右中弁
承徳二年十二月十七日　転権左中弁（弁官補任）
承徳三年四月　為修理左宮城使
康和元年十二月十四日　補蔵人頭（職事補任）
康和二年七月十七日　任参議
康和二年七月二十三日　叙従三位、造宮行事賞
康和三年二月　兼美作権守
康和四年三月二十日　叙正三位、御賀院司賞

長治三年三月十一日　兼左中将、兼備後権守
天仁元年十月十四日　遷兼左兵衛督、為使別当
天仁二年十二月二十二日　見白河院別当（平一七一四）
天永二年正月二十三日　任権中納言、督別当如元
天永四年三月　辞督別当
永久二年十二月　遭父喪
永久五年正月十九日　兼治部卿
元永二年七月三十日　叙従二位、天仁二年石清水行幸行事賞
保安元年六月　見白河院別当（平四九七五）
保安元年十一月二十五日　兼中宮大夫
保安三年十二月二十七日　任権大納言、治部卿中宮大夫如元
天治元年十一月二十四日　止大夫、依院号也
大治四年十一月　叙正二位、行幸平野大原野行事賞
天承元年十二月二十二日　転正
天承元年十二月二十四日　兼中宮大夫
長承三年二月二十日　出家（中右記）
保延元年六月二日　見治部卿入道（中右記）

能長（藤原）頼宗流　尊卑一―二四六

右大臣頼宗三男　母内大臣藤原伊周女　為権大納言能信子
治安二年　誕生
長元八年三月十日　叙従五位下、元服日、上東門院臨時御給
長元八年十月十六日　任侍従
長元九年七月十日　叙従五位上、禎子内親王給
長元九年七月十七日　補蔵人
長元九年十月十四日　兼左兵衛佐
長暦元年十月二十三日　叙正五位下、行幸高陽院賞、頼宗卿譲
長暦二年正月七日　叙従四位下
長暦二年十月五日　更任侍従
長久二年正月五日　叙従四位上、皇后宮御給
長久三年正月十四日　補蔵人頭
長久三年正月二十九日　任右中将

長久三年十月二十一日　叙正四位下、臨時
長久四年正月二十四日　兼播磨権介
長久四年九月十九日　任参議、右中将如元
寛徳二年四月二十六日　兼播磨権守
寛徳二年四月二十八日　叙従三位、能信卿造宮行事賞
永承元年四月十四日　転左中将
永承五年十月十三日　叙正三位、行幸上東門院、御傍親
永承五年十二月一日　叙従二位、大原野行幸行事賞
永承六年正月二十七日　兼備後権守
天喜四年二月三日　兼播磨権守
康平四年二月二十八日　任権中納言
康平四年十二月八日　兼右衛門督
康平七年正月六日　叙正二位
康平八年二月九日　服解
康平八年三月二十九日　復任
康平八年四月二十四日　兼春宮権大夫
康平八年七月七日　為使別当
治暦元年十月十一日　転左衛門督
治暦元年十二月八日　転春宮大夫
治暦三年四月二十七日　辞別当
治暦四年四月十九日　止大夫、依受禅也
治暦四年十二月二十九日　任権大納言
延久元年四月二十八日　兼春宮大夫、冊命日
承暦四年八月十四日　任内大臣
承暦四年八月二十二日　兼皇太子傅
永保二年十一月十四日　薨、六十一歳

号三条

能保（藤原）頼宗流　尊卑一―二五九

丹波守通重一男　母右大臣藤原公能女

久安三年　誕生
仁平三年正月五日　叙爵、統子内親王給
保元二年十二月十七日　任丹波守、申請可造章善門之由
保元三年十月六日　止守
仁安二年十二月十三日　任太皇太后宮権亮
仁安三年正月六日　叙従五位上、上西門院当年御給

承安三年十月二十一日　叙正五位下、最勝光院供養日行幸
賞、上西門院御給
寿永三年三月二十七日　任左馬頭
元暦元年六月五日　兼讃岐守、兼大宮権亮
元暦元年七月十三日　辞権亮
元暦元年十二月十七日　叙従四位下
元暦二年六月二十八日　辞讃岐守
文治元年十二月十五日　任右兵衛督、以左馬頭譲任男高能
文治三年正月五日　叙従四位上、臨時
文治四年正月　叙正四位下
文治四年十月十四日　叙従三位、右兵衛督如元
文治五年七月十日　任参議、右兵衛督如元
文治六年正月二十四日　兼伊予権守
建久元年七月十八日　転左兵衛督
建久元年十二月十四日　叙正三位、臨時
建久二年二月一日　為使別当
建久二年三月二十八日　任権中納言
建久二年四月一日　更任左兵衛督、為使別当
建久二年十二月　辞別当
建久三年八月八日　辞両職
建久三年八月九日　本座
建久四年正月二十八日　叙従二位、臨時
建久五年閏八月二日　出家
建久八年十月二十一日　薨（愚管抄）五十一歳
号一条二位入道

能有（源）文徳源氏　尊卑三―三二一
文徳天皇皇子　母伴氏
承和十二年　誕生
仁寿三年六月十一日　賜姓源朝臣（文実）
貞観四年正月七日　叙従四位上
貞観五年四月一日　補次侍従
貞観八年正月十一日　任加賀守
貞観十一年二月十六日　任大蔵卿
貞観十二年正月二十五日　兼美濃権守
貞観十四年八月二十五日　任参議、大蔵卿美濃権守如元

貞観十四年八月二十九日　兼左兵衛督
貞観十五年正月十三日　兼美濃守
貞観十六年二月二十九日　兼備中権守
貞観十七年正月七日　叙正四位下
貞観十八年正月十四日　遷兼左中将、権守如元
元慶元年十一月二十一日　叙従三位
元慶二年正月十一日　兼左衛門督
元慶三年正月十三日　兼美濃権守
元慶三年四月五日　為使別当
元慶四年正月十一日　兼近江権守
元慶六年正月十日　任中納言
元慶六年三月九日　如元為別当
仁和四年九月九日　兼民部卿、別当如元、辞督
仁和五年正月十六日　兼右大将
仁和五年二月八日　別当如元
仁和五年四月　兼皇太子傅
寛平二年正月七日　叙正三位
寛平三年三月十九日　任大納言、右大将皇太子傅按察使
　等如元
寛平五年正月十一日　兼按察使
寛平五年二月二十二日　転左大将
寛平五年四月二日　兼皇太子傅
寛平七年八月十六日　兼民部卿
寛平七年十二月三日　為五畿内諸国別当
寛平八年七月十六日　任右大臣、左大将東宮傅等如元
寛平九年六月八日　薨、五十三歳
寛平九年六月十六日　贈正一位
　号近院大臣

範家（平）高棟流桓武平氏　尊卑四―六
　参議実親一男　母参議藤原為隆女
永久二年　誕生
大治五年十一月二十九日　補蔵人、前白河院蔵人、待賢門院
　判官代
天承元年四月十九日　叙従五位下
長承三年二月二十二日　任治部少輔、元散位

長承三年閏十二月三十日　兼相模守
保延二年二月十一日　見鳥羽院判官代（平二―三三九）
保延五年八月十七日　兼春宮権大進
保延七年正月六日　叙従五位上、少輔労
永治元年十二月二日　辞相模守
永治元年十二月二十六日　補蔵人、叙正五位下、坊官
康治三年正月二十四日　見鳥羽院別当（平補七〇）
天養二年四月十五日　任木工頭
久安三年正月二十八日　兼勘解由次官
久安四年十月十三日　任右少弁、木工頭如元
久安六年四月二十八日　転左少弁
久安六年十月二十日　兼右衛門権佐
久安六年十月二十八日　検非違使符請印（世紀）
仁平二年八月二十八日　辞右衛門権佐
久寿元年十二月二十八日　転権右中弁
久寿二年正月六日　叙従四位下、弁労
久寿三年四月六日　転右中弁
保元元年九月十三日　補蔵人頭
保元元年九月十七日　転右大弁、木工頭如元、叙従四位上、祖父時範朝臣尊勝寺行事賞
保元元年十一月二十八日　叙正四位下、臨時
保元二年九月九日　辞右大弁
保元二年十月二十七日　叙従三位、元蔵人頭木工頭
保元三年八月十一日　補後白河院院司（兵範記）
保元四年三月十三日　出家
応保元年九月七日　薨、四十八歳

範光（藤原）貞嗣流〈岡崎〉尊卑二―四七七

従三位範兼男　母伊勢守源俊重女

久寿元年　誕生
応保三年二月十九日　給学問料
長寛二年二月二日　補文章得業生
長寛三年正月二十三日　任丹波大掾
仁安元年　献策
仁安元年十二月二日　任掃部助
承安元年五月二十九日　補蔵人

承安元年十二月八日　任式部少丞
承安二年正月五日　叙爵、策労
承安三年七月七日　任紀伊守
安元元年十二月八日　遷下野守
治承四年正月二十八日　重任
養和二年三月八日　叙従五位上
寿永元年十一月二十三日　叙正五位下
寿永二年八月十六日　遷紀伊守
元暦元年九月十八日　兼式部権少輔
元暦二年六月十日　転少輔
文治二年三月十六日　見前摂政（近衛基通）家司（玉葉）
文治二年七月二十七日　見摂政（九条兼実）家司（玉葉）
文治二年十一月二十一日　解守
建久六年十二月九日　遷勘解由次官
建久八年七月四日　辞官、依病也
建久八年十二月十七日　任丹後守
建久九年正月十一日　補院司
建久九年十二月九日　任右少弁、守如元

正治元年十一月二十七日　叙従四位下
正治元年十二月十六日　補守成親王家司（玉葉）
正治二年正月五日　叙従四位上、中宮御給
正治二年三月六日　転権右中弁
正治二年四月一日　遷大蔵卿、守如元
正治二年四月十五日　兼春宮亮
正治二年十月十九日　見宜秋門院別当（記録部類）
正治二年十二月二十九日　叙正四位下
正治三年正月二十九日　叙従三位
建仁元年三月十七日　任大宰大弐、止春宮亮
建仁二年七月二十三日　任参議、大弐如元
建仁二年十一月十九日　叙正三位
建仁三年正月十三日　兼能登権守、兼右衛門督、為使別当
建仁三年四月二十五日　任権中納言、督別当如元
建仁三年九月　辞督別当
元久元年三月六日　辞納言
元久元年三月二十日　本座

元久二年正月二十九日　任民部卿
元久二年三月二十六日　叙従二位
元久三年四月三日　兼春宮権大夫
建永二年三月十五日　出家
建暦三年四月五日　薨（「明月記」同六日条）

範国（平）高棟流桓武平氏　尊卑四—五
武蔵守行義男　母和泉守源致明女
長和三年十月二十四日　試判（小右記）
長和四年正月十二日　補雑色（御堂）文章生
長和五年十一月二十五日　補蔵人（御堂）文章生
寛仁二年十一月二十二日　見蔵人左衛門尉（小右記）
寛仁四年十一月八日　見蔵人（小右記）
治安元年七月二十五日　見五位（小右記）
治安二年七月十四日　見三河権守（法成寺金堂供養記）
長元四年九月二十一日　見前甲斐守（左経記）
長元九年三月三日　補蔵人（職事補任）正五位下右衛門権佐
長元九年四月十七日　新帝蔵人（職事補任）
長暦二年正月七日　叙従四位下（職事補任）去権佐ヵ
長暦二年十一月二十二日　見美作守（春記）
長暦四年正月二十五日　叙従四位上ヵ（春記）治国加階
長暦四年正月三十日　見美作守（春記）
永承元年八月十七日　見伊予守（「栄華物語」巻三十六）
永承三年十月十一日　見伊予守（範国記）

春宮大進　正四位下（尊卑）
土御門右府（源顕房）家司（「姉言記」文治四年八月三十日条）

範国（藤原）貞嗣流〈岡崎〉尊卑二—四七八
従二位範嗣男
元徳三年二月六日　補蔵人（職事補任）式部少輔
元弘二年正月五日　叙従四位下（花園院宸記）策
元弘三年四月十九日　見勘解由次官（鎌三二〇九七）
元弘三年五月十七日　復本位ヵ
元弘三年十一月十二日　見少納言（鎌三二六八八）

元弘三年十一月十九日　見式部少輔（鎌三二七〇三）
元弘三年十一月二十九日　任左衛門権佐カ（職事補任）
元弘三年十二月一日　見左衛門権佐（鎌三二七四一）
元弘四年正月二十八日　見左衛門権佐（鎌三二八三八）
建武二年五月二十三日　任右少弁（職事補任）※十三日任カ
建武二年六月四日　見蔵人右少弁（匡遠記）
建武三年　止弁カ
延文三年正月七日　叙従三位（公卿補任）
貞治二年閏正月十二日　薨（師守記）

範朝（藤原）貞嗣流〈岡崎〉尊卑二―四七七
権中納言範光一男　母従二位藤原範季女
治承二年　誕生
建久八年五月　給学問料
建久十年二月　補文章得業生
正治二年正月二十二日　任出雲大掾
正治三年正月五日　叙従五位下
正治三年正月二十九日　任春宮少進

建仁二年正月五日　叙従五位上、春宮御給
元久元年四月十二日　任右衛門権佐、使宣、停少進
元久元年十一月一日　叙正五位下
元久二年四月十日　叙従四位下、任美濃守
元久三年四月三日　任権右中弁、守如元
建永元年六月十六日　兼春宮亮
建永元年十月二十日　転右中弁
建永元年十月二十三日　叙従四位上
建永元年十二月五日　為修理左宮城使
承元元年十一月三日　叙正四位下、辞弁
承元三年正月五日　叙従三位
承元五年正月十八日　任参議
承元五年正月十九日　叙正三位、朝覲行幸賞
建暦二年正月十三日　兼尾張権守
建暦三年四月五日　服解、父
建暦三年五月二十二日　復任
建保二年十二月一日　兼右兵衛督
建保三年四月十一日　為使別当

建保三年八月十一日　転左兵衛督
建保三年十二月十日　任権中納言
建保三年十二月十五日　督別当如元
建保四年正月十三日　辞別当
建保四年三月二十八日　兼右衛門督
建保五年正月二十八日　辞督、叙従二位
建保六年正月五日　辞納言、叙正二位
承久二年二月十八日　本座
寛喜二年二月十四日　出家
嘉禎三年六月二十二日　薨、六十歳

範輔（平）高棟流桓武平氏　尊卑四―一〇
従三位親輔一男
建久三年　誕生
建永元年十月十七日　補蔵人（猪隈関白記）摂政近衛家
実勾当
建永元年十一月七日　叙爵
承元四年正月十七日　任治部少輔
建暦二年十月十八日　遷兵部権少輔
建暦三年正月六日　叙従五位上
建保六年正月五日　叙正五位下、家宣春日行幸行事賞
譲
建保六年三月六日　任勘解由次官
承久三年閏十月十八日　任右衛門権佐、使宣
承久三年十二月一日　兼皇后宮権大進
貞応元年五月　補蔵人
貞応元年十二月二十一日　兼右少弁
貞応二年正月七日　去蔵人（職事補任）
貞応二年四月十日　転兼皇后宮大進
貞応三年十月十六日　転左少弁
元仁二年正月五日　叙従四位下
嘉禄元年七月六日　転権右中弁
嘉禄元年十二月八日　叙従四位上、両社行幸
嘉禄元年十二月二十二日　転右大弁、補蔵人頭
嘉禄二年正月二十三日　兼遠江権守
嘉禄二年七月二十四日　叙正四位下

嘉禄二年七月二十九日　兼中宮亮
嘉禄二年十二月十六日　任参議、右大弁中宮亮遠江権守等
　如元
嘉禄三年正月五日　叙従三位、臨時
寛喜元年四月十八日　止亮、院号
寛喜元年六月二十日　鷹司院年預院司（民経記）
寛喜二年正月二十四日　兼加賀権守
寛喜三年四月二十九日　転左大弁
寛喜三年十月十二日　兼勘解由長官
寛喜四年正月五日　叙正三位、労
貞永元年八月二十一日　為造東大寺長官
文暦元年十二月二十一日　任権中納言
文暦二年閏六月二十三日　辞納言
文暦二年閏六月二十七日　出家
文暦二年七月二十五日　薨、四十四歳

範頼（平）　高棟流桓武平氏　尊卑四―九
権中納言範輔一男

嘉禄元年四月二十七日　任治部少輔（明月記）
嘉禄二年七月二十九日　兼中宮権大進（民経記）（明月記）
嘉禄二年十一月四日　任右衛門権佐（民経記）（「明月記」
同五日条）従五位下、中宮権大進
如元、去輔
嘉禄三年正月五日　叙従五位上（廷尉佐補任）
嘉禄三年十月四日　補蔵人（民経記）（蔵人補任）（廷
尉佐補任）
嘉禄三年十月十日　見関白（近衛家実）年預（民経記）
安貞二年正月五日　叙正五位下（蔵人補任）（廷尉佐補
任）
寛喜元年四月十八日　止権大進（廷尉佐補任）院号
寛喜元年六月二十日　見鷹司院判官代（民経記）
寛喜三年正月二十九日　兼能登権介（民経記）（「明月記」
同三十日条）
寛喜三年四月二日　蒙勅勘被止出仕（民経記）（廷尉
佐補任）同中旬被聴出仕
寛喜三年六月十日　見右大臣（近衛兼経）家司（民経記）

同日　見土御門殿近臣（民経記）
同日　止蔵人（廷尉佐補任）御譲位
天福元年十二月十五日　転左衛門権佐（廷尉佐補任）
天福二年　止佐（廷尉佐補任）
文暦二年六月七日　辞紀国（明月記）
従四位下　右京大夫（尊卑）（「公卿補任」弘安三年平範賢条）

敏忠（高階）　尊卑四—一一三
宮内卿良臣男
永延二年正月二十九日　任肥前守（小右記）
永延二年閏五月九日　見右衛門権佐（小右記）
永延三年四月五日　任摂津守（小右記）権佐如元
永祚二年六月二十日　頓滅（小記目録）
従五位上（尊卑）

文範（藤原）長良流　尊卑二—一六八
参議元名二男　母大納言藤原扶幹女
延喜九年　誕生
天慶三年七月五日　補文章生
天慶四年三月二十八日　任少内記、殿上労、文章生
天慶四年四月十二日　補蔵人
天慶六年二月二十七日　任式部少丞
天慶七年三月二十九日　転大丞
天慶八年正月七日　叙従五位下
天慶八年三月二十八日　任摂津守
天暦四年正月七日　叙従五位上
天暦四年七月五日　任右衛門権佐
天暦四年七月二十二日　使宣
天暦六年正月十一日　任左少弁
天暦八年三月十四日　転右中弁
天暦九年二月十七日　転左中弁
天暦九年十一月二十二日　叙正五位下、朔旦
天暦十一年正月七日　叙従四位下
天徳二年閏七月二十八日　兼内蔵頭
天徳四年正月二十四日　兼美作権守

応和元年十二月二日　叙従四位上、造宮行事
応和四年正月二十四日　兼美作権守
康保三年九月十七日　転右大弁、内蔵頭如元
康保三年十一月九日　補蔵人頭
康保四年正月二十日　任参議、弁如元
康保四年十月八日　兼大蔵卿
康保五年正月十三日　兼備後権守
康保五年二月五日　転左大弁
安和二年九月二十三日　叙正四位下
安和三年正月二十八日　兼民部卿
天禄二年十二月十五日　任権中納言、叙従三位、民部卿如元
天禄三年正月二十四日　転正
貞元二年八月二日　叙正三位、造宮別当賞
寛和二年七月二十六日　叙従二位、臨時
永延二年正月五日　辞中納言、民部卿如元
長徳二年三月二十八日　薨、八十八歳
名臣　詩作者（二中歴）

保家（藤原）頼宗流〈持明院〉尊卑一―二六四
権中納言基家二男　母権大納言平頼盛女
仁安二年　誕生
嘉応三年正月六日　叙爵、上西門院久寿元年御給
承安四年正月二十一日　任加賀守、父基家秩満替
承安四年八月二日　叙従五位上、上西門院御給、朝覲行幸賞
安元元年十二月十二日　任侍従、去守
治承三年十一月十七日　任加賀守（玉葉）
治承五年七月二日　遷紀伊守（玉葉）
養和元年十二月四日　叙正五位下、造日前国懸社賞
寿永元年　見紀伊守（「明月記」建保三年正月五日条）
元暦二年六月二十九日　任淡路守
文治五年七月十日　任右少将
文治六年正月五日　叙従四位下
建久六年正月五日　叙従四位上

建久九年二月二十六日　叙正四位下、殷富門院御即位御給
建久九年十二月九日　転中将
建仁二年十月二十九日　叙従三位、元右中将
建仁三年十月二十四日　任侍従
元久元年十月二十六日　叙正三位
元久三年三月二十八日　任参議、元侍従
建永二年正月十三日　兼讃岐権守
建永二年二月十六日　兼左衛門督、為使別当
承元二年七月九日　任権中納言、督別当如元
承元二年七月二十三日　辞督別当
承元三年四月十四日　辞納言、叙従二位
承元三年十月三十日　任按察使
承元四年二月十七日　出家（玉蘂）
承元四年三月一日　薨（尊卑）四十四歳

保資（大江・甘南備）

世系等未詳

寛弘五年十二月二十三日　見検非違使左衛門少尉（壬生本西宮記）于時甘南備保資
寛弘八年九月二十九日　見検非違使左衛門少尉（権記）
長和四年九月二十日　叙従五位上（小右記）（御堂）左大臣藤原道長家司
寛仁元年九月二十二日　見施薬院使（小右記）
寛仁二年十月二十二日　叙正五位下（小右記）前摂政太政大臣藤原道長家司
寛仁三年十二月十七日　改姓大江（小右記）
寛仁四年正月三十日　任左衛門権佐ヵ
寛仁四年二月一日　左衛門権佐慶賀（左経記）
寛仁四年二月五日　使宣（左経記）
治安三年正月七日　叙従四位下（「勘仲記」弘安十一年正月五日条）
治安三年十一月二十五日　見左衛門権佐（小右記）
治安四年正月二十六日　遷信濃守（「勘仲記」弘安十一年正月五日条）
万寿四年五月二十四日　見信濃守（小右記）

保則（藤原）武智麿流　尊卑二―四一五
左兵衛佐貞雄男　母左中弁安倍弟富女

天長二年　誕生
斉衡二年三月　任治部少丞
斉衡三年正月十二日　任民部大丞
天安二年　任兵部少丞
天安三年三月二十一日　転兵部大丞
貞観二年八月十五日　見兵部大丞（三実）
貞観五年二月十日　任式部少丞
貞観八年正月七日　叙従五位下（三実）元式部少丞
貞観八年正月十三日　任備中権介
貞観十三年正月七日　叙従五位上、治国労
貞観十三年正月二十九日　任備中守
貞観十六年正月十五日　任備前権守
貞観十八年正月十四日　任右衛門権佐
貞観十八年二月十五日　任民部大輔
貞観十八年十二月二十二日　見民部大輔（三実）
貞観十九年正月十五日　任右中弁
元慶二年五月四日　叙正五位下、兼出羽権守、右中弁如元
元慶三年正月十一日　転出羽守※三実ニハコレ以降モ出羽権守ト見エル
元慶四年二月十七日　見出羽権守（三実）
元慶五年七月十六日　兼播磨権守
元慶六年正月七日　叙従四位下
元慶六年二月三日　兼讃岐権守
仁和三年二月二日　任伊予守
仁和三年五月二十日　見伊予守（三実）
仁和三年八月二十二日　任大宰大弐
仁和三年十一月十七日　叙従四位上
仁和四年七月二十三日　見大宰大弐（「要略」二五五頁）
寛平三年四月十一日　任左大弁
寛平四年四月二十八日　任参議、左大弁如元
寛平五年正月十一日　兼近江権守
寛平五年二月二十二日　兼民部卿、去弁
寛平七年四月二十一日　卒、七十一歳

名臣（二中歴）

輔正（菅原）　尊卑四―五九

勘解由長官在躬一男　母常陸介菅原景行女

延長三年　誕生
天暦四年　補文章得業生
天暦五年正月三十日　任播磨権少掾
天暦八年十月二十七日　課試
天暦九年閏九月　任刑部少丞
天暦十一年正月二十七日　任式部少丞
天徳二年閏七月二十二日　転式部大丞
天徳四年正月七日　叙従五位下、策
天徳四年二月十九日　任但馬権守
天徳四年四月二十二日　任民部少輔
応和元年十月十三日　任式部少輔
応和三年正月二十八日　任左衛門権佐
応和三年二月　使宣
康保三年正月七日　叙従五位上、策
康保三年正月二十七日　任権右少弁
康保五年二月五日　転右少弁
安和元年十二月十八日　兼大学頭
安和二年六月二十三日　転左少弁
安和二年八月十三日　兼東宮学士
天禄元年八月五日　兼文章博士
天禄元年十一月二十日　叙正五位下、弁労
天禄二年正月二十九日　兼越前介
天禄二年十二月十五日　転右中弁
天禄三年正月七日　叙従四位下、弁労
天禄三年閏二月二十九日　兼美作権守
天禄四年七月二十二日　転権左中弁、学士博士如元
貞元二年八月二日　叙従四位上、造宮行事
貞元二年十二月十日　兼周防権守
天元元年十月十七日　転左中弁
天元四年正月二十九日　任大宰大弐
天元五年正月七日　叙正四位下、弁労
天元五年三月五日　任式部権大輔

正暦二年四月二十六日　兼丹波権介
正暦二年五月二十一日　転式部大輔
正暦三年二月十五日　叙従三位、持朱雀院御骨賞、式部大輔如元
正暦四年正月十三日　兼越前権守
長徳二年四月二十四日　任参議、式部大輔越前権守如元
長保元年閏三月五日　兼太皇太后宮権大夫
長保元年十二月七日　止権大夫、依宮崩御也
長保二年正月十七日　兼近江守
長保五年正月三十日　兼備中権守
長保五年十一月五日　叙正三位、臨時
寛弘五年二月七日　止参議、式部大輔如元
寛弘六年十二月二十四日　薨、八十五歳

方正（藤原）真作流　尊卑二―四五〇
紀伊守棟利男　母加賀権守源中明女
永延三年二月七日　見左衛門権佐（小右記）
永祚二年十月四日　見左衛門権佐（世紀）

長徳三年正月十一日　見上野介（平四六〇九）
長保三年正月三十日　叙従四位下（権記）治国
寛弘二年六月十九日　任摂津守（御堂）（小右記）（「符宣抄」二四一頁）
寛弘六年正月二十八日　得替（「符宣抄」二四一頁）
寛弘九年五月十八日　見四位（小右記）
寛弘九年十一月二十九日　見前摂津守従四位上（「符宣抄」二四一頁）
長和二年八月十五日　見前摂津守（小右記）
寛仁二年十月二十二日　叙正四位下（御堂）（小右記）左大臣藤原道長家司
寛仁四年十月十一日　見河内守（小右記）
治安元年五月　卒（尊卑）
民部少輔（尊卑）

房光（藤原）内麿流〈日野〉尊卑二―二三六
権大納言資名男
嘉暦元年十二月二十一日　任右衛門権佐（継塵記）

元徳元年十二月八日　見右衛門権佐（資名卿記）
元徳二年三月一日　補蔵人（職事補任）※同日転左衛門権佐カ
元徳三年正月十三日　任右少弁（弁官補任）（職事補任）
正五位下
元徳三年三月十八日　去蔵人（弁官補任）（職事補任）※
同日去左衛門権佐カ
元弘二年三月十二日　転権左少弁（弁官補任）
元弘三年六月　転右中弁（弁官補任）
元弘三年八月二日　被誅（弁官補任）
春宮大進　従四位下（尊卑）

房富（田口）

世系等未詳
天長九年正月七日　叙従五位下（「類史」二一頁）
承和六年十一月五日　見左衛門権佐（続後紀）従五位下
承和七年五月八日　見左衛門権佐（続後紀）
承和八年十一月二十日　叙従五位上（続後紀）
嘉祥二年七月九日　任美濃守（続後紀）従五位上
仁寿三年正月七日　叙正五位下（文実）
斉衡二年閏四月二十八日　被殺害（文実）

房名（藤原）末茂流〈四条〉尊卑二―二七二

大納言隆親男　母右兵衛督藤原信家女
寛喜元年　誕生
嘉禎三年正月二十四日　叙爵
仁治元年十一月十二日　叙従五位上、臨時
仁治元年十二月十八日　任三河守
仁治二年三月二十六日　止守
仁治二年十月十六日　叙正五位下
仁治三年正月五日　叙従四位下、臨時
寛元二年正月五日　叙従四位上、中宮当年御給
寛元四年正月五日　叙正四位下、中宮当年御給
寛元四年正月二十九日　更任三河守、補院年預別当
宝治元年十二月八日　兼左馬頭
宝治二年十二月十七日　叙従三位

建長元年十二月二十四日　任右兵衛督
建長二年十二月二十四日　転左兵衛督
建長三年正月二十二日　兼皇后宮権大夫
建長三年三月二十六日　止権大夫、依院号也
建長三年十二月二十三日　叙正三位
建長六年正月五日　叙従二位
正嘉元年九月八日　叙正二位
弘安元年十二月二十五日　任参議
弘安二年正月二十四日　兼加賀権守
弘安二年九月六日　服解、父
弘安三年七月二十日　復任
弘安六年三月二十八日　兼左兵衛督、為使別当
弘安七年正月十三日　任権中納言、止督別当
弘安八年三月六日　任大納言
弘安八年八月十一日　辞納言
弘安八年八月二十五日　本座
正応元年六月十五日　薨、六十歳
号四条

茂範（藤原）長良流　尊卑二―一六一
右大弁遠経男　母大和守丹墀門成女
寛平頃　見右衛門権佐（二中歴）
従五位下　大蔵大輔（尊卑）

有雅（源）宇多源氏　尊卑三―三九一
参議雅賢男　母伊予守藤原信経女
安元二年　誕生
年月日　叙爵
文治五年十二月三十日　任侍従
建久元年十月二十六日　任右少将
建久八年正月六日　叙従五位上、簡一
建久九年正月十九日　兼美濃守
正治元年十一月二十七日　叙正五位下
建仁元年十二月二十二日　叙従四位下
建仁三年正月五日　叙従四位上、臨時
建仁三年十月二十四日　転右中将

元久元年十一月一日　叙正四位下
承元二年七月九日　補蔵人頭
承元三年正月十三日　任参議、右中将如元
承元四年正月五日　叙従三位、春宮御給
建暦元年六月二十二日　叙正三位
建暦二年正月十三日　兼右兵衛督、為使別当
建暦二年六月二十九日　任権中納言、督別当如元
建保二年二月十一日　辞別当
建保二年十二月一日　転左兵衛督
建保三年八月十二日　辞両職、叙従二位
建保六年正月五日　叙正二位
建保六年十一月十九日　本座
承久三年六月　出家
承久三年七月二十九日　於駿河被誅、四十六歳

有綱（藤原）内麿流　尊卑二―二〇六
式部大輔実綱一男　母備後守源道成女
天喜元年正月二十日　献策（尊卑）
天喜元年正月　任左衛門尉、使宣（尊卑）
天喜元年五月一日　見蔵人左衛門尉（「僧綱補任」第四裏書）
天喜三年十一月六日　見蔵人（定家朝臣記）
年月日　叙爵
年月日　任右衛門権佐
治暦三年正月二十四日　補蔵人（職事補任）従五位下右衛門権佐
治暦四年正月七日　叙正五位下（職事補任）
治暦四年四月十九日　止蔵人（職事補任）
治暦五年正月二十七日　任摂津守（勘例）元右衛門権佐
承保二年五月十四日　見従四位下大学頭（「群載」三四七頁）
承保二年八月二十日　見摂津守（摂津守有綱家歌合）
承暦二年六月　任文章博士（二中歴）従四位上
承暦三年二月二十五日　見文章博士（為房卿記）
承暦三年七月九日　見従四位上大学頭文章博士中宮亮（「御産部類記」代々浴殿読書例）

永保元年三月十六日　見中宮亮
永保元年八月二十七日　補令子内親王家司（為房卿記）
応徳元年三月二十五日　見内大臣（藤原師通）家司（師通記）
応徳三年九月　卒（尊卑）
　大内記　正四位下（尊卑）

有俊（藤原）内麿流　尊卑二―二〇九
　式部大輔実綱二男　母備後守源道成女
長暦元年　誕生
天喜四年　給穀倉院学問料（「群載」三四二頁）
康平二年　秀才申文（「群載」三四二頁）正六位上
康平四年十一月十五日　見文章得業生正六位上丹後掾（「群載」三四二頁）
康平六年二月　任治部丞（除目申文之抄）蔵人
康平七年　任左衛門尉（「大成抄」第八）元治部丞
年月日　叙爵
承保二年五月十四日　見散位従五位上（「群載」三四七頁）
永保三年九月　見勘解由次官（中右記部類紙背漢詩集）
応徳二年八月二十八日　見勘解由次官（為房卿記）
応徳三年　任右衛門権佐カ（「魚魯別録」第一）
寛治元年十一月十五日　見右衛門権佐（中右記部類紙背漢詩集）
寛治四年正月六日　叙従四位下（叙位尻付抄）策労
寛治四年四月二十日　見安芸守（中右記部類紙背漢詩集）
寛治八年二月二十二日　重任安芸守（中右記）
嘉保三年正月五日　叙従四位上（中右記）
永長二年十月十七日　見安芸守（中右記）
康和二年六月十九日　叙正四位下（殿暦）
康和四年正月六日　卒（中右記）六十六歳

有相（藤原）良世流　尊卑二―一四六

右大臣恒佐一男　母左中将源定有女

延喜八年　誕生

延長六年正月二十九日　任左兵衛少尉

延長七年九月二十三日　任左近将監

延長八年　補蔵人

承平二年正月二十七日　任近江少掾

承平二年十一月十六日　叙従五位下、大嘗会悠紀

承平三年十月二十四日　任侍従

承平五年二月二十三日　任摂津守

承平八年正月七日　叙従五位上、任中加階

天慶元年七月十六日　復任摂津守

天慶三年正月十五日　任右衛門権佐

天慶三年十二月十六日　任右少弁

天慶四年三月二十八日　転左少弁

天慶七年四月二十三日　兼春宮大進

天慶八年正月七日　叙正五位下

天慶八年十月十四日　転右中弁、大進如元

天慶九年閏七月十七日　兼播磨守

天慶九年十月二十八日　叙従四位下

天暦二年正月二十三日　兼内蔵頭

天暦二年二月十九日　補蔵人頭

天暦四年七月二十三日　兼春宮権亮

天暦五年正月七日　叙従四位上

天暦五年正月三十日　転右大弁

天暦八年三月十四日　転左大弁、内蔵頭如元

天暦九年七月二十四日　任参議、弁如元

天暦十年正月二十七日　兼讃岐権守

天暦十一年六月二十七日　兼播磨権守

天徳二年正月七日　叙正四位下

天徳三年五月九日　卒、五十二歳

有信（藤原）内麿流　尊卑二―二一一

式部大輔実綱三男　母備後守源道成女

長久元年　誕生

天喜三年　補文章生（「群載」三四五頁）
康平四年　補文章得業生（「群載」三四五頁）
康平六年正月　見文章得業生正六位上丹後大掾（「群載」三四五頁）
康平六年二月　任丹後掾（除目申文之抄）
康平六年十月二十六日　見文章得業生正六位上丹波大掾（「群載」三五〇頁）
康平六年十一月八日　見文章得業生正六位上丹波大掾（「群載」三五四頁）
康平八年正月二十三日　補蔵人（水左記）
康平八年四月二日　見蔵人（水左記）
承保二年五月十四日　見散位従五位上（「群載」三四七頁）
承保三年七月十八日　見東宮学士（水左記）
寛治元年十二月十三日　兼兵部権大輔（世紀）正五位下東宮学士
寛治四年六月五日　任左衛門権佐（大記）
寛治四年九月二十一日　見内大臣（藤原師通）家司（師通記）
寛治六年十一月八日　兼右少弁（弁官補任）権佐如元
寛治七年四月　兼中宮大進（弁官補任）
寛治八年六月十三日　転左少弁（弁官補任）
嘉保二年正月二十八日　兼美作権介（弁官補任）
嘉保三年四月二十三日　見関白室（藤原全子）家司（師通記）
永長二年正月二十九日　兼和泉守（弁官補任）去権佐大進
承徳二年十二月十七日　転右中弁（弁官補任）
承徳三年正月　叙従四位下（弁官補任）
承徳三年七月十一日　卒（中右記）（世紀）（弁官補任）六十歳

有穂（藤原）末茂流　尊卑二―三五六
備前守直道一男　母陰陽助藤原継雄女
承和五年　誕生
貞観十一年三月四日　任主蔵正
貞観十二年正月二十五日　任讃岐権掾

貞観十六年正月十五日　任春宮少進、蔵人
貞観十八年十二月二十七日　任内蔵権助
貞観十九年正月三日　叙従五位下
元慶元年十月十八日　任侍従
元慶二年二月十五日　任右衛門権佐（三実）元侍従
元慶八年二月二十三日　叙従五位上（三実）右衛門権佐
元慶八年三月九日　兼備前権介
元慶八年十一月二十五日　叙正五位下
元慶九年正月十六日　任左少将（三実）元右衛門権佐、備
　前権介如元
仁和二年二月二十一日　兼右中弁
仁和二年六月十九日　転左中弁（三実）左少将備前権介
　如元
仁和二年八月　補蔵人頭
仁和三年正月七日　叙従四位下
仁和三年正月十一日　兼中宮大夫
仁和三年八月二十日　止蔵人頭（職事補任）
寛平三年四月十一日　転右大弁
寛平四年三月十四日　叙従四位上
寛平五年二月十六日　任参議、中宮大夫如元、止右大弁
寛平六年正月十五日　兼河内権守
寛平七年正月十一日　兼備前守
寛平九年五月二十五日　兼治部卿
寛平九年十二月二十三日　叙正四位下
昌泰三年十二月五日　兼備前権守
延喜二年正月二十六日　任中納言、叙従三位
延喜二年二月二十三日　兼民部卿
延喜六年九月十七日　兼春宮大夫
延喜七年十二月二十一日　薨、七十歳
　名臣（二中歴）

頼経（藤原）摂家〈九条〉尊卑一－一〇一
　摂政左大臣道家三男　母太政大臣藤原公経女
建保六年　誕生
嘉禄二年正月二十七日　叙正五位下、任右少将、為征夷
　大将軍

嘉禄三年正月二十六日　兼近江権介、府労
寛喜三年二月五日　叙従四位上、少将如元
寛喜三年三月二十五日　転左中将
寛喜三年四月八日　叙正四位下、中宮并皇子初入内賞
寛喜四年正月三十日　兼備後権守、府労
寛喜四年二月二十七日　叙従三位、征夷大将軍、左中将如元
貞永二年正月二十八日　任権中納言
文暦元年十二月二十一日　辞納言、叙正三位
嘉禎元年十月八日　任按察使
嘉禎元年十一月十九日　叙従二位
嘉禎二年七月二十日　叙正二位
嘉禎二年十一月二十二日　遷民部卿
嘉禎四年二月十七日　自関東入洛
嘉禎四年二月二十四日　還任権中納言、兼右衛門督、為使別当、去民部卿
嘉禎四年三月七日　任権大納言
嘉禎四年四月十八日　辞納言
寛元二年四月二十八日　譲征夷大将軍於息右少将頼嗣
寛元三年七月五日　出家
建長八年八月十一日　薨、三十九歳

頼兼（藤原）師実流〈花山院〉尊卑一―二〇〇
内大臣師継男
建長二年十二月二十五日　叙爵
建長三年正月二十三日　任侍従
建長三年四月三日　叙従五位上
建長四年正月五日　叙正五位下、仙華門院当年御給
建長四年八月十八日　任右少将
建長五年正月十三日　兼相模権介
建長六年正月六日　叙従四位下、府労
建長六年正月七日　少将如元
建長六年四月七日　転右中将
建長七年十月二十一日　転左中将
建長八年正月六日　叙従四位上
正嘉二年正月十三日　兼伊予介

正嘉二年五月十四日　叙正四位下
弘長四年正月十三日　兼加賀介
文永四年正月五日　叙従三位、元左中将加賀介
文永四年正月七日　中将如元
文永六年十一月二十八日　任参議
文永六年十二月二日　更任左中将
文永七年正月五日　叙正三位
文永七年正月二十一日　兼播磨権守、兼右衛門督、為使別当
文永七年八月十四日　辞別当
文永八年四月七日　辞両職
文永十年　出家

頼憲（藤原）勧修寺流　尊卑二―六五

刑部卿憲方男　母権中納言藤原顕隆女　本名顕方　為藤原惟方子

康治三年正月二十四日　任相模守（「廷尉佐補任」憲方条）
久安三年十月二日　叙従五位上（世紀）
仁平二年正月二十八日　遷紀伊守（山槐記除目部類）
仁平三年正月二日　叙正五位下（兵範記）（世紀）
仁平四年八月二十一日　見紀伊守（兵範記）
保元元年九月十七日　任右衛門権佐（兵範記）
保元元年十月二十七日　兼中宮大進（兵範記）右衛門権佐紀伊守
保元二年四月二十六日　転左衛門権佐、為防鴨河使（兵範記）中宮大進
保元四年二月十九日　見左衛門権佐（山槐記）
従四位下（尊卑）

頼資（藤原）内麿流〈勘解由小路〉尊卑二―二五四

権中納言兼光四男　母法印院尚女　為藤原光範子

寿永元年　誕生
建仁元年九月二十九日　登省
建仁二年十月二十四日　任縫殿助
建仁二年十二月二十八日　叙従五位下
元久元年四月十二日　任皇后宮権大進

建永元年十月二十日　任少納言
建永二年正月十三日　兼紀伊権守
承元二年正月五日　叙従五位上
承元四年十二月七日　任木工頭
承元五年正月十八日　兼但馬守、陽明門院御分
建暦元年九月八日　叙正五位下、止木工頭
建保二年正月十三日　止守
建保三年七月十二日　任右衛門権佐、使宣
建保四年八月　見後鳥羽院判官代（鎌二二六四）
建保五年十二月二十七日　補蔵人
建保七年正月二十二日　任右少弁、止佐
建保七年二月二十五日　止蔵人
承久元年十一月十三日　転左少弁
承久二年正月二十二日　転右中弁、叙従四位下（弁官補任）
承久三年十一月二十九日　叙従四位上（家光卿記）
貞応元年四月十三日　転左中弁
貞応元年十一月三日　補蔵人頭
貞応元年十一月二十二日　叙正四位下
貞応元年十二月二十一日　転右大弁
貞応三年十月十七日　転左大弁
貞応三年十月二十九日　為造東大寺長官
元仁元年十二月十七日　任参議、左大弁長官如元
元仁二年正月二十三日　兼遠江権守
嘉禄元年七月六日　叙従三位
嘉禄元年十二月二十二日　任権中納言
嘉禄二年四月十五日　見宣陽門院院司（民経記）
安貞二年三月二十日　叙正三位、朝覲、院司
貞永元年十二月十五日　叙従二位、臨時
貞永二年正月二十八日　辞納言
貞永二年四月一日　本座
嘉禎元年十一月七日　出家
嘉禎二年二月三十日　薨、五十五歳
号勘解由小路　四辻

頼実（藤原）師実流〈大炊御門〉尊卑一―二〇七
左大臣経実一男　母権中納言藤原清隆女
久寿二年　誕生
長寛元年十二月二十七日　叙従五位下、高松院応保元年未給
長寛二年正月二十一日　任侍従、元散位
長寛三年正月二十三日　任右少将、元侍従
永万元年七月十八日　転右中将
永万元年七月二十五日　叙従五位上、新院御給
永万二年正月十二日　兼播磨権介、府労
仁安元年九月二十二日　復任、母
仁安二年二月十一日　叙正五位下、府労
仁安三年正月六日　叙従四位下、中将労
仁安三年三月二十日　兼皇太后宮権亮
仁安三年三月二十八日　叙従四位上、皇后宮初入内賞、権亮右中将
仁安三年八月四日　叙正四位下
嘉応三年正月十八日　兼美作権介、右中将重兼国
治承三年十一月七日　叙従三位、右中将如元
治承四年四月二十一日　叙正三位、御即位次、中宮御給
寿永二年四月五日　任権中納言、元右中将
元暦元年十月六日　兼左兵衛督
元暦元年十一月十七日　叙従二位
文治元年十二月二十五日　叙正二位、天皇自左大臣大炊御門富小路亭遷幸閑院、本家賞、左大臣譲
文治二年十二月十五日　遷兼右衛門督、為使別当
文治三年九月十九日　辞別当
文治五年七月十日　転正、辞督
建久元年七月十七日　任権大納言
建久二年三月六日　兼右大将
建久九年三月五日　兼皇后宮大夫
建久九年十一月十四日　任右大臣、大将如元
建久十年正月二十日　辞右大将
正治元年六月二十二日　任太政大臣、元右大臣
建仁二年十二月二十五日　兼東宮傅
建仁四年正月五日　叙従一位

元久元年十二月七日　上表
承元二年十二月十七日　還任太政大臣、依東宮御元服也
承元三年正月二十一日　上表
承元四年十一月二十五日　止傅、依譲位也
建保四年正月二十八日　出家
嘉禄元年七月五日　薨、七十一歳
号六条　中山

頼親（藤原）勧修寺流〈葉室〉尊卑二―一〇九
従三位季頼男　母正三位藤原家時女　為祖父資頼子
嘉禎二年　誕生
年月日　叙爵
仁治二年正月五日　叙従五位上、加叙、時于時頼
宝治二年十一月二日　任丹波守、院御分、時于頼親
宝治三年正月五日　叙正五位下、承明門院御給
建長四年十二月四日　任右衛門権佐、元前丹波守
建長八年二月二十六日　復任、祖父資頼卿、依為子也
正嘉元年十一月十九日　転左衛門権佐

正嘉二年八月二十日　為防鴨河使
弘長元年四月七日　補蔵人
弘長元年八月二十日　兼中宮大進
弘長元年九月二十三日　辞左衛門権佐（検非違使補任）
文永三年十二月十五日　任左少弁、止蔵人
文永五年十二月二日　転権右中弁、叙従四位下
文永六年五月一日　転右中弁
文永六年十二月九日　為修理右宮城使
文永七年正月五日　叙従四位上
文永七年正月二十一日　転右大弁
文永七年三月十五日　叙正四位下
文永八年十一月二十九日　補蔵人頭、去弁
文永八年十二月九日　任皇后宮亮
文永九年九月二十七日　任内蔵頭
文永十年十二月八日　還任右大弁、去内蔵頭
文永十一年三月二十日　叙正四位上
文永十一年四月五日　任参議、元蔵人頭右大弁
文永十一年九月十日　兼宮内卿

文永十一年十一月八日　叙従三位
文永十二年正月十八日　兼美濃権守
建治三年正月二十九日　叙正三位
建治三年二月二十九日　辞卿
弘安元年七月十三日　解官
弘安元年七月二十七日　配流安芸国、依興福寺訴也
弘安二年六月二日　復正三位、帰京
弘安二年十二月十二日　還任参議
弘安三年三月十二日　兼備中権守
弘安六年三月二十八日　任権中納言
弘安六年十二月二十日　辞納言
弘安六年十二月二十四日　叙従二位
弘安六年十二月二十五日　本座
弘安七年十月二十七日　任按察使
弘安九年正月五日　叙従二位
永仁六年六月二十三日　任権大納言、元按察使
永仁六年十二月十八日　辞納言
正安元年六月十八日　出家
嘉元四年二月五日　薨、七十一歳

頼宗（藤原）道長流　尊卑一―二四五
摂政太政大臣道長二男　母盛明親王女従三位明子
正暦三年　誕生
寛弘元年十二月二十六日　叙従五位上、元服日
寛弘二年正月　任侍従
寛弘二年六月　任右兵衛権佐
寛弘三年三月四日　叙正五位下、自東三条第還御一条院賞
寛弘四年正月　任右少将
寛弘四年五月七日　叙従四位下
寛弘四年　転左少将、兼美作権介
寛弘六年三月　転右中将
寛弘六年十二月二十六日　叙従四位上、東宮年来御枇杷第、今日移他所次賞
寛弘七年十一月二十八日　叙正四位下、自東三条第還御一条院賞

寛弘八年八月十一日　叙従三位、主上自東三条第入御内裏之次有此賞、中将如元
寛弘九年四月二十七日　叙正三位、中宮初入内日、依御傍親賞
長和二年正月　兼備中権守
長和二年九月十六日　叙従二位、行幸中宮次賞
長和三年三月二十八日　任権中納言
長和五年四月二十八日　兼右衛門督
長和五年七月十七日　為使別当
長和六年四月三日　遷兼左衛門督
寛仁元年八月三十日　兼皇太后宮権大夫
寛仁二年十月十六日　転太皇太后宮権大夫
寛仁二年十月二十二日　叙正二位、行幸上東門院賞
寛仁四年四月七日　辞別当
治安元年七月二十五日　任権大納言
治安元年七月二十八日　皇太后宮権大夫如元
治安元年八月二十九日　兼春宮大夫
万寿四年十二月四日　服解
万寿五年二月十九日　兼按察使
長元九年四月十七日　止春宮大夫、依践祚也
長暦元年八月十七日　兼春宮大夫、册命日
寛徳二年正月十六日　止春宮大夫、依践祚也
寛徳二年十一月二十三日　兼右大将
永承二年八月一日　任内大臣
永承二年八月九日　右大将如元
永承四年七月二十二日　服解
永承四年十月十九日　復任
天喜六年正月七日　叙従一位
康平三年七月十七日　転右大臣、右大将如元
康平七年十二月二十九日　辞大将
康平八年正月五日　出家
康平八年二月三日　薨、七十三歳
　号堀河右大臣

頼定（源）村上源氏　尊卑三―四八〇
　式部卿為平親王二男　母左大臣源高明女

貞元二年　誕生
永祚二年正月七日　叙従四位下、氏
年月日　賜姓
正暦三年八月二十八日　任弾正大弼
長徳四年十月二十二日　任右中将
長保元年正月三十日　兼備前守
長保三年正月二十四日　叙従四位上
長保三年八月二十五日　転左中将
長保六年正月二十四日　兼大和権守
寛弘二年六月十九日　補蔵人頭
寛弘三年正月二十八日　兼美作守
寛弘五年正月七日　叙正四位下、中将労、臨時
寛弘六年三月二十日　任参議、中将如元、元蔵人頭
寛弘七年二月十六日　兼伊予権守
寛弘七年十一月七日　服解
長和五年二月六日　叙従三位
長和五年十月十日　兼備中権守
長和五年十一月十四日　叙正三位、主基国司
長和六年正月二十四日　兼勘解由長官
長和六年四月三日　兼左兵衛督
寛仁二年正月　辞長官
寛仁四年四月二十二日　為使別当
寛仁四年六月八日　出家
寛仁四年六月十一日　薨（紀略）四十四歳

頼藤（藤原）勧修寺流〈葉室〉尊卑二―一一〇

権大納言頼親男　母遊君

建長六年　誕生
文永七年正月七日　叙爵
文永七年二月二十三日　任三河守
文永九年正月五日　叙従五位上
文永十一年正月五日　叙正五位下
文永十一年十二月二十日　任民部少輔、去守
建治二年正月二十三日　転民部大輔
弘安八年三月六日　任左衛門権佐、使宣
弘安八年四月十日　為防鴨河使

弘安八年七月二十五日　補蔵人
弘安八年八月十九日　兼皇后宮大進
弘安八年十月二十七日　去左衛門権佐
正応二年正月十三日　任右少弁
正応二年三月二十六日　叙正五位上
正応二年五月一日　見前摂政（一条家経）別当（鎌一七〇二二）
正応二年十月十八日　転左少弁
正応三年六月八日　転権右中弁、叙従四位下
正応三年六月十九日　叙従四位上、遷幸富小路殿、本家玄輝門院院司賞
正応三年十一月二十一日　転権左中弁
正応三年十二月八日　叙正四位下、両社行幸行事賞
正応四年三月二十五日　転左中弁
正応四年四月十一日　為修理左宮城使
正応四年七月二十九日　転右大弁
正応四年十月十五日　叙正四位上
正応五年二月五日　転左大弁

正応五年二月十六日　為造東大寺長官
正応五年十一月五日　補蔵人頭
正応五年十二月二十五日　兼中宮亮
永仁二年三月五日　見永陽門院院司（勘仲記）
永仁二年三月二十七日　任参議、去弁
永仁二年四月十三日　止中宮亮
永仁三年正月二十八日　叙従三位
永仁四年正月五日　叙正三位、玄輝門院当年御給、加叙次
永仁六年三月二十二日　兼美濃権守
正安元年九月十九日　叙従二位
正安二年五月二十九日　兼左兵衛督、為使別当
正安二年十二月二十二日　任権中納言、督別当如元
正安三年正月二十二日　補後伏見院別当（御脱屣記）
正安三年正月　辞別当
正安三年四月五日　辞督
正安三年十月十五日　辞納言、任按察使
乾元元年十二月三十日　遷民部卿

嘉元四年四月五日　止卿
徳治三年九月八日　加伝奏
延慶二年二月十九日　叙正二位、院当年御給
延慶三年九月四日　任大宰権帥
応長二年正月十三日　止権帥
正和元年十二月三十日　還任権帥
正和二年九月六日　止権帥
正和四年十二月十五日　任按察使
正和五年閏十月四日　任権大納言
正和五年十一月十八日　辞納言
正和五年十一月二十七日　本座
文保二年六月四日　出家
建武三年五月十四日　薨、八十三歳

頼任（藤原）末茂流　尊卑二―三五九
山城守時明男　母右兵衛督藤原忠君女
長保二年四月九日　補雑色（権記）元名公信、勧学院学頭
長保三年四月二十日　見雑色（権記）
寛弘元年十一月十一日　見文章生（御堂）
寛弘二年正月十日　補蔵人（御堂）（小右記）文章生
寛弘二年十二月十八日　見蔵人（権記）
寛弘三年八月八日　見内記（御堂）
寛弘三年十二月五日　見内記（御堂）
長和二年九月十六日　叙従五位上（小右記）（御堂）中宮権大進
長和三年六月十八日　見検非違使右衛門権佐（小右記）
長和四年六月二十三日　見中宮大進（小右記）
長和四年十月二十七日　見右衛門権佐（小右記）
長和五年正月二日　見右衛門権佐（左経記）
寛仁元年七月十九日　見丹波守（小右記）
寛仁三年十一月十六日　見丹波守（小右記）
寛仁四年六月十四日　見皇太后宮権大進（左経記）
寛仁四年十月三十日　見皇太后宮大進（小右記）
治安元年八月二十二日　見美濃守（小右記）

治安三年十月十九日　見皇太后宮亮（小右記）
万寿元年十二月二十五日　見美濃守（小右記）※翌年正月去任ヵ
万寿四年九月十七日　見皇太后宮亮（小右記）
長元二年正月二十四日　任右中弁（弁官補任）従四位上
長元三年七月　卒（弁官補任）

隆季（藤原）末茂流　尊卑二―三六四
中納言家成一男　母加賀守高階宗章女
大治二年　誕生
長承二年九月十八日　補蔵人、元院判官代
長承二年九月二十日　叙従五位下、中宮御給
長承二年九月二十一日　任但馬守
長承三年二月二十二日　兼右兵衛佐
長承三年閏十二月五日　叙従五位上、除目次、女院御給
保延二年四月七日　叙正五位下、祭除目次
保延三年正月四日　叙従四位下、院御給
保延三年正月三十日　兼左馬頭

保延四年十二月二十九日　兼讃岐守
保延六年二月二十六日　叙正四位下、春宮行啓入内家賞
康治元年十二月十三日　見鳥羽院別当（平二四九一）
久安二年十二月二十九日　兼越後守
仁平四年三月十一日　停左馬頭
仁平四年五月六日　還任左馬頭
久寿二年正月二十八日　兼土佐守
保元元年七月十一日　兼左京大夫、止左馬頭
保元三年十月二十四日　見後白河院院司（兵範記）
保元三年十一月二十六日　叙従三位、除目次、造宮賞、元土佐守、左京大夫如元
永暦二年正月二十三日　兼讃岐権守、叙正三位、家成卿久安五年十一月稲荷祇園行幸行事
応保元年九月十三日　任参議、元左京大夫
応保二年正月二十七日　兼讃岐権守
永万元年八月十七日　兼左兵衛督、為使別当
永万二年四月六日　遷兼右衛門督
永万二年六月六日　任権中納言、督如元

同日　　　　　　　　　　別当如元
永万二年七月十五日　　　転兼左衛門督
仁安二年正月二十八日　　叙従二位、行幸院、院別当賞
仁安二年二月十一日　　　転正、督別当如元
仁安三年七月三日　　　　辞督別当
仁安三年十二月十三日　　任権大納言
嘉応元年十一月二十三日　見後白河院別当（平三五二一）
嘉応三年正月六日　　　　叙正二位、臨時
承安二年二月十日　　　　兼中宮大夫
治承二年七月四日　　　　辞大夫、依一女喪也
治承三年十一月十九日　　兼大宰帥（玉葉）
治承四年二月二十一日　　補高倉院執事別当（山槐記）
養和二年三月　　　　　　辞納言
養和二年四月九日　　　　大宰帥得替
養和二年五月二十四日　　出家、五十六歳
　号四条　大宮

隆顕（藤原）末茂流〈四条〉尊卑二―三七一

大納言隆親男　母左馬頭源義氏女
寛元元年　　　　　　　　誕生
年月日　　　　　　　　　任左中将
年月日　　　　　　　　　叙正四位下
正嘉元年十一月十日　　　任参議、左中将如元
正嘉二年正月五日　　　　叙従三位
正嘉三年三月八日　　　　叙正三位
正元元年四月十七日　　　兼左兵衛督、為使別当
文応元年八月二十八日　　遷兼右衛門督
弘長元年三月二十七日　　任権中納言、督別当如元
弘長元年八月二十日　　　兼中宮権大夫
弘長二年三月二十九日　　叙従二位、朝覲行幸、新院御給
弘長二年七月十六日　　　辞督別当
文永三年正月五日　　　　叙正二位、院当年御給
文永五年十二月六日　　　止権大夫、依院号也
文永六年五月一日　　　　兼左衛門督
文永六年十一月二十八日　任権大納言

建治二年十二月二十日　辞納言
建治二年十二月三十日　本座
建治三年五月四日　出家、三十五歳

隆行（藤原）末茂流〈四条〉尊卑二―三七〇

従二位隆綱男　母修理権大夫源惟義女

元仁元年　誕生
年月日　任内蔵頭
年月日　叙正四位下
建長四年正月十三日　補蔵人頭（職事補任）
建長四年十二月四日　任参議
建長五年九月二日　叙従三位
建長五年十二月五日　兼修理大夫
建長七年九月十九日　兼右兵衛督、為使別当
正嘉元年十一月十日　任権中納言、督別当修理大夫如元、
同年叙正三位カ
正嘉二年四月二十五日　辞督別当
正嘉二年十二月十四日　叙従二位
正嘉三年正月二十一日　辞納言、任大宰権帥
弘長元年十一月四日　還任権中納言、権帥如元
弘長二年正月五日　叙正二位、院当年御給
弘長二年七月十六日　辞納言
弘長三年三月二十五日　辞権帥、賜備後国
文永三年二月一日　譲修理大夫於男隆保
弘安七年正月十三日　任権大納言
弘安七年五月七日　辞納言
弘安七年五月二十五日　本座
弘安八年八月六日　出家、六十二歳

亀山院年預（洞院家廿巻部類）

隆衡（藤原）末茂流〈四条〉尊卑二―三六四

権大納言隆房一男　母太政大臣平清盛女　本名長雅

承安二年　誕生
安元二年正月五日　叙爵、于時長雅
元暦元年十月六日　叙従五位上、皇后宮御即位御給
文治三年五月四日　任侍従

文治六年正月六日　叙正五位下
建久二年二月一日　兼阿波権介
建久五年　止侍従
建久六年三月七日　叙従四位下
建久六年七月十六日　任右馬頭
建久八年四月二十二日　叙従四位上、朝覲行幸賞
建久九年十一月二十五日　叙正四位下、殷富門院大嘗会御給
建久十年三月二十三日　兼但馬介、遷左馬頭
正治元年十月十五日　服解
正治二年正月二十二日　復任、母
正治三年正月二十九日　兼内蔵頭
建仁元年八月十九日　補蔵人頭、内蔵頭如元、去左馬頭
建仁二年七月二十三日　任参議、元蔵人頭内蔵頭
建仁三年正月十三日　兼伊予権守
建仁三年十月二十四日　叙従三位
元久二年正月十九日　叙正三位、朝覲行幸賞
元久三年二月二十二日　兼右衛門督、為使別当
承元元年十月二十九日　任権中納言、督別当如元
承元二年四月七日　辞別当
承元三年正月十三日　辞督
建暦元年三月二十三日　叙従二位
建暦二年六月二十九日　転正
建保二年二月十四日　叙正二位、歓喜壽院供養賞、七条
院御給
建保五年正月二十八日　兼大宰権帥
建保七年三月四日　任権大納言
承久二年正月二十二日　辞納言
承久三年十一月二十九日　本座
貞応元年四月十三日　任按察使
嘉禄三年九月　出家
建長六年十二月　薨、八十三歳
号鷲尾大納言

隆国（源）醍醐源氏　尊卑三―四七二
権大納言源俊賢二男　母右兵衛督藤原忠尹女
寛弘元年　誕生

長和三年十二月十六日　叙従五位下、東宮御給
長和四年二月十八日　任侍従
長和五年正月十二日　任左兵衛佐
寛仁二年正月五日　叙従五位上、佐労
寛仁二年正月二十七日　任右少将
寛仁三年四月十三日　兼備前介
寛仁五年正月六日　叙正五位下、少将労
寛仁五年正月二十六日　補蔵人
治安三年正月六日　叙従四位下、少将労
治安三年二月十二日　遷左少将
万寿二年二月七日　兼伊予介
万寿二年二月二十六日　任右中将
万寿五年二月十五日　叙従四位上、中将労
長元二年正月二十八日　補蔵人頭
長元二年十二月十七日　叙正四位下、臨時
長元四年二月十七日　兼伊予守
長元七年七月八日　任参議、兼右兵衛督、叙従三位、
去春上東門院行幸、別当賞
長元八年正月三十日　兼近江権守
長元八年八月　服解
長元八年十月　復任
長元九年十一月十六日　叙正三位、悠紀国司
長暦元年十月二十三日　叙従二位（行親記）行幸上東門院
賞
長暦元年十一月五日　兼大蔵卿
長暦四年正月二十四日　兼伊予権守
長久四年六月十九日　為使別当
長久四年九月十九日　任権中納言、右兵衛督別当等如元
長久五年七月八日　辞別当
寛徳三年二月二十六日　遷兼左衛門督
永承元年九月二十二日　叙正二位、行幸平野社行事追賞
永承六年二月十三日　兼皇后宮大夫、冊命日
天喜三年正月　辞督
康平四年二月二十八日　辞納言
治暦元年十一月　辞大夫
治暦三年二月六日　任権大納言

治暦四年三月五日　　兼按察使
延久六年正月二十七日　　辞納言
承保二年十二月十五日　　任太皇太后宮大夫
承保四年六月十九日　　出家
承保四年七月九日　　薨、七十四歳

隆佐（藤原）勧修寺流　尊卑二―六一
右衛門権佐宣孝五男　母中納言朝成女
寛和元年　　誕生
寛弘元年十月二十九日　　補文章生
寛弘四年正月二十八日　　任少内記
寛弘六年正月二十八日　　任大内記
年月日　　補春宮蔵人
長和二年正月十五日　　補蔵人
長和三年正月二十四日　　任式部少丞
長和三年二月八日　　転式部大丞
長和五年正月七日　　叙従五位下（「左経記」同九日条）
蔵人
長和五年正月二十九日　　補三条院判官代、御譲位日
長和六年正月二十四日　　任伯耆守、三条院御給
寛仁五年　　得替
治安二年正月三十日　　叙従五位上、治国
治安二年四月三日　　叙正五位下、造宮廊功
万寿三年正月二十九日　　任越後守
長元二年正月二十四日　　去任
長元四年二月　　任春宮大進
長元五年二月八日　　兼左衛門権佐
長元五年二月十五日　　使宣
長元八年正月五日　　叙従四位下、佐労
長元八年十月十六日　　叙従四位上、造興福寺御塔行事
長元九年四月　　止大進、践祚
長元九年七月十日　　叙正四位下、御即位、坊官
長元十年二月九日　　見左衛門権佐（行親記）
長暦元年八月七日　　兼春宮亮
長暦二年正月二十九日　　遷近江守、前坊大進
寛徳二年　　止亮

寛徳三年　　得替
永承四年二月五日　任播磨守、坊亮
永承六年二月十三日　兼皇后宮亮
天喜二年二月二十三日　兼讃岐守
天喜二年十二月二十九日　遷伊予守
康平二年正月七日　叙従三位、前坊亮労、追叙
康平二年二月三日　得替
治暦二年六月二十七日　任大蔵卿
延久六年　　薨、九十歳

隆資（藤原）末茂流〈四条〉尊卑二—三七一

左中将隆実男

年月日　叙爵、任侍従
文保二年正月五日　叙正五位下、春宮当年御給
文保二年四月十四日　任右少将、元侍従
文保二年十一月三日　叙従四位下
元応二年三月二十四日　叙従四位上
元応二年十二月二十一日　任左中将
元応二年十二月二十四日　遷右中将
元亨三年十一月十一日　兼中宮亮
元亨三年十二月二十九日　兼因幡守
正中二年正月二十九日　叙正四位下
正中三年二月二十九日　補蔵人頭
嘉暦二年三月二十四日　任参議、元蔵人頭右中将
嘉暦三年正月五日　叙従三位
嘉暦三年正月十六日　兼大蔵卿、兼加賀権守
嘉暦三年九月二十三日　兼左兵衛督
嘉暦四年正月十三日　止大蔵卿
元徳二年正月五日　叙正三位
元徳二年五月二十二日　補使別当
元徳二年十月五日　遷右衛門督
元徳二年十月二十一日　任権中納言
元徳二年十二月十四日　止別当
元徳三年三月十八日　止右衛門督
元弘元年八月二十四日　主上臨幸笠置城之時供奉之
元弘三年五月十七日　復本職

元弘四年正月五日　叙従二位
建武元年二月二十三日　辞職
建武元年十月九日　任修理大夫
建武二年十一月二十六日　還任権中納言、去大夫
建武三年三月二日　叙正二位
建武三年十二月　解官
正平七年　五月十二日討死
於南山従一位権大納言

隆親（藤原）　末茂流〈四条〉　尊卑二―三七一
権大納言隆衡二男　母内大臣藤原信清女
建仁二年　誕生
元久二年正月五日　叙従五位下
建暦二年正月五日　叙従五位上
建保三年正月十三日　任右兵衛佐
建保五年正月六日　叙正五位下、院御給
建保五年六月十九日　任左馬頭
建保七年二月二日　叙従四位下
承久二年正月二十日　兼但馬権介
承久二年四月十六日　任左少将
承久三年正月五日　叙従四位上、院御給
承久三年四月十六日　転左中将
承久四年二月二十八日　叙正四位下
貞応元年八月十六日　補蔵人頭
元仁元年十二月十七日　任参議、元蔵人頭左中将
元仁二年正月五日　叙従三位、北白川院御給
元仁二年正月二十三日　兼讃岐権守
嘉禄元年十二月二十二日　兼右衛門督
嘉禄二年八月五日　叙正三位、北白川院渡御持明院賞
嘉禄三年二月八日　為使別当
安貞二年三月二十日　叙従二位、朝覲行幸、院司
寛喜二年正月二十四日　兼丹波権守
寛喜三年三月二十五日　任権中納言、督別当如元
寛喜三年四月二十三日　辞督別当
貞永元年十二月十五日　叙正二位、臨時
嘉禎元年　転正

嘉禎二年二月三十日　兼大宰権帥
嘉禎四年閏二月十五日　任権大納言、権帥如元
仁治元年十二月十八日　辞権帥
寛元元年九月九日　兼中宮大夫
宝治元年七月　罷中宮大夫
宝治二年八月八日　兼皇后宮大夫、今日立后
建長二年五月十七日　転正、大夫如元
建長三年正月二十二日　辞大夫
正嘉元年十一月十日　辞大納言
正元元年十一月二十五日　還任大納言
文応元年八月二十八日　辞大納言
文永元年九月二十日　任兵部卿
建治二年十二月二十日　還任大納言
建治二年十二月二十七日　賜兵部卿兼字
建治三年二月二日　辞大納言
弘安二年九月六日　薨、七十七歳
号四条

隆長（藤原）勧修寺流〈吉田〉尊卑二―七三
権大納言経長二男　母権中納言藤原定嗣女
建治三年　誕生
年月日　叙爵
嘉元元年八月十九日　補蔵人（職事補任）正五位下治部
大輔
嘉元三年三月八日　任左少弁
嘉元四年九月二十八日　叙従四位下
徳治元年十二月二十二日　転権右中弁
徳治二年四月三日　叙従四位上
徳治三年四月二十五日　兼内蔵頭
徳治三年五月十七日　転左中弁
徳治三年九月十九日　兼春宮亮、立坊日
延慶元年十月十二日　為修理左宮城使
延慶元年十二月十日　転右大弁、補蔵人頭
延慶二年二月十九日　転左大弁、叙正四位下、為造東
大寺長官
延慶二年六月八日　服解、止蔵人頭（職事補任）

延慶二年八月十日　叙正四位上
延慶二年九月二十六日　止弁
文保二年二月二十六日　補蔵人頭、受禅日
文保二年七月七日　任右大弁
文保二年八月二十四日　任参議、元蔵人頭、右大弁如元
文保二年十月二十二日　為造東大寺長官
文保二年十二月二十五日　叙従三位、二十七日被召返位記
文保三年三月九日　去弁、遷兼右兵衛督、為使別当
文保三年三月十五日　叙従三位
元応二年二月九日　兼近江権守
元応二年三月二十四日　任権中納言、転左兵衛督、別当如元
元応二年九月十日　依山門訴止両職、配流阿波国、任権守
元応二年十二月　被召返之由宣下、不還任
元応三年正月五日　叙正三位
元亨元年七月二十六日　任民部卿
元亨三年六月十六日　去卿
正中二年六月二十三日　出家
貞和六年二月二十二日　薨、七十四歳

隆方（藤原）勧修寺流　尊卑二―六〇

備中守隆光二男　母但馬守源国挙女

長和三年　誕生
長久五年正月三十日　任右衛門少尉（「弁官補任」治暦元年条）春宮蔵人
寛徳二年正月十六日　補蔵人（「弁官補任」治暦元年条）
寛徳二年二月二十六日　遷左衛門少尉（「弁官補任」治暦元年条）
寛徳二年四月十一日　使宣（「弁官補任」治暦元年条）
寛徳三年二月七日　叙従五位下（「弁官補任」治暦元年条）
寛徳三年二月十一日　任周防守（「弁官補任」治暦元年条）
永承元年七月十日　兼中宮権大進（「弁官補任」治暦元年条）

永承六年十一月五日　叙従五位上（「弁官補任」治暦元年条）
永承七年正月五日　叙正五位下（「弁官補任」治暦元年条）
天喜二年二月二十二日　任右衛門権佐（「弁官補任」治暦元年条）権大進如元
天喜五年十月二十九日　補蔵人（「弁官補任」治暦元年条）
康平二年二月五日　叙正五位上（「弁官補任」治暦元年条）府労
康平三年二月二十一日　兼周防介（「弁官補任」治暦元年条）
康平六年二月二十六日　遷備後守、叙従四位下（「弁官補任」治暦元年条）去権佐権大進
治暦元年十二月八日　任右中弁（弁官補任）元備後守
治暦三年二月二十五日　叙従四位上（弁官補任）興福寺供養日行事賞
延久元年八月九日　叙正四位下（弁官補任）石清水賀茂行幸行事賞
延久元年十二月十七日　転権左中弁（弁官補任）
延久二年正月二十五日　兼備中介（弁官補任）
延久三年三月二十七日　為修理右宮城使（弁官補任）
延久五年正月三十日　兼太皇太后宮亮（弁官補任）
延久六年六月十六日　止亮（弁官補任）院号
延久六年六月二十日　兼中宮亮（弁官補任）
承保二年四月　止亮（弁官補任）
承保二年六月十三日　転左中弁（弁官補任）
承保三年六月二日　為修理左宮城使（弁官補任）
承保四年正月六日　叙正四位上（弁官補任）
承保四年正月二十九日　兼美作権守（弁官補任）
承保四年十月三日　遷但馬守（弁官補任）
承暦二年十二月　卒（「大記」承暦三年正月九日条）
六十五歳

隆房（藤原）末茂流　尊卑二―三六四
権大納言隆季男　母従三位藤原忠隆女
久安四年　誕生

年月日　叙従五位下
永暦元年二月二十八日　任加賀守、元散位
応保元年十月十九日　遷因幡守、元加賀守
応保三年正月五日　叙従五位上、中宮当年御給
長寛三年正月二十三日　兼左兵衛権佐
永万二年六月六日　任右少将、守如元
仁安三年正月六日　叙正五位下
仁安三年十一月二十日　叙従四位下、父隆季卿応保三年石清水行幸行事賞譲
嘉応二年正月十八日　秩満得替
承安二年正月十九日　叙従四位上、行幸院賞、院御給
承安四年正月五日　叙正四位下、中宮御給
治承三年十一月十七日　転右中将、元少将
寿永二年正月二十二日　遷左中将、補蔵人頭
寿永二年八月二十日　新帝蔵人頭
寿永二年十二月十日　任参議、兼右兵衛督
寿永三年三月二十七日　兼加賀権守
元暦元年七月二十四日　叙従三位
元暦二年正月十一日　服解、父
元暦二年五月二日　復任
文治二年四月十三日　見後白河院別当（鎌八五）
文治二年十二月十五日　転左兵衛督
文治三年九月二十四日　為使別当
文治五年正月六日　叙正三位
文治五年正月十八日　兼伊予権守
文治五年七月十日　任権中納言、督別当如元
建久元年七月十八日　遷右衛門督、去別当
建久四年十二月九日　転左衛門督
建久六年正月五日　叙従二位
建久八年正月三十日　辞督
正治元年六月二十二日　転正
正治元年十一月二十七日　叙正二位、行幸院賞
正治二年三月六日　辞中納言
建仁四年正月十三日　還任中納言
元久元年三月六日　任権大納言
元久二年正月二十九日　辞納言

建永元年六月二十三日 出家

良縄（藤原）内麿流 尊卑一―三九
備前守大津一男 母正五位下紀南麿女

弘仁五年 誕生
承和四年二月一日 任内舎人
嘉祥三年正月十五日 任左馬大允
嘉祥三年四月一日 任内蔵権助
嘉祥三年四月 補蔵人
仁寿二年正月二十九日 叙従五位下
仁寿三年四月十日 転内蔵助
仁寿三年七月一日 兼侍従
仁寿三年七月 補蔵人頭
仁寿四年正月十六日 兼播磨介、助侍従如元
仁寿四年八月二十八日 兼春宮亮、三官如元
仁寿四年十一月 兼左兵衛権佐
斉衡三年正月七日 叙従五位上
斉衡三年正月十二日 任右中弁（文実）去佐、他官如元

斉衡三年二月八日 兼内蔵権頭（文実）
斉衡三年四月二十日 補蔵人頭
斉衡四年正月七日 叙正五位下
斉衡四年正月十四日 兼備前権守
斉衡四年正月十九日 兼右中将、弁権頭権守如元
天安元年四月九日 叙従四位下
天安元年四月十九日 転左中将
天安元年六月十九日 転右大弁（文実）中将権頭如元
天安元年九月十日 兼勘解由長官
天安二年正月十六日 兼讃岐守（文実）
天安二年九月十四日 任参議、右大弁左中将長官守如元
天安二年十一月七日 叙従四位上
天安二年十一月二十五日 兼近江権守（三実）
貞観元年十二月二十一日 兼備前守（三実）弁中将長官如元
貞観二年十一月十六日 叙正四位下
貞観三年正月十三日 転左大弁（三実）左中将備前守如元
貞観五年二月十日 兼右衛門督、去弁

貞観五年三月　為使別当
貞観六年正月十六日　兼讃岐守（三実）
貞観九年二月二十九日　兼太皇太后宮大夫（三実）
貞観十年二月十八日　卒、五十五歳

良積（藤原）宇合流　尊卑二—五三八
民部大丞定代男
元慶七年五月十日　見左衛門権佐（三実）従五位下
元慶七年十月九日　見左衛門権佐（三実）
仁和三年二月二日　任美濃介（三実）元左衛門権佐

倫寧（藤原）長良流　尊卑一—四一
大宰少弐惟岳男　母山城守恒基王女
天慶四年十一月五日　見中務少丞（世紀）
天慶五年四月二十五日　見中務少丞（世紀）
天慶九年八月七日　見正六位上右衛門少尉（「要略」六六六頁）
天暦元年十月二十二日　見右衛門尉（「西宮記」十月旬）
天暦八年十月　見陸奥守（かけろう日記）※参考「小右記」長元五年八月二十五日条
応和頃　任左衛門権佐（二中歴）
応和三年正月　遷河内守（「公卿補任」正暦三年菅原輔正条）
天禄元年五月十九日　見丹波守（紀略）太政大臣藤原実頼家別当
天延二年十二月十七日　見散位従四位上（「文粋」第六）
天延四年三月二十日　見伊勢守（紀略）
貞元二年　卒（尊卑）
蔵使　右馬助　右兵佐　常陸　上総守（尊卑）
正四位下（「補任」永延元年藤原道綱条）

連並（藤原）末茂流　尊卑二—三五八
備前守直道男
元慶八年二月二十三日　叙従五位下（三実）左近将監
元慶八年三月九日　任左馬助（三実）元左近将監

仁和二年六月二十五日　見左馬助（三実）

仁和三年六月二十五日　見左馬助（三実）

昌泰頃　任左衛門権佐（二中歴）

蔵　陸奥守　従五位上（尊卑）

検非違使補任第一　訂正および追加

26承平八年
左衛門権佐源洪
二月見を三月見に訂正
右衛門権佐源俊
二月任を三月任に訂正

27天慶三年
最末に
左衛門少尉尾塞有安
三月使宣（亀山天皇御即位叙位文書目録並勘文）を追加し、天慶十年まで見任とする

29天慶十年
左衛門少尉尾塞有安
正月叙外従五位下（亀山天皇御即位叙位文書目録並勘文）を追加

45正暦二年～47正暦六年
別当源顕光を藤原顕光に訂正

49長徳三年～53長保二年
右衛門志（姓欠）忠国を坂本忠国に訂正

81長元十年
右衛門尉中原成道を右衛門少尉とし、記事欄に三月使宣（亀山天皇御即位叙位文書目録並勘文）を追加

84長久四年
別当の項を別当従二位参議右兵衛督源隆国
六月十九日為別当、九月十九日任権中納言に訂正

86永承二年

検非違使補任第一　訂正および追加

左衛門尉惟宗忠方の後に
右衛門少尉中原成道
正月還補（亀山天皇御即位叙位文書目録並勘文）を追加し、永承五年まで見任とする

87永承五年
右衛門少尉中原成道
十一月叙従五位下（亀山天皇御即位叙位文書目録並勘文）を追加

117康和二年
左衛門尉正六位上源雅職の後に
左衛門尉正六位上源家時
二月一日使宣（勘例）蔵人　を追加

118康和三年
左衛門尉藤原実基の後に
左衛門尉正六位上藤原佐実
十月使宣（勘例）蔵人　を追加
右衛門尉平盛基の後に
右衛門尉藤原季清
二月二十九日使宣（勘例）を追加
右衛門尉豊原時真の記事欄に
二月二十九日使宣（勘例）を追加

140保安三年
左衛門少尉源光信の前に
左衛門少尉藤原康清
九月一日見（八幡并日吉行幸記）を追加

155保延五年
右衛門少尉源近康の後に
右衛門少尉宮道光賢
正月辞（勘例）を追加し、保延元年より見任とする

173保元二年

左衛門少志安倍資良の記事欄に
　三月廿六日転大志（洞院部類）を追加

174保元三年
左衛門少尉正六位上源季実の前に
左衛門少尉従五位下平基盛
　六月五日遷大和守（勘例）を追加

左衛門少志正六位上安倍資良を左衛門大志に訂正

178応保二年
左衛門志中原章貞の前に
右衛門尉源為経
　七月使宣（勘例）を追加

180長寛二年・三年
右衛門尉源為経の前に
衛門尉五位源資経を追加

検非違使補任第一　訂正および追加

182永万二年
右衛門尉源為経の前に
左衛門少尉従五位上源資経
　正月十二日遷大和守（勘例）を追加

183仁安二年
右衛門権佐正五位下藤原盛隆
　正月三十日任を八月一日任に訂正

188嘉応二年
右衛門尉平盛国の記事欄に
　正月叙従五位下（勘例）を追加

189嘉応三年
右衛門尉平盛国を右衛門尉従五位下平盛国とし、記事欄に
　十一月更任　更蒙使宣旨（勘例）を追加

190承安二年～191承安三年
右衛門志中原基広の後に
右衛門志中原重成を追加

191承安三年
左衛門府生清原季光の記事欄に
八月十八日転左衛門少志（勘例）を追加
最末に
左衛門府生紀盛久
八月十八日使宣（洞院家廿巻部類）
右衛門府生大江経広
八月十八日使宣（洞院家廿巻部類）を追加

192承安四年
左衛門府生清原季光を
左衛門志清原季光に訂正
左衛門府生大江経弘の記事欄に
※大江経広ト同一人物カ　を追加
その次行に
左衛門府生紀盛久を追加

193承安五年
右衛門志中原基広の前に
左衛門少志中原清重
九月五日使宣（洞院家廿巻部類）を追加
左衛門府生大江経弘の後に
左衛門府生紀盛久
二月九日卒（洞院部家廿巻部類）を追加

197治承二年
左衛門志中原章貞を左衛門尉とし、記事欄の典拠を山槐記に訂正
右衛門少志中原明基の記事欄の典拠を山槐記に訂正

199
治承三年
左衛門志中原章貞を左衛門尉に訂正
治承三年条最末に
※検非違使大夫（姓欠）重基　十二月五日見（玉葉）を
追加

206
文治元年
左衛門大志中原明基の前に
右衛門尉源季国を追加

208
文治二年
右衛門少尉中原明基の前に
左衛門尉藤原行経
五月廿六日見、十一月二日見（玉葉）蔵人　を追加

208
文治三年
左衛門大志中原清重の記事欄
※後日転尉カを十二月四日転尉（洞院家記）に訂正

210
文治四年
左衛門大志カ中原清重を左衛門尉に訂正
同記事欄の※後日転尉カを削除
文治五年条の中原清重の項も同様に訂正

211
文治六年
右衛門少尉中原明基の前に
左衛門少尉安倍資成
四月廿二日還任、使宣（洞院家記）を追加

213
建久二年
左衛門尉藤原能宗の前に
左衛門尉正六位上中原清重を追加
建久六年条まで同様に訂正

215
建久五年
右衛門尉藤原宗長の記事欄に
正月使宣（勘例）を追加

216建久六年
左衛門少志安倍資兼の後に
右衛門志安倍資朝
三月二日使宣（洞院家記）を追加

217建久七年
右衛門少尉中原明基の前に
左衛門尉正六位上中原清重
正月六日叙爵（洞院家記）を追加

左衛門少志安倍資兼の後に
右衛門志安倍資朝を追加
建久八年条も同様に訂正

219建久九年
左衛門少志安倍資兼の後に
右衛門志安倍資朝
十二月十三日転左（洞院家記）を追加

その後に
左衛門少志安倍資景
十二月九日使宣（勘例）を追加し、建仁四年条まで官人欄に追加

220正治元年
右衛門少志中原能貞の前に
左衛門志安倍資朝を追加
建仁二年条まで同様に訂正

224建仁二年
右衛門少志中原能貞の前に
左衛門志中原明政
閏十月二十四日使宣（勘例）を追加

225建仁三年
左衛門志藤原定茂の前に
左衛門志安倍資朝

十月廿四日転尉（洞院家記）を追加
※従五位下安倍資朝　建暦三年正月十二日任大和守（勘例）検非違使巡　を追加

229元久二年
検非違使（姓欠）資景を
左衛門少志安倍資景に訂正し、建保二年条まで同様に訂正

231建永二年
最末に
左衛門府生大江信成
十二月十七日使宣（洞院家廿巻部類）を追加

239建保三年
右衛門尉安倍資仲の記事欄に
四月廿九日転左（洞院家廿巻部類）を追加

240建保四年
右衛門尉正六位上安倍資仲を左衛門尉に訂正し、中原明政の前に移動

243建保七年
左衛門尉従五位藤原基清の後に
左衛門尉従五位藤原秀能　出羽守　を追加

244承久二年
左衛門尉従五位藤原基清の後に
左衛門尉従五位下藤原秀能
正月二十六日遷河内守（勘例）を追加

246貞応二年
衛門尉五位（姓欠）成能を
衛門尉従五位下藤原成能に訂正
※従五位下藤原成能　寛喜二年十月二十五日任大和守（勘例）検非違使巡　を追加

検非違使補任第二　訂正および追加

3例言
広橋文書　光業卿記断簡を継塵記断簡に訂正

264嘉禎二年
右衛門少志中原章方の後に
右衛門府生中原為季
三月十九日使宣（洞院家廿巻部類）を追加

265嘉禎三年
左衛門尉五位藤原景朝を
左衛門尉従五位下藤原景朝に訂正し、記事欄に
九月十五日遷大和守（勘例）を追加
左衛門尉正六位上源泰綱の記事欄に
兼壱岐守の典拠に（勘例）を追加

268暦仁元年
最末に
右衛門少志中原章方
閏四月転少尉（亀山天皇御即位叙位文書目録並勘文）
を追加し、
宝治二年条までの官人欄に右衛門少尉中原章方を追加、
宝治二年の記事欄に
正月叙従五位下を追加

右衛門府生紀為末　記事欄とも削除

仁治二年
左衛門尉従五位上惟宗行経
三月七日兼下総守（勘例）を追加し、仁治三年の官人
欄にも追加
左衛門尉従五位上中原行親
四月九日兼下野守　八月十二日辞使（勘例）を追加

左衛門尉従五位下藤原長範
四月七日遷大和守（勘例）を追加

274 仁治四年
左衛門尉従五位上カ惟宗行経
四月九日辞使（勘例）を追加

276 寛元二年
右衛門大志中原章時の記事欄を
十二月転尉（亀山天皇御即位叙位文書目録並勘文）に
訂正し、
宝治三年までの官人欄の表記を右衛門尉に訂正

288 建長三年
右衛門大志中原明盛の記事欄を
四月転尉（亀山天皇御即位叙位文書目録並勘文）に訂
正

337 弘安四年
衛門尉（姓欠）行資を中原行資とし、記事欄に五月九日
見（勘仲記）を追加
衛門少尉中原明実の後に
衛門尉　六位　中原明綱
四月廿日見（勘仲記）を追加

361 永仁五年
右衛門尉中原職頼の前に
左衛門少尉（大江カ）景長
十月十三日見（琵琶秘曲伝受記）を追加

376 延慶二年
延慶二年条の最末に
検非違使（源）重相
七月六日見（琵琶秘曲伝受記）※大夫尉カ
検非違使中原惟章

検非違使補任第二　訂正および追加

七月六日見（琵琶秘曲伝受記）
検非違使大江景朝
七月六日見（琵琶秘曲伝受記）　を追加

377 延慶三年
左衛門少尉中原章治の後に
左衛門尉大江景繁　を追加

378 応長元年
左衛門尉藤原利国の記事欄に
正月十日見（継塵記）を追加
左衛門尉安倍親冬の記事欄に
正月十八日見（継塵記）を追加
左衛門少尉中原章治の後に
左衛門尉　五位　大江景繁
正月十日見（継塵記）

衛門尉カ　五位　（姓欠）幸継
三月廿五日見（継塵記）
左衛門尉カ　六位　藤原伊利
六月廿五日見（洞院六巻部類）　を追加

380 応長二年
左衛門少尉中原章治の後に
左衛門尉　五位　藤原光忠
八月廿三日見（継塵記）十月十四日見（継塵記）
衛門尉カ　五位　（姓欠）伊光
八月廿三日見（継塵記）
衛門尉カ　六位　中原時朝
八月廿三日見（継塵記）
左衛門尉カ惟宗盛高
十月十四日見（継塵記）
左衛門尉カ藤原伊利　を追加

382 正和三年

衛門尉中原章敏の後に
左衛門尉　五位カ　藤原貞世
正月十一日見（継塵記）を追加

390元亨元年
元亨元年条最末に
検非違使藤原重村
正月十日見（継塵記）
検非違使（姓欠）章隆
四月廿七日見（花園院宸記）
検非違使平長綱
三月十九日見（花園院宸記）を追加

408系図　公経公孫
実氏の子に公基（嘉禎三別当　右大臣正二位）を追加

449系図　清和源氏
重相の脇に延慶二　尉　を追加
検非違使補任第二　訂正および追加

索引
伊利（藤原）初出年を応長元　に訂正
為季（中原）右衛門府生　嘉禎二　二六四頁を追加
為経（源）初出年を応保二　一七八頁に訂正
惟章（中原）廷尉　延慶二　三七六頁、項目追加
家時（源）左衛門尉　康和二　一一七頁、項目追加
季清（藤原）初出年を康和三　一一八頁に訂正
基盛（平）終見を保元三　一七四頁に訂正
経弘（大江）初出年を承安三　一九一頁に訂正
経康（中原）初出年を文治二　二〇八頁に訂正
景朝（大江）廷尉　延慶二　三七六頁、項目追加
顕光（源）顕光（藤原）に訂正
行経（惟宗）左衛門尉　仁治二　二七一頁、項目追加
行資（姓欠）行資（中原）に訂正
行親（中原）終見を仁治二　二七一頁に訂正
佐実（藤原）左衛門尉　康和三　一一八頁、項目追加
資経（源）終見を仁安元　一八二頁に訂正
資景（姓欠）資景（安倍）に訂正

検非違使を左衛門少志に訂正
初出年を建久九　二一九頁に訂正

資朝（安倍）　右衛門志　建久六～建久九　二一七～二一九頁
左衛門志　建久九～建仁三　二一九～二二五頁
左衛門尉　建仁三　二二五頁、項目追加

秀能（藤原）　終見を承久二　二四四頁に訂正

重基（姓欠）　検非違使大夫　治承三　一九九頁、項目追加

重相（源）　廷尉　延慶二　三七六頁、項目追加

章方（中原）　右衛門少志の終見を暦仁元　二六八頁とし
右衛門少尉　暦仁元～宝治二　二六八～二八三頁を追加

信成（大江）　左衛門府生　承元元　二三一頁、項目追加

清重（中原）　左衛門大志以降の経歴を

左衛門大志　寿永元～文治三　二〇三～二〇八頁
左衛門尉　文治三～建久七　二〇八～二一七頁に訂正

盛久（紀）　左衛門府生　承安三　一九一頁、項目追加

宗道（藤原）　宗通（藤原）に訂正

長範（藤原）　左衛門尉　仁治二　二七一頁、項目追加

明政（中原）　衛門志を左衛門志とし　初出年を建仁二　二二四頁に訂正

有安（尾塞）　左衛門少尉　天慶三～天暦元　二七～二九頁、項目追加

平成十八年三月十五日　印刷
平成十八年三月二十日　発行

本体価格　一一、〇〇〇円（税別）

検非違使補任　別巻

編者　宮《みや》崎《ざき》康《やす》充《みつ》

発行者　太田史

印刷所　東京都豊島区南大塚二丁目三五番七号
株式会社　平文社

発行所　東京都豊島区北大塚一丁目一四番六号
株式会社　続群書類従完成会
電話　〇三（三九一五）五六二一
振替　〇〇一二〇-二-六二六〇七

ISBN4-7971-0724-3

井上幸治編

外記補任　全一冊

A5判上製　一〇、五〇〇円

大宝元年(七〇一)から明応九年(一五〇〇)までの外記の補任次第書である。これまで『続群書類従』所収分が利用されてきたが、今回『続群書類従』本を底本とし、諸史料から新編集。年ごとにその姓名・本官・位階・任免・異動月日・兼官等を列記、出典を明確にした。巻末に外記考証・系図・解説・人名索引付。

永井晋編

官史補任　全一冊

A5判上製　一〇、五〇〇円

正暦元年(九九〇)より建武三年(一三三六)までの太政官弁官局の史の補任次第書である。諸記録にあたり、出典をあげて現任の位階・氏名・任日・兼官のみならず、前官・史巡・叙爵も載せ、新編集刊行するものである。巻末に各人の履歴を表す官史考証、詳細な人名索引と解説、官史系図を付して刊行する。

宮崎康充編

検非違使補任　全三冊

A5判上製　第一　七、三五〇円
第二　九、四五〇円

弘仁七年(八一六)より元弘三年(一三三三)までの検非違使を数多の史料より抽出し、姓名・本官・位階・任免・兼官・加階を年ごとに掲出し、出典を明確にする。「蔵人補任」「衛門府補任」と合わせみることにより、利用価値は一層増す。第一巻　弘仁七年~貞応二年　第二巻　元仁元年~元弘三年、系図・索引付。

市川久編

近衛府補任　全二冊

A5判上製　第一　九、四五〇円
第二　九、四五〇円

大同二年(八〇七)より建久九年(一一九八)までの近衛府の大将・中将・少将の任免並に兼任等を年ごとに列挙した補任次第書である。諸記録にあたり新たに編集刊行するものである。第一巻　大同二年~延久四年　第二巻　延久五年~建久九年　第二巻巻末に詳細な人名索引と近衛府補任系図を加える。

市川久編

衛門府補任　全一冊

A5判上製　一〇、五〇〇円

弘仁二年(八一一)左右衛士府が左右衛門府に改編されてより建久九年(一一九八)までの左右衛門の任免ならびに兼任等を、数多くの史料を駆使して編集する。『蔵人補任』『近衛府補任』に続く編者の労作。出典の明確なことでは定評がある。衛門府補任系図と詳細な人名索引を付して刊行する。